Little Boxes

Für Karin.
Auch wenn es nur ein Computerbuch ist.

little boxes

Webseiten gestalten mit CSS.
Grundlagen

PETER MÜLLER

Markt+Technik

Bibliografische Information Der Deutschen Bibliothek
Die Deutsche Bibliothek verzeichnet diese Publikation in der Deutschen Nationalbibliografie; detaillierte bibliografische Daten sind im Internet über <http://dnb.ddb.de> abrufbar.

10 9 8 7 6 5 4 3 2

09 08 07

ISBN 978-3-8272-4224-2

Lektorat: Boris Karnikowski, bkarnikowski@pearson.de
Herstellung: Claudia Bäurle, cbaeurle@pearson.de
Korrektorat: Annette Glaswinkler, München
Covergestaltung: Marco Lindenbeck, webwo GmbH, mlindenbeck@webwo.de
Satz: text&form GbR, Fürstenfeldbruck
Druck und Verarbeitung: Bercker, Kevelaer
Printed in Germany

Inhaltsübersicht

Inhaltsverzeichnis

Little boxes on the hillside,
Little boxes made of ticky-tacky,
Little boxes, little boxes,
Little boxes, all the same.

There's a green one and a pink one
And a blue one and a yellow one
And they're all made out of ticky-tacky
And they all look just the same.

Malvina Reynolds – *Little Boxes* (© Schroder Music Company)

readme.txt

Viele Webdesigner sind Quereinsteiger und Praktiker, die ihr Handwerk durch Versuch und Irrtum gelernt haben. CSS? Hier gesehen, dort gelesen, und *dass* es klappt, ist wichtiger als *warum*.

Mit der Zeit wurden viele CSS-Puzzlestücke gesammelt, die aber nicht wirklich ein Bild ergeben. Dieses Buch zeigt Ihnen das Bild, in das die Puzzlestücke passen.

Die Idee zu diesem Buch

Die Idee zu diesem Buch ist im Laufe der Jahre in zahlreichen Seminaren entstanden, in denen Teilnehmer letztendlich immer wieder über dieselben Steine stolperten. Zwei Gedanken liegen ihm zu Grunde:

1. Erstens sollte es *kurz* sein.

   Circa 300 Seiten waren angestrebt, und das habe ich (fast) geschafft. Sie sollen möglichst wenig Zeit mit dem Buch verbringen und möglichst viel mit dem Erstellen von Webseiten.

2. Zweitens sollte *nicht alles* drin stehen.

   »Little Boxes« ist als Wegweiser durch das CSS-Labyrinth gedacht und will nicht jede Blume am Wegesrand erklären.

Das Buch enthält viele praktische Übungen, und im Laufe der Kapitel entsteht eine kleine Website, die als Anregung für eigene Ausflüge genutzt werden kann.

Es erklärt aber auch wichtige Konzepte wie *Spezifität*, *Box-Modell*, *Kaskade* und *Vererbung* auf leicht verständliche Weise, damit Sie nicht nur Schritt-für-Schritt-Anleitungen nachklicken, sondern das Gestalten mit CSS begreifen. »Die Energie des Verstehens« nennt Stefan Münz das in SelfHTML.

Für wen ist das Buch?

Die einzigen wirklichen Voraussetzungen zur Lektüre sind Interesse am Web und Spaß am Lernen. Sie sollten idealerweise keine Angst vor Quelltext haben und sich bei einer hexadezimalen Farbangabe wie *#f3c600* nicht erschrecken.

Unter anderem ist dieses Buch gedacht für:

- Einsteiger, die ihre ersten Versuche hinter sich haben und mehr wissen wollen.
- Tabellenbauer, die gehört haben, dass es auch ohne geht, aber nicht wissen wie.
- Webdesigner, die eine kompakte, strukturierte Einführung in CSS benötigen.
- Blogger, die das CSS in ihren Themes und Layouts verstehen und anpassen möchten.
- Programmierer, die ein mediengerechtes Frontend für ihre serverseitigen Skripte erstellen möchten.

Das Buch vermittelt Ihnen ein solides Grundwissen zu HTML und CSS, mit dessen Hilfe Sie die zahllosen Beispiele im Web und in anderen Büchern besser verstehen können.

So ist das Buch aufgebaut

Das Buch besteht aus folgenden Abschnitten:

- **Teil I: Die Einleitung**
  - Das Web ist nicht aus Papier (Kapitel 1)
- **Teil II: HTML – Kisten erstellen**
  - So funktioniert HTML (Kapitel 2)
  - Die wichtigsten HTML-Elemente (Kapitel 3)
- **Teil III: CSS-Grundlagen – Kisten gestalten**
  - Schriften, Farben und Hyperlinks (Kapitel 4)
  - Abstände gestalten mit dem Box-Modell (Kapitel 6)
  - Eine horizontale Navigation erstellen (Kapitel 8)
  - Druckversion und Kontaktformular (Kapitel 9)
- **Teil IV: CSS-Layout – Kisten verschieben**
  - Positionieren mit *position* und *float* (Kapitel 11 und 12)
  - Mehrspaltige Layouts erstellen (Kapitel 13 bis 15)
- **Teil V: Wichtige Werkzeuge**
  - Nützliche Programme, Sites und Bücher (Kapitel 17)

Abgerundet wird dieser Aufbau durch einen Exkurs zu »Selektoren, Einheiten und Farben« (Kapitel 5), Anregungen zum »Ordnung halten im Stylesheet« (Kapitel 7), einer anschaulichen Erklärung von »Kaskade, Vererbung und Standardwert« (Kapitel 10) und Empfehlungen zu »Patches« (Kapitel 16).

Tipp

Falls Sie bereits die erste Ausgabe von »Little Boxes« kennen: Am meisten hat sich in Teil IV beim Layouten mit CSS geändert. Während der Schwerpunkt der ersten Ausgabe auf der CSS-Einführung in Teil II und III lag, so ist der Abschnitt über CSS-basierte Layouts in Teil IV jetzt genauso ausführlich (und ich denke auch genauso gut).

Als Einsteiger sollten Sie das Buch in Ihrem eigenen Tempo von vorne nach hinten lesen. Als Fortgeschrittener können Sie mit Hilfe von Inhalts- und Stichwortverzeichnis hin- und herspringen.

Die Beispieldateien

Auf der Website zum Buch können Sie alle Beispieldateien downloaden, sodass Sie nicht alle Beispiele im Buch selbst abtippen müssen.

http://little-boxes.de/

Die Dateien sind nach Kapiteln geordnet. Sie können also quasi bei jedem Kapitel einsteigen und loslegen.

Peter Müller

Die Einleitung

Kapitel 1

Das Web ist nicht aus Papier

Worin festgestellt wird, dass Papierdenken bei Webseiten zu enttäuschten Erwartungen führt. Sodann wird die Geschichte einer flexiblen Zeitung erzählt und erklärt, was mediengerechte Webseiten auszeichnet.

Wir sind mit gedruckten Papierseiten groß geworden, und Printerzeugnisse wie Bücher und Zeitschriften haben unser Denken und unser Gestaltungsgefühl nachhaltig beeinflusst. Sich dieses Papierdenken bewusst zu machen, ist der erste Schritt auf dem Weg zum Erstellen von mediengerechten Webseiten.

Wie heißt es bei *Alice im Wunderland*: »Fange beim Anfang an, und lies bis du an's Ende kommst, dann halte an«. Folgen Sie dem weißen Kaninchen. Das hier ist der Anfang.

1.1 Papierdenken, Webseiten und enttäuschte Erwartungen

Surfer, Webdesigner und Kunden – fast alle erleben das Web zunächst mit einer durch zwei Erfahrungen geprägten Erwartungshaltung:

- Der Autor einer Papierseite hat die *vollständige Kontrolle über deren Aussehen*, egal ob er eine teure Hochglanzfirmenbroschüre gestaltet oder sich an seiner ersten Einladungskarte versucht.

- Nach der Fertigstellung wird eine Papierseite *unverändert vervielfältigt* und sieht – abgesehen von Kaffeeflecken, Vergilbungen und anderen marginalen Schwankungen – bei jedem Betrachter gleich aus.

Papierdenken erwartet zwei Dinge: *Kontrolle über das Layout und Unveränderlichkeit nach der Fertigstellung*. Aber das Web ist nicht aus Papier, und eine Webseite verhält sich anders als eine Papierseite:

- Der Autor einer *Webseite hat keine vollständige Kontrolle über deren Aussehen*. Letztendlich bestimmt der Benutzer das Aussehen (und das Verhalten) der Webseite in seinem Browser, der Autor kann nur Wünsche äußern.
- Nach der Fertigstellung sieht eine Webseite *bei jedem Benutzer anders aus*.

Diese beiden simplen Tatsachen sind so ungewohnt, dass ich sie im Folgenden kurz erläutern möchte, denn Papierdenken führt beim Umgang mit Webseiten unweigerlich zu enttäuschten Erwartungen.

Unterschied 1: Der Autor einer Webseite hat keine vollständige Kontrolle

Der erste grundlegende Unterschied zwischen Papier- und Webseiten besteht darin, dass der Autor einer Webseite keine vollständige Kontrolle über das Aussehen der Webseite im Browser des Betrachters hat. Er kann nur Wünsche äußern.

Klingt übertrieben? Ein einfaches Beispiel:

- Auf Papier bestimmt der Autor die Schriftgröße, im Web nicht.
- Im Web kann der Benutzer die Schriftgröße im Browser ändern.

In jedem Webbrowser gibt es – meist irgendwo im Menü Ansicht – einen Befehl zur Änderung der Schriftgröße, was das Lesen von Texten am Monitor erheblich erleichtert. Eine mit Papierdenken gebaute Webseite fällt dadurch leicht auseinander, eine mediengerechte dagegen passt sich an.

Der Einfluss des Benutzers geht aber noch viel weiter. Im Internet Explorer gibt es im Menü Extras/Internet-Optionen auf dem Register Allgemein rechts unten die unscheinbare Schaltfläche Eingabehilfen.

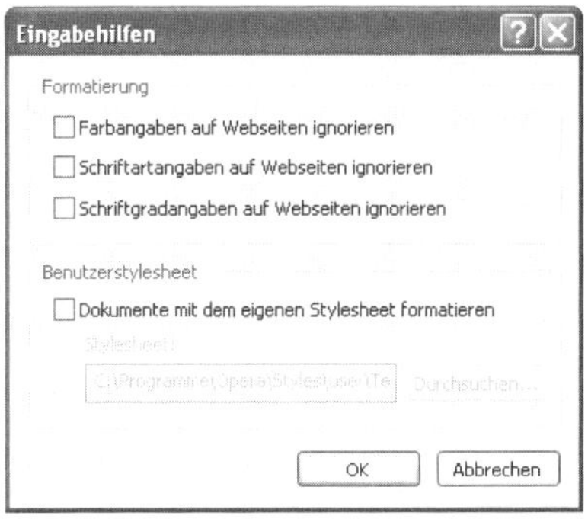

Abbildung 1.1: Eingabehilfen im IE

Jeder Surfer kann hier einstellen, dass sein Browser vom Autor auf den Webseiten gemachte Angaben zu Schriften und Farben schlicht und einfach komplett ignoriert.

Probieren Sie es. Betrachten Sie Webseiten einmal komplett ohne die vom Autor gemachten Farb- und Schriftangaben. Die Auswirkungen sind sehr unterschiedlich: Einige Webseiten werden dadurch unbedienbar, einige sind sogar besser lesbar als vorher. Aber was auch passiert: Wenn die Webseite danach nicht mehr funktioniert, ist das nicht Ihre Schuld. Sie ist dann eben mit Papierdenken gebaut worden.

In der unteren Hälfte des Dialogfeldes kann der Benutzer sogar ein eigenes Stylesheet (CSS) einbinden. Mit diesem Stylesheet werden dann alle im Browser aufgerufenen Webseiten angezeigt. Wie gesagt, der Autor hat keine vollständige Kontrolle über die Webseite.

Es klingt paradox, aber wenn Sie Webseiten *gestalten* wollen, müssen Sie zunächst aufhören, Webseiten gestalten zu *wollen*. Tao. Lassen Sie los. Sie haben keine Kontrolle über das Aussehen der Seite im Browser des Betrachters.

Tipp

Eingabehilfen? Zugänglichkeit. Barrierefreiheit.

Die Beschriftung der Schaltfläche EINGABEHILFEN... ist übrigens das Ergebnis einer kreativen Übersetzung. Im englischen Internet Explorer steht auf der Schaltfläche ACCESSIBILITY, was wörtlich übersetzt *Zugänglichkeit* heißt. Der gängige deutsche Begriff dafür ist *Barrierefreies Webdesign*.

Unterschied 2: Webseiten sehen bei jedem Benutzer anders aus

Der zweite grundlegende Unterschied zwischen Papier- und Webseiten ist, dass Webseiten im Gegensatz zu Papierseiten nicht bei jedem Betrachter gleich aussehen. Das Buch, das Sie gerade lesen, wurde einmal gelayoutet und dann unverändert vervielfältigt. Es sieht bei jedem Leser gleich aus. Bei Webseiten ist das anders.

Der Grund liegt darin, dass eine Webseite nicht so ausgeliefert wird, wie der Betrachter sie im Browserfenster sieht. Der Browser erhält vom Webserver lediglich den *Quelltext*, eine Art Bauplan. Dieser Bauplan wird analysiert und so gut wie möglich dargestellt.

Wenn Sie eine Webseite erstellen, erzeugen Sie Quelltext. Auch wenn Sie das Wort noch nie gehört und auch noch keinen Quelltext gesehen haben, weil Sie mit einem Homepage-Baukasten oder einem visuellen Editor arbeiten.

Beim Hochladen der fertigen Seite auf den Webserver übertragen Sie nur den Quelltext und nicht die Seite, so wie sie im Baukasten oder im Editor ausgesehen hat. Der Quelltext ist also in gewisser Weise die eigentliche Webseite.

Abbildung 1.2: Quelltext einer Webseite

```
<!DOCTYPE html PUBLIC "-//W3C//DTD XHTML 1.0 Transitional//EN"
"http://www.w3.org/TR/xhtml1/DTD/xhtml1-transitional.dtd">

<html xmlns="http://www.w3.org/1999/xhtml" xml:lang="de" lang="de">
<head>
  <meta http-equiv="Content-Type" content="text/html; charset=iso-8859-1" />
        <title>Little Boxes - Startseite</title>
</head>

<body id="startseite">
<div id="wrapper">
<div id="kopfbereich">
<a href="#textbereich" class="skiplink">Zum Inhalt</a>
<h1><img src="logo.gif" alt="Little Boxes" width="222" height="32" /></h1>
<p>Webseiten gestalten mit CSS. <span>Grundlagen.</span></p>
</div> <!-- Ende #kopfbereich -->

<div id="navibereich">
<ul>
  <li id="navi01"><a href="index.html">Startseite</a></li>
  <li id="navi02"><a href="kontakt.html">Kontakt</a></li>
</ul>
</div><!-- Ende #navibereich -->
```

In jedem Browser gibt es im Menü ANSICHT einen Befehl namens QUELLTEXT oder SEITENQUELLTEXT, um sich den Bauplan der im Browserfenster angezeigten Webseite anzusehen.

Der Browser nimmt diesen Bauplan und setzt ihn je nach Umgebung um, so gut es geht. Was Sie im Browserfenster als Webseite sehen, ist also genau genommen nur die *Interpretation* des gerade benutzten Browsers auf dem gerade benutzten Computer mit den gerade aktuellen Einstellungen.

Webseiten sehen also zwangsläufig überall anders aus, weil der Quelltext je nach Umgebung unterschiedlich interpretiert werden muss.

Die Zeitung: Papierseiten sind starr, Webseiten flexibel

Die folgende Geschichte basiert auf einem Text von Michael Nahrath, den er vor einigen Jahren in einer Newsgroup veröffentlichte, um den Unterschied zwischen traditionellen Printmedien und dem Web zu erläutern:

- Sie gehen morgens aus dem Haus und kaufen eine Zeitung.
- In der Straßenbahn ist es eng, und die Zeitung *verkleinert* sich automatisch. A5 oder so.
- Auf dem Fußmarsch zum Büro genießen Sie die Umgebung und lassen sich von Ihrem MP3-Player einen zuvor markierten Artikel *vorlesen*.
- Im Büro auf dem Schreibtisch *vergrößert* sich die Zeitung von selbst. A2 oder was immer an Platz vorhanden ist.
- Abends geben Sie die Zeitung Ihrer Oma, die den Schriftgrad verdoppelt und als Schriftart Sütterlin einstellt, weil sie das so immer noch am liebsten liest.

Und das alles mit ein und derselben Zeitung. Praktisch, nicht?

Jede Webseite ist von Natur aus so flexibel wie diese Zeitung. Sie verliert diese Flexibilität erst, wenn wir sie falsch gestalten – oder wenn sie ausgedruckt und damit zur Papierseite wird.

1.2 Jenseits von Papier

Kennen Sie Shrek? Den sympathischen Oger, der in Begleitung eines geschwätzigen Esels wider Willen auszog, um eine Prinzessin zu retten und diese später selber heiratete? Oger sind grün, klobig und gelten eigentlich nicht unbedingt als Sympathieträger.

In einer meiner Lieblingsszenen erklärt Shrek seinem Begleiter das Wesen eines Oger ungefähr so:

- Shrek: »Ein Oger ist wie eine Zwiebel.«
- Esel: »Du meinst, sie stinken?«
- Shrek: »Nein! Schichten! Zwiebeln haben Schichten, Oger haben Schichten!«

Webseiten auch.

Webseiten haben Schichten

Das Web ist nicht Print, aber es ist auch nicht ausschließlich Bildschirm. Das Web ist das erste Medium, das nach dem Prinzip *Single Input – Multiple Output* funktioniert: Der Inhalt wird einmal gespeichert und in verschiedenen Formaten wieder ausgegeben. Auf einem Bildschirm, gedruckt auf Papier, in einer PDF-Datei, akustisch von einem Screenreader, und vielleicht auf Arten und Weisen, die wir heute noch nicht einmal kennen.

Die Trennung von Inhalt und Gestaltung bedeutet, dass Webseiten Schichten haben:

- Der Kern, die innerste Schicht einer Webseite, ist der Inhalt, die Struktur, der Text. Dieser Kern besteht aus HTML, ist flexibel und passt sich den Umständen an.
- Um diesen Kern gibt es eine Design-Schicht mit CSS für den Bildschirm, den Drucker und eventuelle andere Geräte.
- In einer weiteren Schicht kann der Autor z. B. mit JavaScript das Verhalten der Webseite steuern und so die Bedienung erleichtern.

Die Schichten um diesen Kern machen die Seite hübscher und besser bedienbar, aber nicht immer werden alle Schichten genutzt.

Beim Erstellen von mediengerechten Webseiten geht es nicht darum, dass eine Webseite in allen Browsern gleich *aussieht*. Das geht nicht, und ebenso gut können Sie versuchen, das Ende des Internet zu finden.

Eine Webseite muss nicht überall gleich *aussehen*, sondern überall *funktionieren*. Oder anders ausgedrückt: Der Inhalt der Webseite sollte für die Besucher unter möglichst vielen Umständen *zugänglich* bleiben.

Mediengerechte Webseiten

Im Web kursieren viele Schlagworte, mit denen im Grunde genommen die Bewegung weg vom Papierdenken umschrieben wird (und zu denen in den letzten Jahren zahlreiche Bestseller erschienen):

- *Standardkonformes Webdesign* (»Webstandards«)
- *Barrierefreies Webdesign* (»Accessibility«, auf dt. *Zugänglichkeit*)
- *Flexibilität* (»Bulletproof«)
- *Optimierung für Suchmaschinen* (»Search Engine Optimization«)

Letztendlich fordern alle diese Schlagworte, Webseiten so zu bauen, dass sie den Möglichkeiten des Mediums World Wide Web entsprechen, weshalb ich sie gerne unter dem Begriff *mediengerechtes Webdesign* zusammenfasse.

1.3 Webseiten gestalten mit Tabellen?

Wenn mediengerechtes Webdesign so toll ist, warum wurden dann Webseiten früher mit Tabellen gestaltet? Eine kleine historische Rückblende soll das verdeutlichen.

Notwehr: Tabellen und <font>

Das Web ist von Wissenschaftlern für Wissenschaftler erfunden worden, und Wissenschaftler sind oft mehr am Inhalt als am Aussehen interessiert. Webseiten waren damals fast alle gleich: Grauer Hintergrund, schwarze Schrift und blaue Hyperlinks, die lila wurden, wenn sie auf eine bereits besuchte Seite zeigten.

Als Mitte der 90er das Web plötzlich zum weltweiten Boom wurde, wurde der Ruf nach Gestaltung der optisch doch eher schlichten Webseiten immer lauter. Das World Wide Web Consortium (*http://w3.org/*) arbeitete bereits an CSS, einer Sprache für die ansprechende Gestaltung von HTML-Elementen. Aber die Welt wollte bunte Seiten, und zwar sofort. Irgendeine tolle neue Sprache, die irgendwann mal fertig sein würde, war ihr egal.

Als Netscape `font` zur Gestaltung von Schriften und `table` zur Darstellung von Tabellen erfand, waren (fast) alle begeistert, und das klassische Webdesign begann sich herauszubilden:

- Schriftgestaltung mit `font`
- Positionierung mit unsichtbaren HTML-Tabellen

Der Quelltext dieser Seiten ist für Menschen so gut wie unlesbar, und nachträgliche Änderungen am Layout werden schnell zum Albtraum. Quäl-Text.

Zurück zum Papierdenken

In gewisser Weise bedeutete diese Art der Gestaltung einen Schritt zurück in die vertraute Welt des Papierdenkens. Visuelle Editoren verstecken den Quelltext und verstärken die Papiermetapher, indem sie so tun, als seien sie eine ganz normale Textverarbeitung. Zahllose Homepagebastler wundern sich noch heute darüber, dass ihre Webseite zu Hause im Editor anders aussieht als beim Nachbarn im Browser.

Die Schriftgestaltung per CSS hat sich Ende der 90er relativ schnell durchgesetzt. Bei guter Planung war das eine echte Arbeitserleichterung, denn ein Style Sheet kann beliebig viele Webseiten gestalten. Formatierung per Fernsteuerung.

Es gab zwar mit CSS theoretisch auch die Möglichkeit, Objekte auf einer Webseite zu positionieren, aber die Browser sprachen damals so schlecht CSS, dass der Versuch zu nicht vorhersehbaren Ergebnissen führte. Mehrspaltige Layouts wurden also weiterhin mit Tabellen realisiert.

1.4 Tabellenfreie Layouts mit CSS

Inzwischen ist das anders. Moderne Browser können so gut CSS, dass es für Webdesigner außer einer gewissen natürlichen Trägheit und akutem Zeitmangel kaum noch Argumente gibt, Webseiten *nicht* komplett mit CSS zu gestalten.

Der Unterschied zum traditionellen 90er-Jahre-HTML-Tabellendesign ist gewaltig, und falls Sie bereits Webseiten mit Tabellen gestaltet haben, vergessen Sie am besten alles, was Sie darüber gelernt haben. Gestalten mit CSS ist anders. Ganz anders. Kein Vergleich.

Die Trennung von Inhalt und Gestaltung zum Beispiel ist ein ungewohntes Konzept:

- Sie beginnen mit sinnvoll strukturierten HTML-Dateien ohne Gestaltung.
- Danach gestalten Sie diese Dateien mit CSS-Anweisungen.

Nicht alles ist mit CSS einfacher, sodass vielen Webdesignern anfangs der Satz »Mit Tabellen ging das alles einfacher« des Öfteren zumindest auf der Zunge liegt.

Vielleicht fragen sich viele aber auch einfach nur, warum sie jahrelang Webseiten erstellen mit Tabellen gelernt haben und jetzt wieder von vorne anfangen sollen.

Sie sind nicht allein:

> *Es ist schlimm genug, rief Eduard, dass man jetzt nichts mehr für sein ganzes Leben lernen kann. Unsere Vorfahren hielten sich an den Unterricht, den sie in ihrer Jugend empfangen; wir aber müssen jetzt alle fünf Jahre umlernen.*

Goethe. Wahlverwandtschaften. Erster Teil, Viertes Kapitel. 1809. Neue Regeln für ein neues Medium. Das Web ist nicht aus Papier, und zum Gestalten von Webseiten gibt es CSS. Viel Spaß damit.

HTML – Kisten erstellen

Kapitel 2

So funktioniert HTML

Worin man erfährt, dass Webseiten aus rechteckigen Kästchen bestehen, HTML zum Etiketten kleben dient und ein solides Grundgerüst das Fundament einer jeden Webseite bildet.

Jede der Milliarden von Webseiten dort draußen ist in einer Sprache namens HTML geschrieben; und jeder, der Sie glauben machen möchte, dass man gute Webseiten schreiben kann, ohne zu wissen, wie HTML funktioniert, stellt zumindest eine gewagte Behauptung auf.

2.1 Webseiten bestehen aus rechteckigen Kästchen

Webseiten bestehen aus rechteckigen Kästchen, die im Browserfenster übereinander, nebeneinander und ineinander gestapelt werden. Je eher Sie sich an diesen Gedanken gewöhnen, desto leichter wird Ihnen das Gestalten von Webseiten fallen. Alles Runde ist entweder Trick, Grafik oder beides.

Beim Umgang mit diesen Kästchen haben die Sprachen HTML und CSS (»Cascading Style Sheets«) klar getrennte Aufgaben:

- `HTML` ist der *Maurer*, der das Haus und die Zimmeraufteilung anlegt. Mit HTML werden die rechteckigen Kästchen erstellt und mit Inhalt gefüllt.
- `CSS` ist der *Dekorateur*, der Haus und Zimmer gestaltet. Mit CSS werden Kästchen und Inhalt gestaltet und positioniert.

HTML ist einfach und wird vielleicht gerade deshalb oft nicht ernst genommen. Wenn die Kästchen in HTML aber nicht sauber gebaut sind, führt das beim Gestalten mit CSS unter Umständen zu großen Problemen.

Die Gestaltung von Webseiten mit CSS beginnt mit soliden HTML-Grundkenntnissen, und die lernen Sie auf den folgenden Seiten.

2.2 Was ist HT – M – L eigentlich?

HTML steht für *HyperText MarkUp Language* (engl. für »Sprache zur Markierung von Hypertext«). Diese Übersetzung stimmt zwar, ist aber nicht sehr aussagekräftig, deshalb hier eine etwas genauere Charakterisierung dieser vier Buchstaben.

HT wie Hypertext: Hyperlinks erstellen

Hypertext ist Text mit automatischen Querverweisen, die wir im Alltag *Hyperlinks* oder *Links* nennen. Das World Wide Web besteht aus Milliarden von durch Hyperlinks miteinander verbundenen Webseiten. Durch diese Verbindungen entsteht ein fein gesponnenes Gewebe von Webseiten, oder etwas prosaischer ausgedrückt:

- Hyperlinks sind die Fäden, mit denen das weltweite Gewebe gesponnen wird.

Das *HT* in *HT*ML besagt schlicht und einfach, dass mit HTML Hyperlinks erstellt werden können.

M wie Markup: Etiketten kleben

Markup wird häufig mit »Auszeichnung« übersetzt. Das können Sie sich wie in einem Supermarkt vorstellen:

- Waren auszeichnen bedeutet »Etiketten dran kleben«.
- HTML klebt buchstäblich Etiketten in den Text einer Webseite.

Die HTML-Etiketten stehen in spitzen Klammern und heißen `<Tags>` (*tähgs* gesprochen), was auf Deutsch »Etikett« bedeutet:

```
<p>Dieser Text ist ein Absatz.</p>
```

Der Browser weiß durch die Tags `<p>` und `</p>`, dass der Text dazwischen ein ganz normaler Fließtextabsatz ist. Das *p* steht im Beispiel übrigens für *paragraph*, auf deutsch *Absatz*.

L wie Language: Vokabeln und Grammatikregeln

HTML ist eine Sprache, und dementsprechend gibt es Vokabeln und Grammatikregeln. Tags, Elemente, Attribute und Grammatikregeln – alles muss gelernt und zum Teil penibel umgesetzt werden.

Dieses Buch ist keine vollständige Referenz, denn davon gibt es im Web bereits einige. Kostenlos, aktuell und lebendig ist zum Beispiel SelfHTML. Als Buch beim Franzis-Verlag erhältlich, im Web kostenlos:

http://de.selfhtml.org/

XHTML: Die neueste Version von HTML

Früher oder später werden Sie über den Begriff *XHTML* stolpern. Um es kurz zu machen: XHTML ist die neueste Version und die Zukunft von HTML, zumindest wenn es nach dem Willen des W3C geht, das die Standards rund um das World Wide Web regelt. Das *X* steht übrigens für *eXtensible* (»erweiterbar«).

Die Grammatikregeln von XHTML sind etwas strenger als bei HTML, was aber beim Lernen eher von Vorteil ist.

Tipp

Unterschiede zwischen HTML und XHTML

Falls Sie die Unterschiede zwischen HTML und XHTML genauer interessieren, finden Sie auf der folgenden SelfHTML-Seite eine kompakte Zusammenfassung:

- *http://de.selfhtml.org/html/xhtml/unterschiede.htm*

2.3 Die drei häufigsten Missverständnisse zu HTML

Drei Missverständnisse sind so weit verbreitet, dass sie hier kurz korrigiert werden sollen.

1. HTML ist keine Programmiersprache

HTML wird nicht programmiert, sondern schlicht und einfach *geschrieben*. HTML-Quelltext zu schreiben, kommt besonders Einsteigern oft vor wie programmieren, weil es auf jedes Zeichen ankommt – aber das ist bei Diktaten ebenso, und die werden auch *geschrieben* und nicht programmiert.

2. HTML ist keine Seitenbeschreibungssprache

HTML beschreibt nicht, wie eine Seite aussieht, HTML strukturiert sie lediglich. Gestaltet wird sie mit CSS. Seitenbeschreibungssprachen sind etwa *PostScript* oder *PDF*.

3. HTML dient nicht zum Gestalten von Webseiten

»Gestalten mit HTML ist wie Malen mit Handschellen« – dieser Satz gilt heute genau wie vor zehn Jahren. Wichtig beim Aufbau einer Webseite ist die Trennung von Inhalt und Gestaltung:

- HTML erstellt wie gesagt die rechteckigen Kästchen und füllt Sie mit Inhalt, *gestaltet* werden sie mit CSS.

Diese strikte Aufgabentrennung eröffnet später ungeahnte Möglichkeiten.

2.4 <!-- HTML-Kommentare -->

Es ist eine gute Angewohnheit, den Quelltext mit *Kommentaren* zu versehen, damit Sie selbst auch nach einiger Zeit noch nachvollziehen können, was Sie sich bei bestimmten Quelltextpassagen gedacht haben.

Ein HTML-Kommentar beginnt mit `<!--` und hört mit `-->` auf.

Hier ein Beispiel:

```
<!-- Der Text muss noch überarbeitet werden ... -->
```

Wenn der Browser die Zeichenfolge `<!--` sieht, weiß er, dass der Text bis zur Zeichenfolge `-->` ein Kommentar ist und nicht im Browserfenster dargestellt werden soll.

Tipp

Kommentare bleiben im Quelltext sichtbar

Die Kommentare sind zwar im *Browserfenster* nicht sichtbar, bleiben aber im *Quelltext* stehen, und jeder Besucher kann diesen Quelltext lesen. Denken Sie beim Verfassen der Kommentare dran.

2.5 Auf jeder Webseite vorhanden: Das Grundgerüst

Der Quelltext einer Webseite lässt sich grob in vier Abschnitte aufteilen:

1. `DOCTYPE` ganz am Anfang in der ersten Zeile.
2. Das Stammelement `html`, das einen `head` und einen `body` enthält.
3. Der Vorspann `head` mit dem `title` der Webseite und Elementen wie z. B. `meta`.
4. `body` mit dem Inhalt, der im Browserfenster dargestellt wird.

Diese Einzelteile bilden zusammen das HTML-Grundgerüst, das einer Webseite wie ein Skelett eine unsichtbare Struktur gibt und sie zusammen hält.

Ein Grundgerüst für die Webseite erstellen

Bevor Sie eine neue Webseite mit einem Grundgerüst erstellen, ein Hinweis vorweg:

`DOCTYPE` hat eine extrem unübersichtliche Syntax, und falls Ihr Editor die Zeile nicht schon hingeschrieben hat, *kopieren* Sie sie am besten in den Quelltext, um Tippfehler zu vermeiden. Kopiervorlagen finden Sie z. B. in SelfHTML:

http://de.selfhtml.org/html/allgemein/grundgeruest.htm

ToDo: Ein HTML-Grundgerüst (mit Titel) erstellen

1. Erstellen Sie einen neuen Ordner, den Sie z. B. `littleboxes` nennen.
2. Starten Sie Ihren Lieblingseditor und erstellen Sie eine leere Datei.
3. Speichern Sie die noch leere Datei unter dem Namen `index.html`.
4. Erstellen Sie ein HTML-Grundgerüst. Falls Ihr Editor bereits eines hingeschrieben hat, vergleichen Sie es mit dem folgenden Beispiel.

```
<!DOCTYPE html PUBLIC "-//W3C//DTD XHTML 1.0 Transitional//EN"
   "http://www.w3.org/TR/xhtml1/DTD/xhtml1-transitional.dtd">
<html xmlns="http://www.w3.org/1999/xhtml" lang="de"
xml:lang="de">
<head>
   <meta http-equiv="Content-Type" content="text/html;
      charset=iso-8859-1" />
   <title>Little Boxes - Startseite</title>
</head>
<body>
   <!-- Sichtbarer Teil der Webseite -->
</body>
</html>
```

5. Speichern Sie die Datei erneut und betrachten Sie sie in einem Browser.

Wie Sie sehen, sehen Sie im Browser (fast) nichts, nur links oben in der Titelleiste steht der von Ihnen vergebene Titel. Im Folgenden werden die einzelnen Teile dieses Grundgerüstes etwas näher erläutert.

Tipp

Noch keinen Lieblingseditor?

HTML-Editoren gibt es wie Sand am Meer. Falls Sie noch keinen festen Editor benutzen, haben sich unter anderem die beiden folgenden Exemplare bewährt:

- *Weaverslave*
  http://weaverslave.ws/de/
- *HTML Editor Phase 5:*
  http://qhaut.de/forums/index.php?download=71

1. Die Dokumenttyp-Definition: <!DOCTYPE html PUBLIC ...>

Die Dokumenttyp-Definition, die im Beispiel zur besseren Übersichtlichkeit in zwei Zeilen aufgeteilt ist, sollte in der allerersten Zeile des Quelltextes stehen. `DOCTYPE` sagt dem Browser drei Dinge:

- wie das Stammelement für das folgende Dokument heißt (`html`)
- welche HTML-Version benutzt wird (`XHTML V1.0 Transitional`)
- wo das dazugehörige Grammatikbuch zu finden ist (die URL)

Wenn kein `DOCTYPE` angegeben ist, die abschließende URL zum Grammatikbuch fehlt oder der `DOCTYPE` nicht in der allerersten Zeile steht, wechseln einige Browser in den so genannten Quirks-Modus (»Pfusch-Modus«, siehe auch Seite 296), was unter Umständen drastische Auswirkungen auf die Darstellung der Webseite haben kann.

2. Das Stammelement: <html>

Mit `html` folgt das bereits in der `DOCTYPE` angekündigte Stammelement, von dem alle Elemente einer Webseite abstammen. `html` erstellt eine (unsichtbare) Kiste in der `head` und `body` und alle anderen Elemente enthalten sind.

Wurzel oder Stamm?

Tipp

In vielen HTML-Dokumentationen (auch in SelfHTML) wird `html` als *Wurzelelement* bezeichnet. Ich bevorzuge die Bezeichnung *Stammelement*, denn alle HTML-Elemente einer Webseite stammen direkt oder indirekt von *html* ab.

Der XML-Namensraum

Der Zusatz `xmlns="http://www.w3.org/1999/xhtml"` definiert den so genannten XML-Namensraum, der eine weltweite Einmaligkeit von Element- und Attributnamen sicherstellen soll.

Es ist momentan nicht wirklich wichtig zu verstehen, was genau das ist und was es bewirken soll. Die Angabe gehört in XHTML der Vollständigkeit halber dazu. Wer es genauer wissen möchte, kann sich hier schlau machen:

http://de.selfhtml.org/html/xhtml/unterschiede.htm#wurzelelement

Das Universalattribut lang: lang="de" xml:lang="de"

Das Attribut `lang` schließlich gibt die Sprache an, in der die Webseite geschrieben ist (`de` = deutsch). `lang` ist ein so genanntes Universalattribut, was bedeutet, dass es in vielen HTML-Elementen benutzt werden kann. Zukünftig wird `lang` durch `xml:lang` ersetzt, was aber wiederum einige aktuelle Browser nicht verstehen.

Kurzum: Wenn Sie mit `lang` eine Sprache für ein HTML-Element definieren, sollten Sie `xml:lang` gleich dazu schreiben. Ist zwar umständlich, aber so oft kommt es nicht vor.

3. Der Vorspann: <head>

Zwischen `<head>` und `</head>` steht eine Art Vorspann für die Webseite, der nicht im Textfenster des Browsers erscheint und Informationen über das Dokument selbst enthält, die von Browsern oder Suchmaschinen ausgewertet werden. Die vorläufig wichtigsten Elemente im Kopfbereich sind `meta` und `title`.

Informationen über das Dokument: <meta ...>

In den Meta-Angaben können Sie verschiedene nützliche Anweisungen für Webserver, Webbrowser und Suchmaschinenrobots notieren, zum engeren Kern des Grundgerüstes gehört aber nur die Meta-Angabe zum Zeichensatz.

Das `meta`-Element im Beispiel sagt dem Browser, dass er für dieses Dokument den Zeichensatz `ISO-8859-1` benutzen soll, den normalen Zeichensatz für westeuropäische Sprachen.

Normalerweise erfährt der Browser dies bereits bei der Übermittlung des Quelltextes vom Webserver, aber falls das aus irgendeinem Grunde nicht passiert (weil die Seite z. B. lokal gespeichert ist), hilft diese `meta`-Angabe im `head` ihm auf die Sprünge.

Tipp

Wissenswertes über Zeichensätze

Wenn Ihnen das Wort »Zeichensatz« nichts sagt, finden Sie bei SelfHTML im Abschnitt *Internationalisierung* eine sehr verständliche Erklärung:

- *http://de.selfhtml.org/inter/*

Der Name der Seite: <title>

`title` ist wahrscheinlich das am meisten unterschätzte HTML-Element und enthält einen kurzen Text, der an verschiedenen Stellen wieder auftaucht:

- in der Browser-Titelleiste und den Ausklapplisten der Vor- und Zurück-Buttons
- als Beschriftung der Register (TABs) in modernen Browsern
- als Namensvorschlag für Favoriten bzw. Lesezeichen (Bookmarks)
- in den Ergebnislisten der Suchmaschinen als optisch hervorgehobener Link

Ein guter Titel ist kurz und beschreibt den Inhalt der Webseite, wenn man diese nicht sieht. *Startseite – infotekten.de* ist besser als *Willkommen* oder *Unbenanntes Dokument*. Im Grundgerüst auf Seite 42 lautet der Titel *Little Boxes – Startseite*.

Der auffällige, blau unterstrichene Text in den Ergebnislisten von Google ist der Titel der Webseite. Dass auch viele professionelle Webdesigner die Bedeutung von *title* nicht wirklich verstanden haben, zeigt folgende Google-Suche:

Abbildung 2.1: Webseiten mit dem Titel »Unbenanntes Dokument«

Der Standardtitel des bei Profis sehr beliebten Editors *Dreamweaver* ist *Unbenanntes Dokument*, und der taucht, wie diese Google-Suche zeigt, auf über einer Million deutschsprachiger Webseiten auf.

4. Der Inhalt der Webseite: <body>

Nach dem Kopf folgt der (Text-)Körper, auf Englisch *body*. Alles, was zwischen `<body>` und `</body>` steht, wird später im Browserfenster dargestellt. Quasi zur späteren Verwendung geben Sie dem `body` eine eindeutige ID mit auf den Weg.

ToDo: Eine ID für body geben

1. Ergänzen Sie den Anfangs-Tag von `body` wie folgt:

```
<body id="startseite">
```

2. Speichern Sie die Seite.

Im Browser hat sich nichts geändert, aber Sie werden diese ID bei der Gestaltung der Navigation auf Seite 173 benutzen, um anzuzeigen, auf welcher Webseite der Besucher sich gerade befindet.

2.6 Wissenswertes zu HTML-Elementen

Im folgenden ein paar allgemeine Hinweise zu HTML-Elementen.

Die Namen der HTML-Elemente stammen aus dem Englischen

Die Namen der HTML-Elemente sind Abkürzungen für einen englischen Begriff. Wie bereits gesehen, wird ein normaler Fließtextabsatz von `<p>` und `</p>` umschlossen: Das *p* steht für *paragraph*, auf Deutsch *Absatz*.

Alle HTML-Elemente haben einen Anfangs- und ein Ende-Tag

HTML-Elemente beginnen und enden mit einem *Tag*. Dabei unterscheidet sich der Ende-Tag durch einen vorangestellten Schrägstrich vom Anfangs-Tag:

```
<p>Dieser Text ist ein Absatz.</p>
```

`<p>` heißt für den Browser »Hier fängt ein Absatz an«, `</p>` dementsprechend »Hier ist ein Absatz zu Ende«.

HTML-Elemente: Anfangs-Tag, Inhalt und Ende-Tag

Hier ein kleines Beispiel zur Erläuterung der Begriffe *Element* und *Tag*:

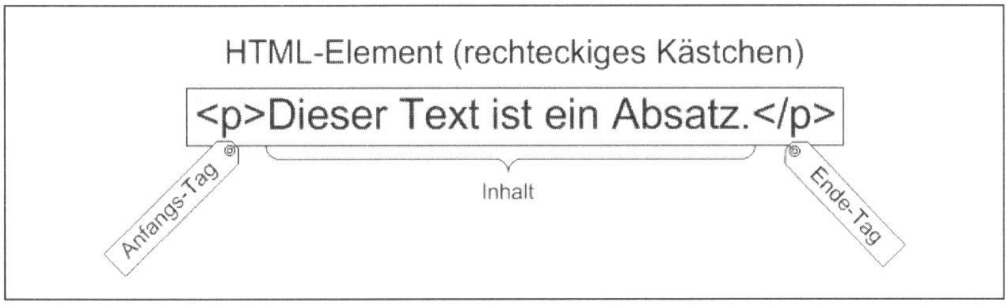

Abbildung 2.2: Aufbau eines HTML-Elements

Ein HTML-Element besteht aus drei Teilen. Im Beispiel sind das:

- der *Anfangs-Tag* in spitzen Klammern: <p>
- der *Inhalt*: Dieser Text ist ein Absatz.
- der *Ende-Tag* ebenfalls in spitzen Klammern: </p>

Alle drei zusammen heißen *Element*. Elemente sind immer rechteckige Kästchen, und *alle* Texte und Grafiken einer Webseite liegen in solchen Kästchen. Ohne Ausnahme. Man kann es auch *Container* nennen. Auf Englisch heißt es *Box*.

Das Wichtigste zu Attributen

Attribute wie die ID in <body id="startseite"> sind Ergänzungen zum HTML-Element und bestimmen dessen konkrete Eigenschaften. Sie sind sozusagen das Salz in der Suppe der Tags.

Folgende Aufzählung enthält die wichtigsten Grammatikregeln zu Attributen:

- Attribute stehen *immer im Anfangs-Tag*, der Ende-Tag ändert sich nicht.
- Nach dem Namen des Attributes folgt *ohne Leerstelle* ein Gleichheitszeichen und der in Anführungsstrichen stehende Wert:

  ```
  <body id="startseite">
  ```

- Alle Attribute haben einen Wert.
- Zwischen Attributname, Gleichheitszeichen, Anführungsstrichen und Wert ist *wirklich keine Leerstelle*.

- Wenn in einem Anfangs-Tag *mehrere Attribute* stehen, werden diese durch *Leerstellen* voneinander getrennt.
- Die Reihenfolge der Attribute im Anfangs-Tag spielt keine Rolle.

Alles klar? Beim Einfügen von Hyperlinks und Grafiken lernen Sie jede Menge weiterer Attribute kennen.

Block- und Inline-Elemente verhalten sich unterschiedlich

Alle Elemente sind rechteckig, aber es gibt verschiedene Arten von Kästchen, die sich unterschiedlich verhalten. Die beiden wichtigsten sind Block- und Inline-Elemente.

Block-Elemente werden so breit wie es geht

Block-Elemente ähneln Absatzformaten in Word:

- Der Kasten eines Block-Elements wird automatisch so breit wie es geht.
- Nachfolgende Elemente stehen unterhalb des Kastens in der nächsten Zeile.

Block-Elemente enthalten normalen Text, Inline-Elemente und manchmal auch andere Block-Elemente. Beispiele sind `p`, `ul`, `ol`, `li` sowie die Überschriften `h1` bis `h6`, die Sie im nächsten Kapitel genauer kennen lernen.

Inline-Elemente werden nur so breit wie ihr Inhalt

Inline-Elemente ähneln den Zeichenformaten aus Word:

- Der Kasten eines Inline-Elements wird nur so breit wie sein Inhalt.
- Nachfolgender Text fließt direkt nach dem Element weiter.

Inline-Elemente erzeugen keine neue Zeile und sind den Block-Elementen untergeordnet. Sie dürfen normalen Text und andere Inline-Elemente enthalten, aber keine Block-Elemente. Beispiele für Inline-Elemente sind `strong`, `em`, `a` und `img`.

Tipp

Block- oder Inline-Element?

In der HTML-Elementereferenz von SelfHTML können Sie sich darüber informieren, ob ein bestimmtes Element *Block* oder *Inline* ist:

- *http://de.selfhtml.org/html/referenz/elemente.htm*

2.7 Auf einen Blick

Hier noch einmal die wichtigsten Punkte dieses Kapitels im Überblick:

- Webseiten bestehen aus rechteckigen Kästchen, die übereinander, nebeneinander und ineinander gestapelt werden:
  - HTML erstellt diese Kästchen und füllt sie mit Inhalt.
  - CSS gestaltet Kästchen und Inhalt.
- HTML ist eine »Hypertext-Etiketten-Dranklebe-Sprache«. Es ist keine Programmier- oder Seitenbeschreibungssprache und dient nicht zum Gestalten.
- Jede Webseite hat ein HTML-Grundgerüst, das aus folgenden Teilen besteht:
  1. `DOCTYPE`
  2. Dem Stammelement `html`
  3. Dem Vorspann `head` mit `title` und `meta`-Element(en)
  4. Dem Inhalt `body`, der im Browserfenster dargestellt wird
- Einige wissenswerte Details zu HTML-Elementen sind:
  - Die Namen der HTML-Elemente stammen aus dem Englischen.
  - Alle HTML-Elemente haben einen Anfangs- und einen Ende-Tag.
  - Ein HTML-Element besteht aus *Anfangs-Tag*, *Inhalt* und *Ende-Tag*.
  - *Attribute* stehen immer im Anfangs-Tag eines Elements. Der Ende-Tag ändert sich dadurch nicht.
- Die beiden wichtigsten Arten von HTML-Elementen sind *Block* und *Inline*:
  - Block-Elemente erzeugen einen Zeilenumbruch und werden so breit wie es geht (`div`, `h1` bis `h6`, `p`, `ul`, `ol`, `li` und andere) .
  - Inline-Elemente erzeugen keinen Zeilenumbruch und werden nur so breit wie der Inhalt des Elements (`strong`, `em`, `a`, `img` und andere)

Kapitel 3

Die wichtigsten HTML-Elemente

Worin Sie die wichtigsten HTML-Elemente kennen lernen. Sie teilen die Webseite in Bereiche ein und erstellen dann ein sinnvoll strukturiertes HTML-Dokument. Am Ende haben Sie zwei korrekte Webseiten, die mit einem vom W3C geliehenen Stylesheet gestaltet werden.

HTML ist im Vergleich zu Englisch, Deutsch oder Kisuaheli eine recht einfache Sprache. Es gibt nur etwa 85 verschiedene Elemente, und in diesem Kapitel lernen Sie die wichtigsten davon kennen und sinnvoll anwenden. Korrektes HTML ist das Fundament einer jeden Webseite.

3.1 Die Seite in Bereiche einteilen: div

`div` ist ein Block-Element, mit dem man andere Elemente wie Absätze, Listen und Grafiken zu einem gemeinsamen Bereich (`div` = *division* = Bereich) zusammenfassen kann.

Anders ausgedrückt: `div` ist ein Container, eine Kiste, eine Box, in der mehrere andere Kisten aufbewahrt werden können, um sie zum Beispiel später per CSS gemeinsam gestalten zu können.

Vier Bereiche: Kopf, Navigation, Text und Fusszeile

Fast alle Webseiten haben einen Kopfbereich mit einem Logo, einen Bereich für die Navigationselemente, einen für den Inhalt und eine Fußzeile. Die folgende Minimalausstattung entspricht dem und hat sich als Grundlage für einfache Layouts bewährt:

- *Kopfbereich* mit Logo und Slogan
- *Navigationsbereich* mit Navigationselementen
- *Textbereich* mit Text und Grafiken
- *Fußzeile* mit Platz für Adresse, Copyright, Impressum usw.

Um die Bereiche im Quelltext voneinander unterscheiden zu können, erhalten sie mit dem Attribut `id` eindeutige Namen. In HTML sieht das so aus:

```
<div id="kopfbereich"> </div>
<div id="navibereich"> </div>
<div id="textbereich"> </div>
<div id="fussbereich"> </div>
```

Die Kurzform von »ein Element mit dem Attribut id und dem Wert textbereich« ist das Rautenzeichen `#` und der Wert der ID, also z. B. `#textbereich`.

Tipp

Für andere Layouts

Die Einteilung in diese Bereiche ist die Grundlage für einfache Layouts mit ein oder zwei Spalten. Bei komplexeren Layouts ist unter Umständen eine andere Aufteilung sinnvoll.

Der Schutzumschlag: wrapper

Viele Bücher haben einen Schutzumschlag, einen zusätzlichen Umschlag um den festen Einband, der die Aufgabe hat, diesen zu schützen (und der sich einfach und billig bedrucken lässt). Einen solchen Schutzumschlag benötigt Ihre Webseite auch: einen Bereich, der alle anderen Bereiche umfasst.

Dieser Bereich hat inhaltlich keine Bedeutung, ist aber für viele CSS-Layouts unentbehrlich. Er wird auf vielen Webseiten *wrapper*

(»räpper« gesprochen) genannt, was auf Deutsch »Schutzumschlag« heißt. Mit vollem Namen heißt er `<div id="wrapper">`.

Die Bereiche erstellen mit div

Die folgenden Bereiche erstellen Sie gleich zu Anfang im `body` der Webseite.

ToDo: Die Webseite mit div in Bereiche einteilen

1. Öffnen Sie die Startseite `index.html`.
2. Fügen Sie den fett gedruckten Quelltext hinzu:

```
<body id="startseite">
<div id="wrapper">

<div id="kopfbereich">

</div> <!-- Ende kopfbereich -->

<div id="navibereich">

</div> <!-- Ende navibereich -->

<div id="textbereich">

</div> <!-- Ende textbereich -->

<div id="fussbereich">

</div> <!-- Ende fussbereich -->

</div> <!-- Ende wrapper -->
</body>
```

3. Speichern Sie die Seite.

Bei der Darstellung im Browserfenster hat sich nichts geändert, aber bei der Gestaltung per CSS werden die Bereiche und die mit `id` vergebenen Namen wichtig.

Die Kommentare nach jedem `</div>` helfen die Übersicht zu behalten, auch wenn Anfangs- und Ende-Tag später etwas weiter auseinander stehen.

Visuell: Schematische Darstellung der div-Bereiche

Mit den `div`-Elementen erzeugen Sie rechteckige Kästchen auf der Webseite, in denen andere HTML-Elemente wie Überschriften und Absätze später aufbewahrt werden. Schematisch dargestellt sieht das so aus:

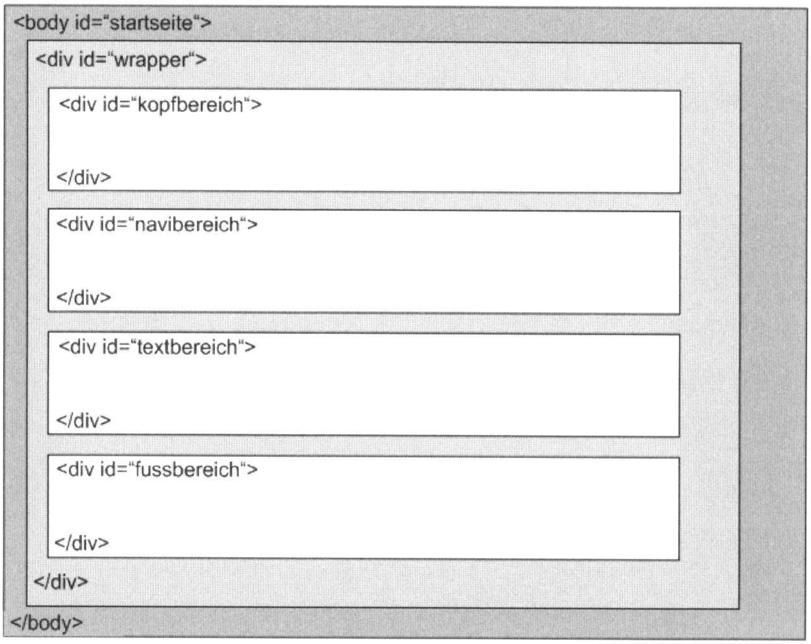

Abbildung 3.1: Schematische Darstellung der mit div erzeugten Bereiche

3.2 Überschriften: h1 bis h6

Webseiten werden nach der Anzeige im Browserfenster meist nicht konzentriert Wort für Wort gelesen, sondern auf der Suche nach Relevantem flüchtig überflogen.

Durch den Einsatz von Überschriften, Absätzen und Listen lockern Sie die Webseite optisch auf und bieten dem Auge des Betrachters – bildlich gesprochen – beim Überfliegen des Textes Landeplätze an.

Benutzen Sie Überschriften

Auch wenn Sie im Deutschunterricht das Wort »Gliederung« nicht sonderlich anziehend fanden, sollten Sie auf Ihren Webseiten Überschriften einsetzen. Überschriften geben einer Webseite Struktur und lockern den Text optisch auf.

Überschriften sind im Idealfall so geschrieben, dass der Leser den Inhalt der Webseite durch das Springen von Überschrift zu Überschrift erschließen kann. Ein Hörer kann seinem Screenreader zum Beispiel sagen, dass er nur die Überschriften einer Webseite vorlesen soll.

HTML kennt sechs verschiedene Elemente für Überschriften, von `h1` bis `h6`. Das *h* steht für *heading* (»Überschrift«), die Zahl dahinter für die Gliederungsebene. *h2* bedeutet nicht »die zweite Überschrift im Text«, sondern »eine Überschrift der zweiten Gliederungsebene«. Es kann auf einer Webseite also durchaus mehrere `h2`-Überschriften geben.

Überschriftebene nicht aufgrund der Schriftgröße wählen

In den meisten Browsern werden die unterschiedlichen Überschriftebenen standardmäßig durch verschieden große Schriftarten dargestellt. Widerstehen Sie der Versuchung, eine bestimmte Überschriftebene aufgrund der Schriftgröße zu wählen:

- Das Aussehen einer Überschrift und damit auch deren Schriftgröße gestalten Sie später mit CSS.
- In HTML sagen Sie momentan nur, *dass* der markierte Text eine Überschrift ist und welche Gliederungsebene sie hat.

Im Klartext: Beginnen Sie Ihre Webseite nicht z. B. mit `<h3>`, nur weil Ihnen `<h1>` zu groß erscheint.

Alle Überschriften sind übrigens Block-Elemente, sie werden also automatisch so breit wie es geht und haben einen integrierten Zeilenumbruch.

ToDo: Eine Überschrift für die Webseite erstellen

1. Öffnen Sie ggf. die Startseite `index.html` im Editor.
2. Setzen Sie den Cursor in den Kopfbereich.
3. Ergänzen Sie den fett hervorgehobenen Quelltext:

```
<div id="kopfbereich">
<h1>Little Boxes</h1>
</div>
```

4. Speichern Sie die Seite und betrachten Sie sie in einem Browser.

Dick und fett prangt der Text im Browserfenster. Nicht hübsch, aber Überschrift.

3.3 Absätze: p wie paragraph

Das wahrscheinlich am häufigsten verwendete HTML-Element ist `p`, kurz für *paragraph*, auf Deutsch Absatz. Jeder normale Fließtextabsatz wird mit `<p>` eingeleitet und mit `</p>` beendet.

ToDo: Einen normalen Fließtextabsatz erstellen

1. Ergänzen Sie auf der Beispielseite den fett gedruckten Quelltext:

```
<div id="kopfbereich">
<h1>Little Boxes</h1>
<p>Webseiten gestalten mit CSS. Grundlagen.</p>
</div>
```

2. Speichern Sie die Seite und betrachten Sie sie in einem Browser.

`p` ist ein Block-Element und darf *keine* anderen Block-Elemente enthalten, auch kein weiteres `p`.

Tipp

Der Abstand zwischen den Überschriften und Absätzen

Die meisten Browser fügen vor und nach Überschriften und Absätzen einen Abstand hinzu. Versuchen Sie momentan gar nicht erst, diesen zu entfernen. In HTML geht das nicht, später mit CSS ist es einfach.

3.4 Text hervorheben: strong und em

Die Elemente `strong` und `em` sind zur Hervorhebung von Text gedacht. Beide sind *Inline-Elemente*, werden also nur so breit wie der enthaltene Text und erzeugen keinen eigenen Zeilenumbruch:

- *strong* bedeutet *stark hervorheben* und wird in visuellen Browsern meist **fett** gedruckt.
- *em* hingegen steht für *emphasize*, auf Deutsch *betonen*. *em* wird meist *kursiv* dargestellt.

Als Faustregel benutzen Sie `strong`, um den Text bereits *vor* dem Lesen hervorzuheben und `em`, wenn er erst *während* des Lesens auffallen soll.

ToDo: Text mit strong und em hervorheben

1. Ergänzen Sie den **Textbereich** auf der Beispielseite wie folgt:

```
<div id="textbereich">
<h2>Startseite</h2>

<p>Webseiten bestehen aus <strong>rechteckigen Kästchen</strong>,
die über-, neben- und ineinander gestapelt werden. Alles Runde
ist entweder Trick, Grafik oder beides.</p>

<p>Die folgenden Schritte zeigen den Weg vom Zusammenbauen der
<em>Kisten</em> bis zur fertig gestalteten <em>Webseite</em>:</p>

</div> <!-- Ende textbereich -->
```

2. Speichern Sie die Seite und betrachten Sie sie im Browser.

3.5 HTML-Elemente verschachteln: Zuerst geöffnet, zuletzt geschlossen

Beim Verschachteln von HTML-Elementen müssen Sie eine wichtige Grundregel beachten: *Das zuerst geöffnete Element wird zuletzt geschlossen.* Hier ein Beispiel:

```
<p>Normal, <strong>fett, <em>fett und kursiv</em></strong>. Wieder
normal.</p>
```

Die Elemente `p`, `strong` und `em` werden geöffnet und in *umgekehrter* Reihenfolge geschlossen. Die von den Elementen erzeugten Kästchen werden also wie russische Matroschka-Puppen ineinander verschachtelt: `em` steckt in `strong`, das wiederum in der `p`-Kiste sitzt. Grafisch dargestellt sieht das so aus:

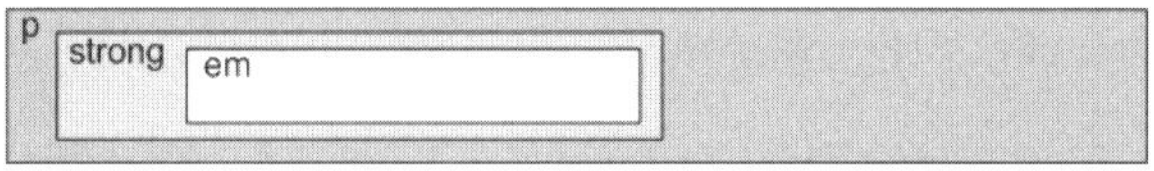

Abbildung 3.2: Eine Kiste in einer Kiste in einer Kiste

3.6 Jeder Browser hat ein eingebautes Stylesheet

Die Startseite sieht bis jetzt ungefähr so aus:

Abbildung 3.3: index.html mit Überschriften, Absätzen und Hervorhebungen

Sie sehen in der obigen Abbildung, dass die Elemente im Browserfenster schon Formatierungen haben:

- Überschriften sind fett und groß
- Zwischen Absätzen sind Leerzeilen
- `strong` wird fett und `em` kursiv

Im Quelltext steht nichts dergleichen. Woher kommen also die Formatierungen?

Des Rätsels Lösung ist, dass jeder Browser fest eingebaute Gestaltungsanweisungen hat. Wenn er eine `h1`-Überschrift sieht, denkt er »Mmmh. `h1` ist eine wichtige Überschrift. Hier steht nicht, wie sie aussehen soll, also mach ich den Text mal groß und fett«.

Solche gespeicherte Gestaltungsanweisungen heißen in vielen Programmen *Formatvorlagen*, oder auf Englisch *style*. Eine Sammlung von Styles heißt *Stylesheet*, und jeder Browser hat ein solches Stylesheet fest eingebaut.

Mit den *Cascading Style Sheets* erstellen Sie eigene Formatvorlagen, die die eingebauten Styles der Browser überschreiben. Alles was Sie nicht definieren, wird jedoch weiterhin von den Stylesheets der Browser formatiert.

3.7 Listen: Aufzählungen und Nummerierungen

Geordnete und ungeordnete Listen sind ein wichtiges Stilmittel zur Strukturierung von Text auf Webseiten.

Aufzählungen: Ungeordnete Listen mit ul und li

Eine Aufzählung besteht in HTML aus *zwei* Elementen:

- `<ul>` und `</ul>` kennzeichnen Beginn und Ende der Aufzählung.
- `<li>` und `</li>` markieren jedes Listenelement innerhalb der Aufzählung.

`ul` steht übrigens für »unordered list«, zu Deutsch »ungeordnete Liste«.

ToDo: Eine Aufzählung (ungeordnete Liste) erstellen

1. Erstellen Sie folgende ungeordnete Liste *unterhalb* der auf Seite 57 eingefügten zwei Absätze und *innerhalb* von `#textbereich`:

```
<ul>
   <li>So funktioniert HTML</li>
   <li>Wichtige HTML-Elemente</li>
   <li>Gestalten mit CSS</li>
</ul>
```

2. Speichern Sie die Seite und betrachten Sie sie in einem Browser.

<ul> sagt dem Browser »Hier beginnt eine ungeordnete Liste«. Zwischen <li> und </li> stehen dann die einzelnen Listenelemente, bevor die Liste mit </ul> beendet wird.

Und so sieht die Aufzählung im Browserfenster aus:

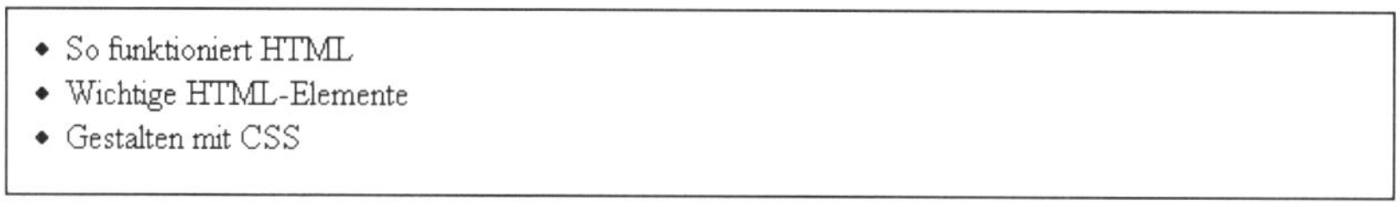

Abbildung 3.4: Ungeordnete Liste im Browserfenster

Beachten Sie, dass im HTML nichts über das zu verwendende Aufzählungszeichen steht. Der Quelltext sagt, dass der Text eine Aufzählung *ist*, aber nicht, wie sie *aussieht*. Das wird momentan dem eingebauten Stylesheet des Browsers überlassen.

Tipp

Ungeordnete Listen als Grundlage für die Navigation

Ungeordnete Listen bilden oft die Grundlage für die Navigation. Auf Seite 64 erstellen Sie eine HTML-Navigationliste für die Beispielseiten, die Sie per CSS zuerst *horizontal* (Seite 165) und dann später *vertikal* (ab Seite 259) gestalten.

Nummerierungen: Geordnete Listen mit ol und li

Geordnete Listen (»Ordered lists«) sind besser bekannt als *Nummerierungen*. Der Aufbau ist identisch mit ungeordneten Listen, lediglich das ul wird durch ol ersetzt:

```
<ol>
  <li>So funktioniert HTML</li>
  <li>Wichtige HTML-Elemente</li>
  <li>Gestalten mit CSS</li>
</ol>
```

Zwei Buchstaben geändert, und schon ist eine Aufzählung eine Nummerierung:

Abbildung 3.5: Geordnete Liste im Browserfenster

Verschachtelte Listen

Listen können ineinander verschachtelt werden. Achten Sie in der folgenden Übung darauf, dass das zweite Listenelement »Wichtige HTML-Elemente« erst *nach* Beendigung der verschachtelten Liste geschlossen wird.

ToDo: Erstellen Sie eine verschachtelte Liste

1. Ergänzen Sie die Liste auf der Beispielseite um den fett gedruckten Quelltext:

```
<ul>
   <li>So funktioniert HTML</li>
   <li>Wichtige HTML-Elemente <!-- Kein </li>! -->
   <ul>
      <li>Überschriften</li>
      <li>Absätze und Listen</li>
      <li>Links und Grafiken</li>
   </ul>
   </li><!-- beginnt VOR "Wichtige HTML-Elemente"-->
   <li>Gestalten mit CSS</li>
</ul>
```

2. Speichern Sie die Webseite und betrachten Sie sie im Browser.

Die verschachtelte Liste sieht im Browser so aus:

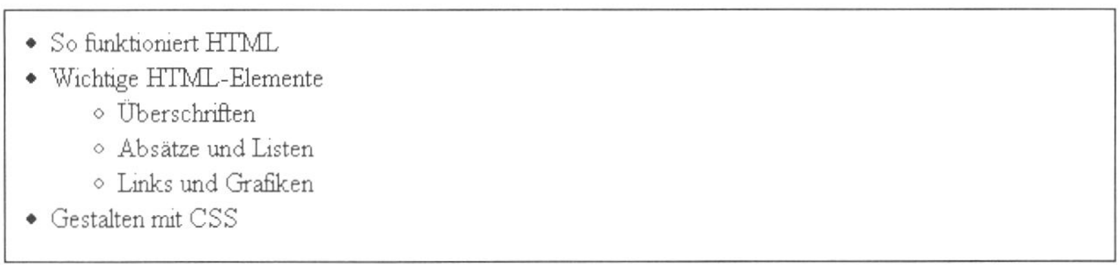

Abbildung 3.6: Eine verschachtelte ungeordnete Liste im Browserfenster

Schematische Darstellung der verschachtelten Liste

Zum besseren Verständnis hier ein Schema der Listenkisten aus dem Beispiel:

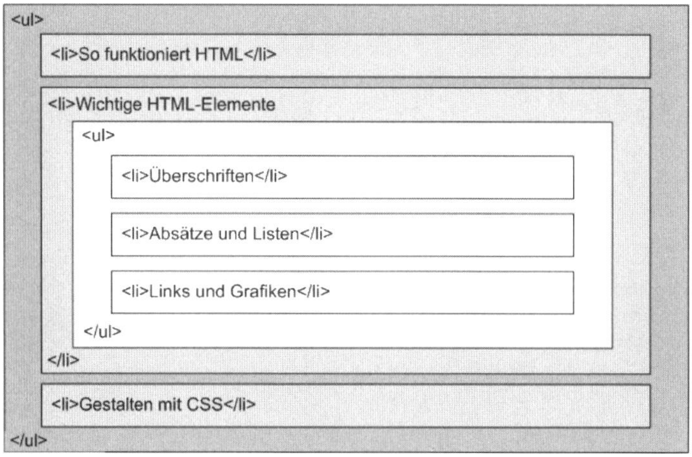

Abbildung 3.7: Listenkisten – schematische Darstellung der verschachtelten Liste

Bei der Gestaltung mit CSS ist die korrekte Verschachtelung der Kisten im HTML-Quelltext wichtig, um später einzelne Listenkisten gezielt gestalten zu können.

Tipp

Verschachtelte Listen und visuelle Editoren

Falls Sie einen visuellen Editor wie *Dreamweaver* benutzen, sollten Sie nach der Erstellung einer verschachtelten Liste den Quelltext überprüfen, denn viele visuelle Editoren schreiben bei verschachtelten Listen falschen Quelltext.

Im Browser sieht zunächst alles okay aus, aber beim Gestalten mit CSS kann es wichtig werden, dass die Listen korrekt verschachtelt sind.

3.8 Definitionslisten: dl, dt und dd

Das ursprüngliche Einsatzgebiet für Definitionslisten sind Glossare, Listen von Einträgen mit Begriffen und Erklärungen. Da nicht viele Leute regelmäßig Glossare bauen, sind Definitionslisten ziemlich unbekannt geblieben.

Anders als geordnete und ungeordnete Listen haben Definitionslisten kein Aufzählungszeichen, bestehen dafür aber aus gleich drei Elementen:

```
<dl>
   <dt>Zu definierender Begriff (definition (list) term)</dt>
   <dd>Beschreibung oder Erklärung (definition (list) definition)</dd>
</dl>
```

Im Browser sieht das so aus:

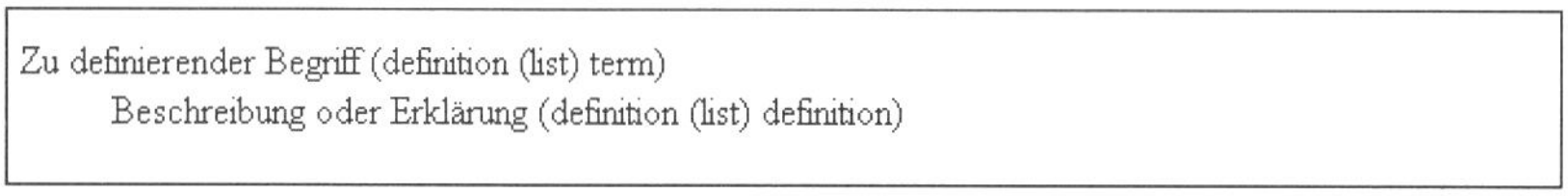

Abbildung 3.8: Definitionsliste im Browserfenster

Auf den ersten Blick nicht besonders hübsch, so eine Definitionsliste, aber das Aussehen kann mit CSS beliebig verändert werden.

Im CSS-Zeitalter erleben Definitionslisten so etwas wie eine Renaissance, denn `dt` und `dd` bieten in bestimmten Situationen nützliche Grundstrukturen, zum Beispiel bei Produkten und Produktbeschreibungen oder der Beschriftung von Bildern.

Tipp

Mehr zu Definitionslisten

Ein sehr gutes (englisches) Tutorial zu Definitionslisten gibt es auf der australischen Site *MaxDesign*:

- *http://maxdesign.com.au/presentation/definition/*

3.9 Hyperlinks: Das Besondere am World Wide Web

Hyperlinks sind das *Hyper* in Hypertext. In gewisser Weise typisch für HTML ist, dass das wichtigste Element in dem ganzen Laden nicht *hyperlink* oder *link* heißt, sondern schlicht und einfach *a* (wie Anker).

Anatomie eines Hyperlinks

Hyperlinks haben immer denselben Aufbau:

```
<a href="..." title="...">Sichtbarer Text</a>
```

Hier das Beispiel im Detail:

- Das Element zum Erstellen eines Hyperlinks heißt einfach nur `a`.
- Das Attribut `href` ist kurz für *Hypertext Referenz* und enthält die Wegbeschreibung zur Webseite, die nach einem Klick im selben Browserfenster angezeigt wird. Das ist ein Dateiname oder auch eine komplette URL.
- Das Attribut `title` ist optional und erzeugt bei Berührung mit dem Mauszeiger im Browserfenster ein kleines gelbes Quickinfo, das zusätzliche Information zum Link enthalten kann.
- Zwischen `<a>` und `</a>` steht der Text, der vom Browser standardmäßig blau und unterstrichen hervorgehoben wird.
- `</a>` beendet den Hyperlink.

ToDo: Erstellen Sie einen Hyperlink (mit Quickinfo)

1. Erstellen Sie folgenden Quelltext auf der Beispielseite *unterhalb* der verschachtelten Liste:

```
<p>Besuchen Sie <a href="http://little-boxes.de/" title="little-
boxes.de – mit Beispielen zum Buch">die Website zum Buch</a> für
weitere Informationen.</p>
```

2. Speichern Sie die Seite und betrachten Sie sie in einem Browser.

So sieht der Absatz mit dem Hyperlink im Browser aus:

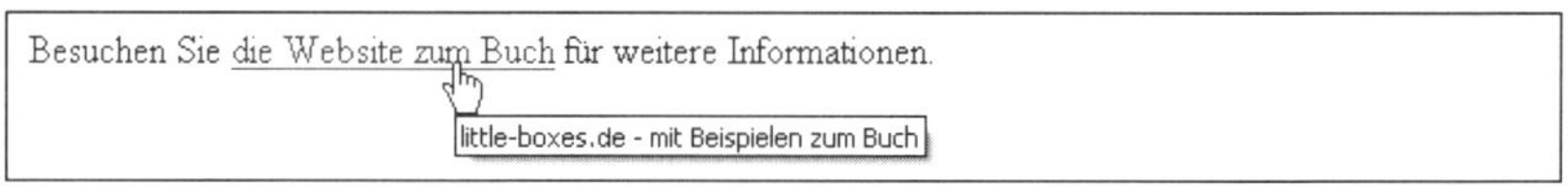

Abbildung 3.9: Ein Hyperlink mit dem Attribut title

Die Navigation: Eine ungeordnete Liste mit Hyperlinks

Eine *Navigation* ist im Prinzip eine Auflistung von Hyperlinks, und aus diesem Grunde wird sie oft als ungeordnete Liste notiert. Das Aussehen der Liste wird später per CSS geregelt.

ToDo: Erstellen Sie eine Navigationsliste

1. Ergänzen Sie den fett gedruckten Quelltext auf der Beispielseite innerhalb des Navigationsbereiches:

```
<div id="navibereich">
   <ul>
      <li id="navi01"><a href="index.html">Startseite</a></li>
      <li id="navi02"><a href="kontakt.html">Kontakt</a></li>
   </ul>
</div> <!-- Ende navibereich -->
```

2. Speichern Sie die Seite und betrachten Sie sie in einem Browser.

Die Seite `kontakt.html` wird erst am Ende dieses Kapitels erstellt, aber der Link kann trotzdem schon eingebaut werden. Die IDs `navi01` und `navi02` in den beiden Listenelementen benötigen Sie später zur Gestaltung der Navigationsliste.

Der obere Bereich der Beispielseite sieht im Browser jetzt so aus:

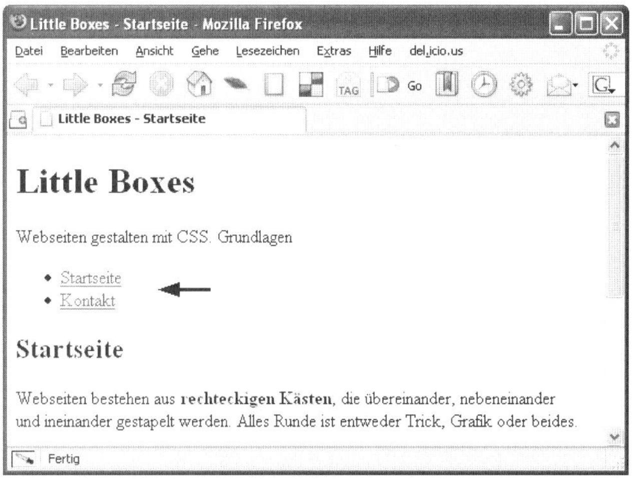

Abbildung 3.10: Die Beispielseite mit Navigationsliste

Gestaltet wird diese einfache Navigation per CSS auf Seite 165 (horizontal) und ab Seite 259 (vertikal).

Tipp

Hyperlinks mit dem Attribut title

Mit dem Attribut `title` können Sie natürlich auch den Hyperlinks in der Navigation zusätzliche Informationen mit auf den Weg geben, die dann bei Mausberührung in einem kleinen gelben Quickinfo angezeigt werden. Zum Beispiel so:

```
<a href="kontakt.html" title="Zu unserem Kontaktformular">Kontakt</a>
```

3.10 Skip-Links: Hyperlinks auf derselben Seite

Kennen Sie Skippy, das Buschkänguru? *To skip* heißt »hüpfen« oder »springen«, und daher wird ein Hyperlink, der zu einer anderen Stelle auf *derselben* Webseite springt, manchmal auch *Skip-Link* genannt.

Ein Skip-Link zum Überspringen der Navigation

Besucher, die sich die Webseite vorlesen lassen, müssten sich auf jeder Seite die komplette Navigation wieder anhören, bevor Sie zum eigentlichen Inhalt kommen. Mit einem Skip-Link kann man z. B. die Navigation überspringen und so direkt zum Inhalt der Seite gelangen.

Die Stelle auf einer Webseite, zu der der Hyperlink springt, wird *Sprungmarke* genannt und im Quelltext durch das Attribut `id` gekennzeichnet. Als Sprungziel für den Hyperlink benutzen Sie eine ID, im Beispiel `#textbereich`.

ToDo: Erstellen Sie einen Skip-Link zum Überspringen der Navigation

1. Ergänzen Sie im Quelltext der Startseite die fett gedruckte Zeile:

```
<body>
   <div id="wrapper">
   <div id="kopfbereich">
      <div class="skiplink"><a href="#textbereich">Zum Inhalt
      </a></div>
   <h1> ...
```

2. Speichern Sie die Seite und betrachten Sie sie in einem Browser.

Der Hyperlink springt zum HTML-Element mit dem Attribut `id="textbereich"`. Falls Sie den Sprung zum Textbereich nicht sehen können, verkleinern Sie das Browserfenster einfach so weit wie nötig. Im Stylesheet wird der Skip-Link bei Bedarf für die Anzeige in einem visuellen Browser später ausgeblendet (siehe Seite 104).

Auf der Beispielseite wäre ein Skip-Link nicht wirklich notwendig, weil die Navigation extrem kurz ist, aber es gehört zum guten Stil für eine Webseite mit Anspruch auf Barrierefreiheit, einen Skip-Link einzubauen. Und jetzt wissen Sie, wie es geht.

Tipp

Das Attribut class

Im Beispiel wurde das Attribut `class` verwendet. Mehr über die Bedeutung von `class` erfahren Sie im Kapitel über Selektoren, und zwar ab Seite 116.

Ein Hyperlink zurück nach oben

Falls Sie auf einer langen Webseite Ihren Besuchern einen Link »zurück nach oben« anbieten möchten, können Sie dieselbe Technik benutzen:

```
[<a href="#wrapper">Nach oben</a>]
```

Dieser Link springt auf der Beispielseite zum Element `<div id="wrapper">`, das direkt unterhalb von `body` steht. Die eckigen Klammern um den Hyperlink dienen nur zur Dekoration.

3.11 Die Wegbeschreibung zur Grafik: img

Das Element zum Einfügen einer Grafik heißt `img`, kurz für *Image* (»Bild«). Es gibt keinen Ende-Tag `</img>`, stattdessen wird der Befehl mit der Zeichenfolge *Leerstelle Schrägstrich Größer als* beendet, hat also eine Art integrierten Ende-Tag:

```
<img src="logo.gif" alt="Little Boxes" width="222" height="32" />
```

Der `<img>`-Tag im Quelltext der Webseite enthält lediglich die Wegbeschreibung zur Grafikdatei. Grafik und Webseite bleiben also – anders als auf Papierseiten – getrennte Dateien.

Die Attribute zu img

Das Element `img` kennt jede Menge Attribute, hier eine kurze Erklärung der wichtigsten:

- **src**="bildname.jpg"

  Das erste und wichtigste Attribut zu <img> sind die Buchstaben *src*, was für *Source* steht und »Quelle« heißt. *src* enthält die Wegbeschreibung zur Grafikdatei. Nur ein Dateiname bedeutet, das die Grafikdatei im selben Ordner liegt wie die Webseite.

- **alt**="Alternativer Text"

  Die Eingabe eines *alternativen* Textes ist Pflicht. Er wird angezeigt, wenn die Grafik nicht (oder *noch* nicht) dargestellt wird. Möchten Sie aus irgendeinem Grunde keinen alternativen Text angeben, schreiben Sie einfach `alt=""`.

- **width** und **height**: Breite und Höhe der Grafik

  `width` und `height` sind zwei wichtige Attribute. Sie sagen dem Browser wie viel Platz er für die Grafik reservieren soll, schon *bevor* er sie erhalten hat.

- **title**="Text für das kleine gelbe Quickinfo"

  Das Attribut `title` ist optional und sorgt wie bei den Hyperlinks für die kleinen gelben Quickinfokästchen, wenn der Mauscursor das Bild berührt. Der Internet Explorer nutzt dazu übrigens – sofern kein `title`-Attribut definiert wurde – fälschlicherweise den Wert des Attributes `alt`.

`img` verhält sich wie ein Inline-Element und hat *keinen* integrierten Zeilenumbruch.

In der folgenden Übung ergänzen Sie die Beispielseite um eine einfache Grafik, die an Stelle des Textes »Little Boxes« als `h1`-Überschrift auf der Seite eingebunden wird. Die im Beispiel verwendete Grafik können Sie auf der Website *http://little-boxes.de/* herunterladen.

ToDo: Eine Grafik als Überschrift einbinden

1. Speichern Sie die Grafik im gleichen Ordner wie die Beispielseite `index.html`
2. Ändern Sie dazu den Quelltext der Seite wie folgt:

```
<h1>
<img src="logo.gif" id="logo" alt="Little Boxes" width="222"
height="32" />
</h1>
```

3. Speichern Sie die Seite und betrachten Sie sie in einem Browser.

Um das Logo später im CSS besser auswählen zu können, bekommt es im HTML eine ID mit einem aussagekräftigen Namen. Und so sieht die Webseite jetzt im Browser aus:

Abbildung 3.11: index.html mit einer Grafik als Überschrift

Ein Logo als Überschrift?

Wenn das Logo aus dem Beispiel nicht angezeigt wird, stellen viele Browser den alternativen Text als `h1`-Überschrift dar. Auf diese Weise bleibt das Logo der Site auch ohne Grafik als solches erkennbar:

Abbildung 3.12: Der alt-Text des Logos wird in einigen Browsern als h1-Überschrift dargestellt

Tipp

Dekorationsgrafiken per CSS als Hintergrundbild einbinden

Beim Einfügen von Grafiken lautet eine Grundregel, dass inhaltlich relevante Grafiken wie das Logo im Beispiel per `img` im HTML-Quelltext eingebunden werden sollten. Grafiken, die ausschließlich zur Dekoration dienen, werden im CSS als Hintergrundgrafik eingebunden (siehe Seite 143).

3.12 Weitere nützliche Elemente

Diese kurze HTML-Einführung ist keine komplette Referenz und zeigt nur die wichtigsten Elemente. Zur Abrundung hier noch ein paar nützliche Vertreter. Eine kurze Einführung zur Erstellung und Gestaltung von Formularen finden Sie ab Seite 187.

Tipp

HTML auf einer A4-Seite

Dave Child hat eine hervorragende Gedächtnisstütze zum Nachschlagen von HTML-Elementen erstellt. Ausgedruckt passt sein »HTML Cheat Sheet« auf ein DIN-A4-Blatt:

- *http://ilovejackdaniels.com/cheat-sheets/html-cheat-sheet/*

Beginne eine neue Zeile:

Falls Sie an einer bestimmten Stelle im Textfluss einen Zeilenumbruch wünschen, können Sie diesen mit `br` erzeugen, was für *Break* steht (»Umbruch«):

- `<br />` (*br – Leerstelle – Schrägstrich*)

`br` ist ein so genanntes *leeres Element*, ein Element ohne Inhalt. Ähnlich wie bei `img` wird der Ende-Tag mit der Zeichenfolge *Leerstelle Schrägstrich* am Ende des Tags integriert.

Tipp

Zeilenumbruch sparsam einsetzen

Sie sollten `br` sehr sparsam einsetzen, da der Textfluss auf Webseiten durch eine Vielzahl von Faktoren bestimmt wird und anders als auf Papierseiten vom Autor nicht wirklich kontrolliert werden kann.

address für Adressen

Wenn Sie auf einer Webseite eine Adresse darstellen, bietet es sich an, dafür das Element `<address>` zu benutzen, denn es ist eines der wenigen semantischen HTML-Elemente, bei denen man am Namen schon sehen kann, was der Inhalt *bedeutet*. *address* schreibt man im Englischen mit Doppel-d *und* Doppel-s.

ToDo: Eine Adresse (mit Zeilenumbruch) erstellen

1. Öffnen Sie ggf. die Beispielseite `index.html`.
2. Ergänzen Sie den folgenden Quelltext im Fußbereich:

```
<address>
Little Boxes &middot; Kästchenweg 12 &middot; 01234 Boxberg
<br />
Tel: 01234 567890 &middot; Fax: 01234 567891
</address>
```

3. Speichern Sie die Seite und betrachten Sie sie in einem Browser.

`·` ergibt übrigens einen kleinen runden Punkt, der in der Mitte der Zeile steht. Die meisten Browser stellen das Element `address` kursiv dar, aber das können (und werden) Sie per CSS ändern (ab Seite 99).

blockquote und cite für Zitate

Wie der Name schon andeutet, ist `blockquote` ein Block-Element für Zitate. Das Element ist ideal geeignet für längere Zitate. Der Text innerhalb von `blockquote` sollte zusätzlich von anderen Block-Elementen wie z. B. `p` umschlossen werden.

Mit Hilfe des Inline-Elements `cite` können Sie kurze Zitate im Fließtext markieren oder wie im folgenden Beispiel am Ende eines Block-Zitats eine Quelle angeben:

Listing 3.1: Beispiel für die Verwendung von blockquote

```
<p>Der folgende Absatz ist ein Block-Zitat mit Quellenangabe:</p>
<blockquote>
<p>Sie können Zitate von Fremdautoren in einem eigenen, anders
  formatierten (zumeist eingerückten) Absatz hervorheben.</p>
<p>Es handelt sich dabei jedoch um eine logische, inhaltliche
  Auszeichnung. Wie diese Absätze genau formatiert werden, bestimmt
  letztlich der Web-Browser. Die Vorgabe ist jedoch, solche Absätze
  auffällig und vom übrigen Text unterscheidbar anzuzeigen.
<cite>(Quelle:
<a href="http://de.selfhtml.org/html/text/zitate_adressen.htm">
  SelfHTML</a>)</cite></p>
</blockquote>
```

Im Browser sieht das dann so aus:

Abbildung 3.13: Blockquote mit 2 Absätzen und cite

`blockquote` wird von den meisten Browsern etwas eingerückt und `cite` kursiv dargestellt.

span ist ein neutrales Inline-Element

Das neutrale Block-Element `div` zur Gruppierung von anderen Elementen kennen Sie bereits. `span` (»umspannen«) ist ein neutrales Inline-Element, mit dem Sie bei Bedarf beliebigen Fließtext markieren können, wobei Sie im Browserfenster keinerlei Veränderung sehen werden:

```
<h1><span>Dieser Text ist von span umgeben</span><h1>
```

Sie werden `span` nicht so häufig sehen wie `div`, aber bei der Gestaltung mit CSS ist es manchmal sinnvoll, bestimmte Textpassagen mit `span` zu markieren, und deshalb wird es hier kurz erwähnt.

Genau wie `div` wird auch `span` häufig zusammen mit den Attributen `id` und `class` benutzt.

ToDo: Ein Wort mit span umspannen

1. Öffnen Sie ggf. die Beispielseite `index.html` und ergänzen Sie im Kopfbereich das Element `span`:

```
<p>Webseiten gestalten mit CSS. <span>Grundlagen</span>.</p>
```

2. Speichern Sie die Seite.

Wenn Sie die Seite im Browser betrachten, werden Sie keine Änderung feststellen, aber wer weiß, vielleicht brauchen Sie das `span` ja später noch (z. B. zur Hervorhebung des Wortes *Grundlagen* auf Seite 218).

Character Entities: Allgemeine Sonderzeichen

Wenn ein Übersetzer die Bedeutung eines Wortes nicht genau kennt, wird es oft einfach »eingedeutscht«, und wahrscheinlich wurden so *Entities* zu *Entitäten*. Entitäten? Sonderzeichen.

Wie so oft bei Computern gibt es auch auf Webseiten Probleme mit Sonderzeichen aller Art. Diese Sonderzeichen werden im HTML-Quelltext in einer besonderen Form geschrieben: Sie beginnen mit `&`, gefolgt von einem fest definierten Namen und enden mit einem *Semikolon*:

```
&euro;
```

Im Browserfenster wird `€` durch das Euro-Symbol € ersetzt. Wenn ein Browser das `&` sieht, weiß er »Hier beginnt ein Sonderzeichen«. Danach erwartet er ein definiertes Kürzel wie `euro`. Das Semikolon schließlich beendet das Sonderzeichen.

Die folgende Tabelle zeigt eine Übersicht der wichtigsten Entities:

Tabelle 3.1: Einige häufig benötigte Sonderzeichen

Zeichen	im Quelltext	englisch
<	<	less than
>	>	greater than
&	&	ampersand
"	"	quotation marks
€	€	Euro
©	©	Copyright
®	®	Registered Trademark
·	·	Mittlerer Punkt (vertikal zentriert)
geschützte Leerstelle		Non breakable space

Streng genommen ist die Kodierung der Umlaute bei Angabe des richtigen Zeichensatzes per `meta` nicht unbedingt notwendig. Die folgende Tabelle zeigt – der Vollständigkeit halber – trotzdem die Kodierung für die »German Umlauts«, wie die Amerikaner das nennen:

Tabelle 3.2: »German Umlauts« als Sonderzeichen in HTML

Zeichen	im Quelltext	englisch
Ö	Ö	O umlaut
ö	ö	o umlaut
Ä	Ä	A umlaut
ä	ä	a umlaut
Ü	Ü	U umlaut
ü	ü	u umlaut
ß	ß	sz ligature

Tipp

Mehr Sonderzeichen

Eine Auflistung aller Entities finden Sie in der Zeichenreferenz von SelfHTML:

- *http://de.selfhtml.org/html/referenz/zeichen.htm*

3.13 Tabellen sind nicht verboten

Lange Zeit waren Tabellen die einzige Möglichkeit, Objekte auf einer Webseite zu positionieren. CSS hat diese Rolle übernommen, und inzwischen werden Tabellen mehr entsprechend ihrer ursprünglichen Absicht eingesetzt: zur Darstellung von tabellarischen Daten.

Eine einfache Tabelle: table, tr und td

Es gibt nur drei oder vier HTML-Befehle, die zum Erstellen einer einfachen Tabelle benötigt werden:

- Die Tabelle: `table`

  Beginn und Ende der Tabelle werden mit Hilfe der Tags `<table>` und `</table>` markiert.

- Die Tabellenzeile: `tr`

  `tr` steht für *table row*. `<tr>` und `</tr>` kennzeichnen Beginn und das Ende einer Zeile.

- Die Tabellenzellen: `td`

  td heißt *table data* und enthält die Daten der Tabelle. Die Tags `<td>` und `</td>` begrenzen die einzelnen Zellen in der Tabelle. *Alle* Textzeichen und Grafiken in der Tabelle stehen zwischen `<td>` und `</td>`.

Tabellen sind nicht schwierig, sie werden im Quelltext nur sehr schnell sehr unübersichtlich. Achten Sie bei Tabellen von Anfang an auf korrekte Einrückungen, um den Quelltext lesbar und übersichtlich zu halten. Während der Bearbeitung einer Tabelle bietet es sich an, die Rahmenlinien mit dem Attribut `border` sichtbar zu machen:

Listing 3.2: Eine einfache Tabelle mit zwei Zeilen und zwei Spalten

```
<table border="1">
<tr>
   <td>Zeile 1, Zelle 1</td>
   <td> Zeile 1, Zelle 2</td>
</tr>
<tr>
   <td>Zeile 2, Zelle 1</td>
   <td> Zeile 2, Zelle 2</td>
</tr>
</table>
```

Im Browser sieht diese Tabelle so aus:

Abbildung 3.14: Tabelle mit zwei Zeilen und zwei Spalten

Zeile 1, Zelle 1	Zeile 1, Zelle 2
Zeile 2, Zelle 1	Zeile 2, Zelle 2

Es gibt noch das Element `th` wie *table heading*, das für Überschriftenzeilen in einer Tabelle benutzt werden kann. `th` verhält sich genau wie `td`, mit dem Unterschied, dass der Zellinhalt zwischen `<th>` und `</th>` von den meisten Browsern fett und zentriert dargestellt wird.

Im Quelltext stehen die Spalten *untereinander*

Die Unübersichtlichkeit des Quelltextes von Tabellen kommt daher, dass die Darstellung im Quelltext nicht der Darstellung im Browser entspricht.

Während im Browser eine Tabelle aus waagerechten Zeilen und senkrechten Spalten besteht, gibt es im Quelltext nur waagerechte Zeilen (`tr`) und Zellen (`td`). Es gibt kein Element zur Erstellung von Spalten, denn die Spalten ergeben sich aus der Anzahl der Zellen innerhalb der Zeilen:

- Im Browser stehen die Spalten einer Tabelle *nebeneinander.*
- Im Quelltext stehen die Spalten *untereinander.*

Kopf, Fuß und Körper einer Tabelle

In HTML könncn Sic cinc Tabcllc in die logischen Bereiche Kopf, Fuß und Rumpf unterteilen. Dadurch gibt es einige neue Möglichkeiten:

- Die logischen Bereiche der Tabelle lassen sich in einem Stylesheet ganz einfach selektieren und unterschiedlich gestalten.
- Beim Ausdruck einer langen Tabelle könnte ein Browser auf jeder Seite die Spaltenüberschriften im Tabellenkopf wiederholen.

Die Elemente zur logischen Einteilung heißen (in der Reihenfolge des Auftretens) `thead`, `tfoot` und `tbody`. Bemerkenswert ist dabei die den Grundsätzen der Anatomie widersprechende Reihenfolge: Kopf, Fuß, Körper.

In Kopf und Fuß stehen Informationen über die Tabellenspalten, zum Beispiel die Überschriften, im Rumpf die eigentlichen Daten.

Listing 3.3: Einfache Tabelle mit Kopf, Fuß und Rumpf

```
<table border="1">
   <thead>
      <tr>
         <th>thead Überschrift, Zeile1, Spalte 1</th>
         <th>thead Überschrift, Zeile1, Spalte 2</th>
      </tr>
   </thead>
   <tfoot>
      <tr>
          <td>tfoot</td>
          <td>tfoot</td>
      </tr>
   </tfoot>
   <tbody>
      <tr>
          <td>tbody, Z1, S1</td>
          <td>tbody, Z1, S2</td>
      </tr>
      <tr>
          <td>tbody, Z2, S1</td>
          <td>tbody, Z2, S2</td>
      </tr>
   </tbody>
</table>
```

Diese Tabelle sieht im Browser so aus:

thead Zeile1, Spalte 1	**thead Zeile1, Spalte 2**
tbody Z1, S1	tbody Z1, S2
tbody Z2, S1	tbody Z2, S2
tfoot	tfoot

Abbildung 3.15: Einfache Tabelle mit Kopf, Fuß und Rumpf

Tipp

Weitere Informationen zu HTML-Tabellen

Falls Sie mehr zu Tabellen wissen möchten (oder müssen), finden Sie z. B. bei SelfHTML weitere Informationen:

- *http://de.selfhtml.org/html/tabellen/*

3.14 Stimmt die Statik? HTML überprüfen mit dem Validator

Die ungestaltete Startseite sieht im Browser etwa so aus:

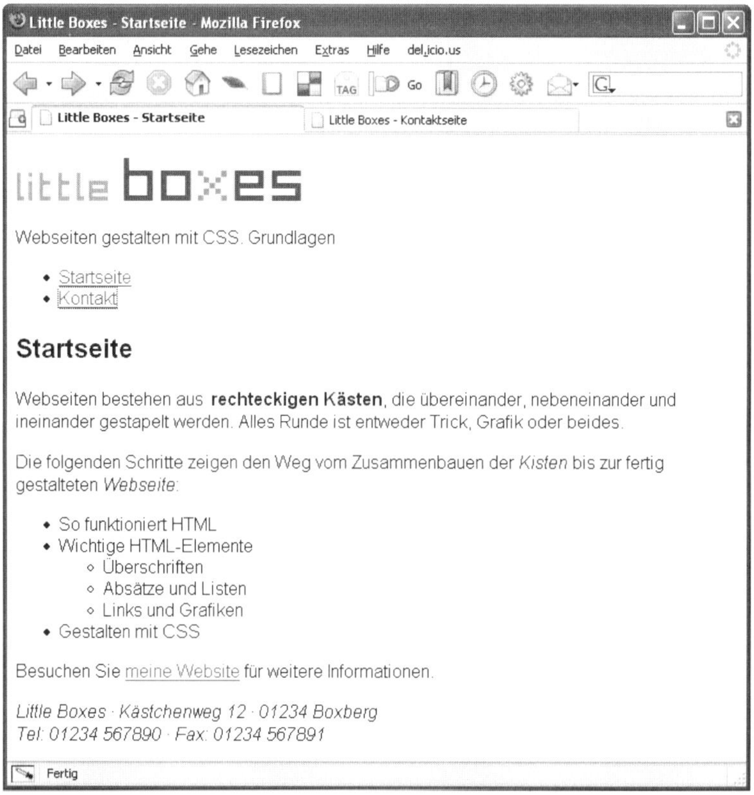

Abbildung 3.16: Die ungestaltete Startseite – nur HTML

Zum Abschluss der Arbeiten sollten Sie den HTML-Quelltext von einem amtlich geprüften Grammatikkenner begutachten lassen, um zu sehen, ob die HTML-Kästchen solide gebaut sind. Das geht zum Beispiel unter folgender Adresse:

http://validator.w3.org/

Das Validieren des HTML-Quelltextes ist nicht nur eine gute Angewohnheit, sondern hilft auch beim Finden von Flüchtigkeitsfehlern. Wenn vom Validator keine Fehler gefunden werden, sehen Sie folgende Meldung:

Abbildung 3.17: Der Validator hat alles für gut befunden

Damit ist amtlich zertifiziert, dass das HTML auf der geprüften Webseite keine grammatikalischen Fehler enthält, und die Formatierung kann beginnen.

Tipp

Validome: Ein deutschsprachiger Grammatikprüfer

Unter der folgenden URL finden Sie einen anderen Validator, der auch ein bisschen deutsch spricht. Probieren Sie aus, welcher Ihnen besser gefällt:

- *http://www.validome.org/*

3.15 CSS zum Ausprobieren: Die W3C Core Styles

Das W3C hat acht Stylesheets erstellt, mit denen man zu Übungs- und Demonstrationszwecken Webseiten per CSS formatieren kann, ohne selbst eine Zeile CSS schreiben zu müssen.

ToDo: Formatieren Sie die Webseiten mit dem Core Style Traditional

1. Öffnen Sie ggf. `index.html` in einem Editor.
2. Fügen Sie den fett gedruckten Quelltext im *head* der Webseite ein:

```
<head>
   <!-- Andere HTML-Elemente -->
   <link href="http://www.w3.org/StyleSheets/Core/Traditional"
   rel="stylesheet" type="text/css" media="screen" />
</head>
```

3. Speichern Sie die Seite und betrachten Sie sie in einem Browser.

Wenn alles funktioniert, hat sich die Seite etwas verändert:

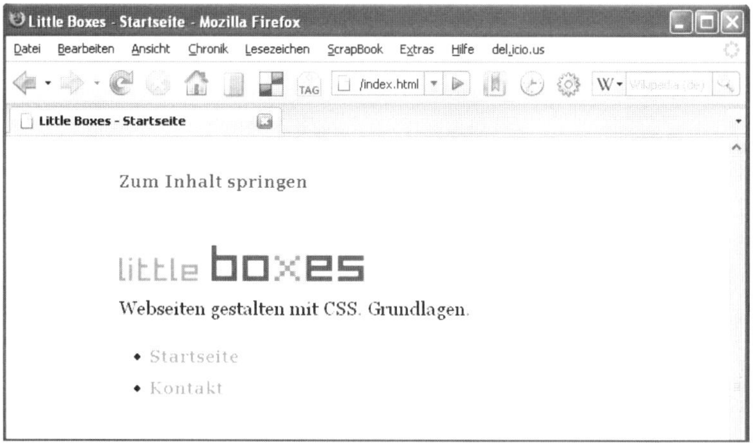

Abbildung 3.18: Die Startseite mit dem W3C-Stylesheet Traditional

Das HTML-Element `link` lernen Sie zu Beginn des nächsten Kapitels noch genauer kennen. Es verbindet eine Webseite mit einem Stylesheet, und in diesem Fall liegt es auf den Computern des World Wide Web und heißt *Traditional*.

Statt *Traditional* können Sie übrigens noch ein paar andere Varianten probieren:

- *Midnight*, *Ultramarine*, *Chocolate*, *Oldstyle*, *Modernist*, *Steely* und *Swiss*

Zum Ausprobieren ersetzen Sie im `link`-Element einfach das Wort *Traditional* durch den gewünschten Namen. Speichern. Anschauen. Staunen.

Tipp

> **Eine Augenweide: CSS Zen Garden**
>
> Surfen Sie mal beim CSS Zen Garden vorbei. Dort können Sie sehen, was professionelle Webdesigner mit CSS so zaubern können:
>
> - *http://csszengarden.com/*
>
> Kaum zu glauben, aber wahr: Alle Varianten beruhen auf derselben HTML-Datei, nur das Stylesheet ist jeweils neu.

3.16 Die Kontaktseite: Von der Seite zur Site.

Bevor es im nächsten Kapitel mit CSS los geht, benötigen Sie noch eine zweite Webseite.

Die Kontaktseite `kontakt.html` erstellen Sie am einfachsten in Ihrem Editor, indem Sie mit dem Befehl DATEI/SPEICHERN UNTER eine Kopie erzeugen und diese ein wenig ändern.

ToDo: Erstellen Sie die Kontaktseite (auf Grundlage der Startseite)

1. Öffnen Sie die Startseite `index.html` im Editor.
2. Speichern Sie sie mit dem Befehl DATEI/SPEICHERN UNTER ... unter dem Namen `kontakt.html`.
3. Ändern Sie den Titel der Seite:

```
<title>Little Boxes - Kontaktseite</title>
```

4. Ändern Sie die ID von `body`:

```
<body id="kontaktseite">
```

5. Ändern Sie die `h2`-Überschrift im Textbereich:

```
<h2>Kontaktseite</h2>
```

6. Entfernen Sie den Fließtext (Absätze und Listen) aus dem Textbereich. Hier kommt später ein Kontaktformular hin. Der Fußbereich soll unverändert bleiben.
7. Speichern Sie die Seite und betrachten Sie sie in einem Browser.

Fertig. Und so sollte die Kontaktseite im Browser ungefähr aussehen:

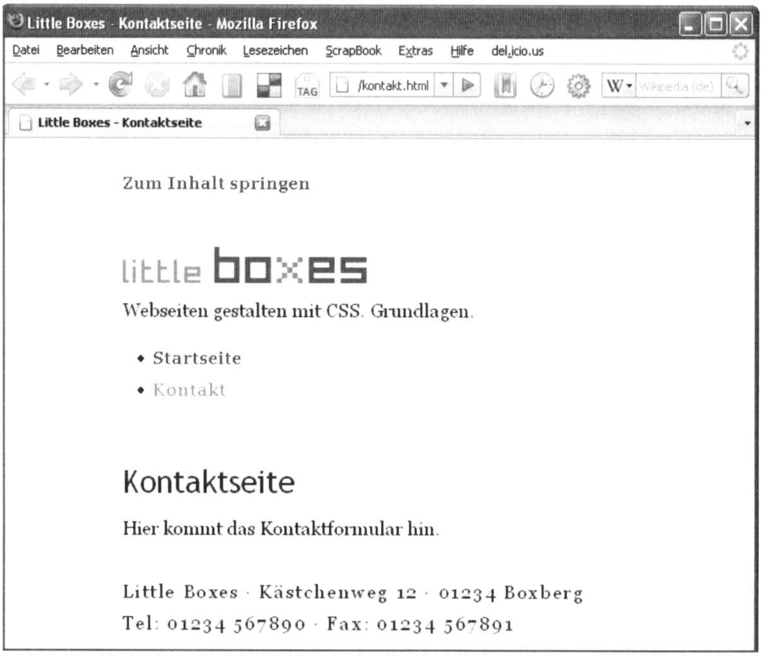

Abbildung 3.19: Die Kontaktseite, auch mit W3C Core Style Traditional

Schon haben Sie eine aus zwei Webseiten bestehende Mini-Site und können mit der kleinen aber feinen Navigation zwischen beiden Seiten hin und herspringen.

Diese beiden Seiten werden Sie in den folgenden Kapiteln auf unterschiedliche Art und Weise gestalten.

3.17 Der Quelltext der Webseiten im Überblick

Bevor es gleich mit dem Gestalten per CSS los geht, hier einmal der Quelltext der beiden Beispielseiten im Überblick.

Der Quelltext der Startseite index.html

Listing 3.4: Quelltext der Startseite *index.html*

```
<!DOCTYPE html PUBLIC "-//W3C//DTD XHTML 1.0 Transitional//EN"
    "http://www.w3.org/TR/xhtml1/DTD/xhtml1-transitional.dtd">
<html xmlns="http://www.w3.org/1999/xhtml" lang="de" xml:lang="de">
<head>
   <meta http-equiv="Content-Type" content="text/html;
    charset=iso-8859-1" />
   <title>Little Boxes - Startseite</title>
```

```
   <link href="http://www.w3.org/StyleSheets/Core/Traditional"
    rel="stylesheet" type="text/css" media="screen" />
</head>
<body id="startseite">
<div id="wrapper">
<div id="kopfbereich">
<div class="skiplink"><a href="#textbereich">Zum Inhalt</a></div>
<h1><img src="logo.gif" id="logo" alt="Little Boxes"
     width="222" height="32" /></h1>
<p>Webseiten gestalten mit CSS. <span>Grundlagen</span>.</p>
</div> <!-- Ende kopfbereich -->
<div id="navibereich">
   <ul>
      <li id="navi01"><a href="index.html">Startseite</a></li>
      <li id="navi02"><a href="kontakt.html" >Kontakt</a></li>
   </ul>
</div> <!-- Ende navibereich -->
<div id="textbereich">
<h2>Startseite</h2>
<p>Webseiten bestehen aus <strong>rechteckigen Kästchen</strong>,
   die über-, neben- und ineinander gestapelt werden. Alles Runde ist
   entweder Trick, Grafik oder beides.</p>
<p>Die folgenden Schritte zeigen den Weg vom Zusammenbauen der
   <em>Kisten</em> bis zur fertig gestalteten <em>Webseite</em>:</p>
<ul>
   <li>So funktioniert HTML</li>
   <li>Wichtige HTML-Elemente<!-- Kein </li>! -->
   <ul>
     <li>Überschriften</li>
     <li>Absätze und Listen</li>
     <li>Links und Grafiken</li>
   </ul>
   </li><!-- beginnt VOR "Wichtige HTML-Elemente" -->
   <li>Gestalten mit CSS</li>
</ul>
<p>Besuchen Sie <a href="http://little-boxes.de/"
   title="little-boxes.de - mit Beispielen zum Buch">die Website zum
   Buch</a> für weitere Informationen.</p>
</div> <!-- Ende textbereich -->
<div id="fussbereich">
<address>
```

```
Little Boxes &middot; Kästchenweg 12 &middot; 01234 Boxberg
<br />
Tel: 01234 567890 &middot; Fax: 01234 567891
</address>
</div> <!-- Ende fussbereich -->

</div> <!-- Ende wrapper -->
</body>
</html>
```

Der Quelltext der Kontaktseite kontakt.html

Der Quelltext der Kontaktseite sieht zurzeit etwa so aus:

Listing 3.5: Quelltext der Startseite *kontakt.html*

```
<!DOCTYPE html PUBLIC "-//W3C//DTD XHTML 1.0 Transitional//EN"
   "http://www.w3.org/TR/xhtml1/DTD/xhtml1-transitional.dtd">
<html xmlns="http://www.w3.org/1999/xhtml" lang="de" xml:lang="de">
<head>
   <meta http-equiv="Content-Type" content="text/html;
    charset=iso-8859-1" />
   <title>Little Boxes - Kontaktseite</title>
   <link href="http://www.w3.org/StyleSheets/Core/Traditional"
    rel="stylesheet" type="text/css" media="screen" />
</head>

<body id="kontaktseite">
<div id="wrapper">

<div id="kopfbereich">
<div class="skiplink"><a href="#textbereich">Zum Inhalt</a></div>
<h1><img src="logo.gif" id="logo" alt="Little Boxes"
     width="222" height="32" /></h1>
<p>Webseiten gestalten mit CSS. <span>Grundlagen</span>.</p>
</div> <!-- Ende kopfbereich -->

<div id="navibereich">
   <ul>
      <li id="navi01"><a href="index.html">Startseite</a></li>
      <li id="navi02"><a href="kontakt.html">Kontakt</a></li>
   </ul>
</div> <!-- Ende navibereich -->

<div id="textbereich">
<h2>Kontaktseite</h2>

<p>Hier kommt das Kontaktformular hin.</p>

</div> <!-- Ende textbereich -->

<div id="fussbereich">
```

```
33 <address>
34 Little Boxes &middot; Kästchenweg 12 &middot; 01234 Boxberg
35 <br />
36 Tel: 01234 567890 &middot; Fax: 01234 567891
37 </address>
38 </div> <!-- Ende fussbereich -->
39
40 </div> <!-- Ende wrapper -->
41 </body>
42 </html>
```

Später erstellen Sie ein Kontaktformular, das den Absatz in Zeile 28 ersetzen wird.

3.18 Auf einen Blick

Hier noch einmal die wichtigsten Punkte dieses Kapitels im Überblick:

- Beim Gestalten mit CSS wird die Webseite mit `div` in verschiedene Bereiche eingeteilt.
- Text auf Webseiten wird meist überflogen. Bieten Sie dem Auge des Lesers Landeplätze an: Überschriften, kurze Absätze, Hervorhebungen und Listen.
- Benutzen Sie Überschriften (`h1` bis `h6`) und wählen Sie die Gliederungsebene nicht aufgrund der Schriftgröße.
- Normale Absätze im Fließtext stehen in einem `p`-Element, und Text kann mit `strong` und `em` hervorgehoben werden.
- Bei der Verschachtelung von HTML-Elementen dürfen sich die Elemente nicht überlappen: Das zuerst geöffnete Element wird zuletzt wieder geschlossen.
- Browser haben ein eingebautes Stylesheet, das durch eigene Styles außer Kraft gesetzt wird.
- Listen sind ein wichtiges Stilmittel zur Auflockerung des Textes:
  - Ungeordnete Listen (Aufzählungen) bestehen aus `ul` und `li`
  - Geordnete Listen (Nummerierungen) bestehen aus `ol` und `li`
  - Bei verschachtelten Listen wird das `li`-Element erst *nach* der eingeschobenen Liste beendet.

  - Definitonslisten bestehen aus `dl`, `dt` und `dd`.
  - Eine Navigation ist meist eine normale ungeordnete Liste mit Hyperlinks, deren Aussehen mit CSS gestaltet wird.
- Hyperlinks werden mit dem Element `a` erstellt.
- Webseiten enthalten keine Grafiken, nur die Wegbeschreibung dorthin.
- Falls nötig, können Sie mit `<br />` einen Zeilenumbruch erzwingen.
- Für Adressen gibt es das Element `address`, mit zwei *d* und zwei *s*.
- Für Zitate gibt es unter anderem die Elemente `blockquote` und `cite`.
- `span` ist für Inline-Elemente, was `div` für Block-Elemente ist.
- Sonderzeichen heißen *Entities* und folgen dem Schema `&kürzel;`.
- Tabellen dienen zur Darstellung von tabellarischen Daten.
- Eine HTML-Grammatikprüfung finden Sie unter der folgenden URL: *http://validator.w3.org*
- Mit den Core Styles vom W3C kann man zur Übung die Möglichkeiten von CSS ausprobieren, ohne CSS selbst können zu müssen.

CSS-Grundlagen – Kisten gestalten

Kapitel 4

CSS kennen lernen: Schriften, Farben und Hyperlinks

Worin Sie die Cascading Style Sheets kennen lernen, Schriften und Farben definieren und Hyperlinks gestalten.

CSS (kurz für *Cascading Style Sheets*) ist eine Sprache, die speziell zur Gestaltung von HTML-Elementen erfunden wurde.

4.1 Ein Stylesheet ist eine Sammlung von Formatvorlagen

Was genau sind diese *Cascading Style Sheets*? Ein Blick auf die einzelnen Teile hilft, das Ganze besser einzuordnen:

> Ein *Style* ist eine *Formatvorlage*, eine gespeicherte Gestaltungsanweisung.
>
> Ein *Sheet* ist ein Blatt Papier, eine *Sammlung*.

Ein *Stylesheet* ist eine *Sammlung von Formatvorlagen für HTML-Elemente*.

Und *Cascading*? Laut Duden ist eine »Kaskade« unter anderem ein »stufenförmiger Wasserfall« oder ein »wagemutiger Sprung«. Beides stimmt, sagt aber wenig. Was es mit dem *Cascading* auf sich hat, ist vorab schwierig zu erklären, weshalb ich dieses Unterfangen auf später verschiebe und ihm dann dafür gleich ein ganzes Kapitel widme (Kapitel 10, »Kaskade, Vererbung und Standardwert«).

4.2 CSS und die HTML-Kästchen auf der Webseite

CSS gestaltet die mit HTML erstellten rechteckigen Kästchen. Die Gestaltungsmöglichkeiten von CSS kann man in drei Bereiche unterteilen:

1. *Schriften und Farben*: Den Inhalt der Kästchen gestalten.
2. *Abstände und Rahmenlinien*: Die Kästchen selbst gestalten.
3. *Layouten*: Die Position der Kästchen auf der Webseite verändern.

In dieser Reihenfolge werden Sie CSS auf den folgenden Seiten kennen lernen:

1. Kisten gestalten:
   - Zuerst Text, Links und Farben innerhalb der Kästchen.
   - Dann die Abstände und das Aussehen der Kästchen selbst (mit dem Box-Modell).
2. Kisten verschieben:
   - Zuerst die Grundlagen der Positionierung der Kästchen auf einer Webseite
   - Dann die Erstellung von mehrspaltigen Layouts.

Aber los geht es erst einmal ganz sinnig mit dem ersten eigenen Stylesheet.

4.3 Das erste eigene Stylesheet

In diesem Abschnitt erstellen Sie ein leeres Stylesheet, schreiben einen CSS-Kommentar hinein und verbinden es dann mit den Beispielseiten `index.html` und `kontakt.html`.

Stylesheet erstellen und einen CSS-Kommentar schreiben

Zunächst erstellen Sie eine leere Datei, in der später die CSS-Regeln (= Styles) gespeichert werden.

ToDo: Ein Stylesheet und einen CSS-Kommentar erstellen

1. Erstellen Sie mit Ihrem Lieblingseditor eine leere Datei.
2. Speichern Sie die Datei unter dem Namen `bildschirm.css`, und zwar im selben Ordner wie die HTML-Seiten.
3. Fügen Sie in der ersten Zeile der Datei folgenden CSS-Kommentar ein:

```
/* Stylesheet für die Übungsseiten aus dem Buch "Little Boxes" */
```

4. Speichern Sie die Datei.

Der Dateiname sollte den üblichen Regeln für Dateinamen auf Webseiten entsprechen (keine Leerstellen, keine Sonderzeichen und Kleinschreibung), und als Endung ist `*.css` empfohlen.

Die Datei muss übrigens wirklich *leer* sein. CSS ist eine eigene Sprache, und es gibt darin weder HTML-Tags noch ein HTML-Grundgerüst.

Kommentare stehen in CSS anders als in HTML zwischen /* und */ (*Schrägstrich Sternchen – Sternchen Schrägstrich*) und dürfen *nicht verschachtelt* werden. Innerhalb eines Kommentars darf also kein weiterer Kommentar stehen.

CSS Kommentare ganz einfach

Tipp

Wenn Sie auf der Tastatur einen Ziffernblock haben, geht das Erstellen von CSS-Kommentaren wirklich einfach:

- Der Schrägstrich / ist das Symbol für geteilt durch (Division)
- Das Sternchen * ist das Malzeichen (Multiplikation) direkt daneben.

Die Verbindung zwischen HTML und CSS: link

Im letzten Kapitel haben Sie die beiden Beispielseiten mit einem vom W3C geliehenen Stylesheet verbunden. Wenn Sie jetzt Ihr eigenes Stylesheet erstellen, müssen Sie nur noch die Wegbeschreibung im `link`-Element ändern, um die Seiten mit Ihrem eigenen Stylesheet zu gestalten.

ToDo: Die Webseite mit Ihrem (noch leeren) Stylesheet verbinden

1. Öffnen Sie die beiden HTML-Dateien `index.html` und `kontakt.html`.
2. Ändern Sie den Quelltext auf *beiden* HTML-Seiten wie folgt:

```
<head>
   <!-- Andere HTML-Elemente -->
   <link href="bildschirm.css" rel="stylesheet" type="text/css"
    media="screen" />
</head>
```

3. Speichern Sie die beiden Webseiten und betrachten Sie die beiden Webseiten in einem Browser.

Die Formatierungen des am Ende des vorigen Kapitels eingebauten W3C-Stylesheets sollten nicht mehr zu sehen sein. Die vier Attribute im *link*-Element haben übrigens folgende Bedeutung:

- `href` gibt (wie immer) den Pfad zu einer Datei an. Nur ein Dateiname bedeutet wie immer »ist im selben Ordner gespeichert«.
- `rel` ist kurz für »relation« (Beziehung). `rel="stylesheet"` heißt »Diese Datei ist ein Stylesheet für mich.«
- `type` teilt dem Browser mit, dass `bildschirm.css` eine in CSS geschriebene Textdatei ist: »Die Datei ist vom Typ her eine *Textdatei*, genauer gesagt ein *Cascading Style Sheet.*«
- `media` besagt, dass der Browser das Stylesheet nur für ein bestimmtes Ausgabemedium benutzen soll, in diesem Falle für die Ausgabe auf einem Bildschirm (`screen`).
- Beendet wird das Element `link` mit einem integrierten Ende-Tag: *Leerstelle Schrägstrich Größer als.*

Die in `bildschirm.css` gespeicherten Styles gelten für *alle* HTML-Dateien, die mit dem Stylesheet verbunden sind, egal ob das zwei oder zweihundert oder zweitausend sind.

4.4 Hintergrund- und Schriftfarben definieren

Im ersten Schritt definieren Sie die Hintergrund- und Schriftfarben für `body` und den »Schutzumschlag« `<div id="wrapper">`.

Hintergrund- und Schriftfarbe für body und #wrapper

Die `/* Kommentare */` in den Beispielen dienen lediglich zur Erläuterung und müssen nicht abgetippt werden.

ToDo: Schrift- und Hintergrundfarbe für body und #wrapper gestalten

1. Schreiben Sie die folgenden Zeilen unterhalb des Kommentars:

```
body { /* Gestalte das HTML-Element mit dem Namen body */
   color: white; /* Schriftfarbe */
   background-color: #8c8c8c; /* Hintergrundfarbe */
}
#wrapper { /* Gestalte das HTML-Element mit id="wrapper" */
   color: black;
   background-color: white;
}
```

2. Speichern Sie das Stylesheet und betrachten Sie die beiden Webseiten (*nicht* das Stylesheet!) in einem Browser.

Wenn alles geklappt hat, sehen Start- und Kontaktseite jetzt so aus:

Abbildung 4.1: body in grau, #wrapper in weiß

Der Text sitzt sehr dicht am Rand, und auch sonst ist die Seite noch nicht besonders hübsch, aber es ist ein Anfang.

Hexadezimale Farbangaben wie `#8c8c8c` kennen Sie vielleicht bereits aus HTML, aber in CSS dürfen Sie für einige Farben englische Farbnamen wie *white* oder *black* benutzen. Mehr zur Definition von Farben erfahren Sie ab Seite 123.

Vielleicht ist Ihnen aufgefallen, dass die für `body` mit der Eigenschaft `color` definierte Schriftfarbe auf der Seite gar nicht benutzt wird, weil der gesamte Text innerhalb von `#wrapper` steht und deshalb schwarz wird. Es ist einfach eine gute Angewohnheit, Schrift- und Hintergrundfarbe zusammen zu definieren, damit sich nicht durch seltsame Zufälle Kombinationen wie »weiße Schrift auf weißem Grund« ergeben.

Tipp

Die Rolle der Raute

Das Rautenzeichen `#` (engl. *Number sign*) hat in unserem Alltag viele unterschiedliche Namen und Bedeutungen, so auch im CSS:

- *Vor* den geschweiften Klammern steht im Beispiel `#wrapper`. Hier heißt das Rautenzeichen soviel wie »Gestalte das HTML-Element mit dem Attribut `id="wrapper"`«.
- *Innerhalb* der geschweiften Klammern findet sich die Zeichenfolge *background-color: #8c8c8c*. Das Rautenzeichen vor einer Farbangabe bedeutet lediglich »Es folgt ein hexadezimaler Wert«.

Mehr zum Rautenzeichen finden Sie bei Bedarf in der Wikipedia:

- *http://de.wikipedia.org/wiki/Rautenzeichen*

Hintergrund- und Schriftfarben im Kopfbereich

Der Kopfbereich der beiden Webseiten soll ebenfalls eine Hintergrundfarbe bekommen, und wie eben definieren Sie die Schriftfarbe gleich mit.

ToDo: Eine Hintergrundfarbe für den Kopfbereich definieren

1. Fügen Sie am Ende des Stylesheets folgende CSS-Regel ein:

```
#kopfbereich {
   color: black;
   background-color: #f3c600; /* Gelb-Orange */
}
```

2. Speichern Sie das Stylesheet und betrachten Sie die Webseiten im Browser.

Die Logo-Grafik ist ein transparentes GIF-Bild, das für einen weißen Hintergrund optimiert worden ist, und deshalb ist bei einem dunklen Hintergrund um die Buchstaben herum ein leichter »Heiligenschein« zu sehen. Per CSS können Sie der Grafik wieder einen weißen Hintergrund geben.

ToDo: Eine Hintergrundfarbe für die Grafik im Kopfbereich definieren

1. Fügen Sie am Ende des Stylesheets folgende CSS-Regel ein:

```
#logo { /* Gestalte das HTML-Element mit id="logo" */
   color: black;
   background-color: white;
}
```

2. Speichern Sie das Stylesheet und betrachten Sie die Webseiten im Browser.

Und so sieht der Kopfbereich der Beispielseiten jetzt im Browser aus:

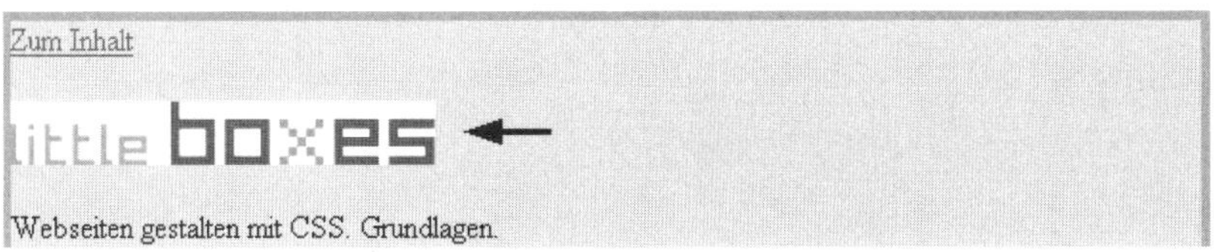

Abbildung 4.2: Kopfbereich und Grafik mit Hintergrundfarbe

4.5 Schriftart und -größe: font-family und font-size

Webseiten bestehen aus ineinander verschachtelten Kisten, und für diese Kisten gilt in CSS das so genannte *Vererbungsprinzip*:

- Alle Kisten innerhalb der `body`-Kiste erben die für `body` gemachten Formatierungen.

`body` eignet sich also hervorragend zur Einstellung der grundlegenden Schriftgestaltung, denn sie wird an alle anderen Elemente weiter gegeben.

ToDo: Schrifteinstellungen für die Webseite definieren

1. Ändern Sie die vorhandene CSS-Regel für `body` wie folgt:

```
body {
   color: white;
   background-color: #8c8c8c;
   font-family: Verdana, Arial, Helvetica, sans-serif;
   font-size: small; /* Schriftgröße */
}
```

2. Speichern Sie das Stylesheet und betrachten Sie die Webseiten im Browser.

Auf beiden Webseiten haben sich die Schrifteinstellungen geändert, und zwar für (fast) alle HTML-Elemente. Hier die beiden neuen Eigenschaften im Detail:

- `font-family` definiert die *Schriftart*.

  Da Sie als Autor des Stylesheets nicht wissen, welche Schriftarten der Browser des Betrachters zur Verfügung hat, äußern Sie einfach mehrere Wünsche, jeweils durch Komma getrennt.

- `font-size` gestaltet die *Schriftgröße*.

  Über die beste Methode zur Definition der Schriftgröße gibt es im Web intensive Diskussionen, aber für den Anfang ist `small` eine gute Grundlage.

Mehr zur Vererbung von CSS-Eigenschaften erfahren Sie im Kapitel über »Kaskade, Vererbung und Standardwert« auf Seite 204.

4.6 Schriftgröße für Überschriften ändern

Alle Elemente haben eine andere Schriftgröße bekommen, mit Ausnahme der Überschriften. Browser sind der Meinung, dass Überschriften größer sein müssen als normaler Text, und da wir bis jetzt für die Überschrift nichts definiert haben, gilt noch immer die Deklaration aus dem im Browser eingebauten Stylesheet.

Im folgenden ToDo definieren Sie die Schriftgröße für alle Überschriften der ersten und zweiten Gliederungsebene.

ToDo: Schriftgröße für die Überschriften ändern

1. Schreiben Sie folgende Zeilen an das Ende des Stylesheets:

```
h1 { font-size: 150%; }
h2 { font-size: 130%; }
```

2. Speichern Sie das Stylesheet und betrachten Sie die Webseiten im Browser.

Die 150% für `h1` haben momentan kaum sichtbare Auswirkungen, weil davon nur eine Grafik betroffen ist, aber bei `h2` können Sie die Änderung der Schriftgröße direkt sehen.

Die Angabe in Prozent bewirkt übrigens, dass das Größenverhältnis zwischen Text und Überschriften erhalten bleibt, wenn Sie die Schriftgröße für `body` ändern.

4.7 Style: Der Aufbau einer CSS-Regel

CSS ist eine Sprache, und jede Sprache kennt Vokabeln und Grammatik. Nachdem Sie ein paar Beispiele gesehen haben, folgt jetzt der schematische Aufbau einer CSS-Regel und die wichtigsten Vokabeln dazu:

```
Selektor {
  Eigenschaft: Wert;
  Eigenschaft: Wert;
}
```

Eine **CSS-Regel** (englisch *style* oder *css rule*) besteht aus folgenden Einzelteilen:

- **Selektor** (*selector*)

  Der Selektor steht vor der geschweiften Klammer und wählt aus (*selektiert*), welche Kästchen auf der Seite gestaltet werden sollen.

- **Deklaration** (*declaration*)

  Zwischen geschweiften Klammern stehen eine oder mehrere Deklarationen. Sie beschreiben die Gestaltung der Elemente, auf die der Selektor zutrifft. Jede Deklaration besteht aus einem Eigenschaft: Wert-Paar und wird mit einem Semikolon beendet.

- **Eigenschaft** (*property*)

  Die zu gestaltende Eigenschaft (Farbe, Schriftart etc.) des Elements steht vor dem Doppelpunkt. Leerstellen vor und nach dem Doppelpunkt sind optional.

  Es ist eine gute Angewohnheit, Eigenschaft und Doppelpunkt direkt aneinander zu hängen, zwischen Doppelpunkt und Wert aber eine Leerstelle zu setzen. Das entspricht der allgemeinen Rechtschreibung.

- **Wert** (*value*)

  Der Wert, den die Eigenschaft annehmen soll, steht nach dem Doppelpunkt. Danach folgt ein Semikolon, um die Deklaration zu beenden.

Die Begriffe *Style*, *CSS-Regel*, *Gestaltungsanweisung* und *Formatvorlage* werden übrigens mehr oder weniger synonym gebraucht. Manche Autoren und Programme verwenden auch »Stil« oder »Stilregel«.

4.8 Die Adresse gestalten

Am Ende der Webseite steht im Element `address` eine (fiktive) Adresse. Die meisten Browser stellen dieses Element kursiv dar, aber mit CSS muss das natürlich nicht so bleiben.

ToDo: Die Schrift für das Element address gestalten

1. Schreiben Sie folgende CSS-Regel an das Ende des Stylesheets:

```
address {
   text-align: center;    /* zentrieren */
   font-size: 80%;        /* etwas kleiner */
   font-style: normal;    /* normale Schrift, nicht kursiv */
   letter-spacing: 2px;   /* Abstand zwischen den Buchstaben */
   line-height: 1.5em;    /* Zeilenabstand */
}
```

2. Speichern Sie das Stylesheet und betrachten Sie die Webseiten im Browser.

Der Text von `address` ist jetzt zentriert, etwas kleiner als der Rest der Seite (80%), nicht mehr kursiv, der Zeichenabstand zwischen den einzelnen Buchstaben ist um 2 Pixel vergrößert und der Zeilenabstand auf das anderthalbfache der Schriftgröße erhöht. Die Einheiten wie `px` oder `em` lernen Sie übrigens im nächsten Kapitel noch genauer kennen.

Abbildung 4.3: address mit Formatierungen

Etwas gewöhnungsbedürftig ist das kursiv und fett Formatieren von Zeichen:

- *kursiv* bekommen Sie mit `font-style: italic;`
- **fett** erreichen Sie z. B. mit `font-weight: bold;`

4.9 Hyperlinks gestalten

Die Gestaltung von Hyperlinks mit CSS ist ein sehr beliebtes Thema. Hier finden Sie zunächst eine kleine Einführung. Später geht es bei der Gestaltung von Navigationslisten weiter.

Hyperlinks: Das HTML-Element a

Hyperlinks werden im Quelltext mit dem Element `a` markiert. Mit CSS können Sie Hyperlinks völlig neue Gestaltungen mit ins Web geben, zum Beispiel die Unterstreichung der Links entfernen.

ToDo: Die Unterstreichung für alle Hyperlinks entfernen

1. Fügen Sie am Ende von `bildschirm.css` die folgende CSS-Regel ein:

```
a { text-decoration: none; } /* Unterstreichung entfernen */
```

2. Speichern Sie das Stylesheet und betrachten Sie die Webseiten im Browser.

Diese Regel entfernt auf beiden Webseiten die Unterstreichung von allen Hyperlinks. Viele Designer lieben diesen Trick, aber Sie sollten immer darauf achten, dass Hyperlinks trotzdem noch als solche zu erkennen sind.

Während die Unterstreichung von Hyperlinks in einem optisch abgesetzten Navigationsbereich meist nicht nötig ist, sollten Sie besonders im Textbereich überprüfen, ob die Links auch ohne Unterstreichung deutlich erkennbar sind. Auf Seite 113 steht, wie Sie Hyperlinks nur im Textbereich gestalten.

Besuchte und nicht besuchte Hyperlinks

Links können je nach Zustand ihr Aussehen verändern: Unbesuchte Hyperlinks werden traditionell blau dargestellt, besuchte hingegen lila. Für die verschiedenen Zustände eines Hyperlinks kennt CSS so genannte *Pseudoklassen*, die mit einem Doppelpunkt hinter den Elementnamen a gehängt werden.

Die folgende Tabelle zeigt die beiden wichtigsten Link-Zustände und die entsprechenden CSS-Selektoren:

Hyperlink ...	CSS-Selektor
... zu noch nicht besuchter Seite	a:link
... zu besuchter Seite	a:visited

Tabelle 4.1: Besuchte und nicht besuchte Hyperlinks und die entsprechenden CSS-Selektoren

Wie das Rautenzeichen hat auch der Doppelpunkt in CSS eine doppelte Funktion:

- Ein Doppelpunkt *vor* den geschweiften Klammern verbindet den Namen eines Elements mit einer Pseudoklasse: `a:link`. Hier darf vor oder nach dem Doppelpunkt *keine Leerstelle* stehen.
- *Innerhalb* der geschweiften Klammern trennt der Doppelpunkt Eigenschaft und Wert, z.B. `color: #d90000`. Leerstellen davor und dahinter sind in diesem Fall optional.

Hier ein Beispiel für die Formatierung von besuchten und nicht besuchten Hyperlinks:

ToDo: Die Farben für besuchte und unbesuchte Links ändern

1. Fügen Sie am Ende des Stylesheets die folgenden CSS-Regeln hinzu:

```
a:link { color: #d90000; }
a:visited { color: #cc6666; }
```

2. Speichern Sie das Stylesheet und betrachten Sie die Webseiten im Browser.

Unbesuchte Hyperlinks werden jetzt dunkelrot eingefärbt und besuchte etwas blasser. Beim Ändern der Farben für Hyperlinks sollten Sie darauf achten, dass die Unterscheidung von besuchten und unbesuchten Hyperlinks möglich bleibt, sofern dies von Ihnen gewünscht wird.

Tipp

Besuchte Hyperlinks wieder unbesucht machen

Beim Testen Ihrer Seiten sind früher oder später alle Links besucht. Um Sie wieder unbesucht zu machen, müssen Sie den Verlauf bzw. die History Ihres Browsers löschen.

Im Firefox geht es mit dem Add-On *Web Developer* einfacher: Dort finden Sie im Menü VERSCHIEDENES zu diesem Zweck das Untermenü BESUCHTE LINKS. Das Add-On wird ab Seite 315 näher vorgestellt.

Wenn die Maus darüber schwebt: a:hover und Kollegen

CSS kennt noch drei weitere Pseudoklassen für Hyperlinks, die in der folgenden Tabelle aufgelistet werden:

Tabelle 4.2: Weitere Pseudoklassen für Links

Hyperlink ...	CSS-Selektor
... wenn der Mauszeiger darüber schwebt	a:hover
... beim Durchsteppen per ⇆-Taste	a:focus
... der gerade angeklickt wird	a:active

Die ersten beiden Pseudoklassen ähneln sich in gewisser Weise, die dritte macht etwas ganz anderes:

- `:hover` verändert den Hyperlink während der Mauszeiger darüber schwebt.
- `:focus` erhält den Hyperlink, wenn der Link per Tastatur ausgewählt wird.
- `:active` ist ein Hyperlink, wenn die Maustaste über dem Link gedrückt wird.

In der Praxis bedeutet das, dass Sie `:hover` und `:focus` häufig gemeinsam deklarieren, da `:focus` in gewisser Weise die Tastaturentsprechung zu `:hover` ist. Schreiben Sie dazu die beiden Selektoren wie im folgenden ToDo durch ein Komma getrennt vor den Deklarationsblock (Details zur Gruppierung von Selektoren finden Sie ab Seite 112).

ToDo: Pseudoklassen für Hyperlinks definieren

1. Ergänzen Sie am Ende des Stylesheets die folgenden CSS-Regeln:

```
a:hover, a:focus {
   border-bottom: 1px solid #d90000;
}
a:active {
   color: white;
   background-color: #d90000;
}
```

2. Speichern Sie das Stylesheet und betrachten Sie die Webseiten im Browser.

Diese Regeln bewirken, dass bei `:hover` und `:focus` die Links wieder ihre typische Unterstreichung bekommen. Normalerweise wird die Unterstreichung von Links mit `text-decoration: underline` aktiviert, aber im Beispiel benutzen Sie stattdessen die Eigenschaft `border-bottom`, die Sie im Kapitel über das Box-Modell ab Seite 127 genauer kennen lernen werden.

`border-bottom` hat zwei Vorteile:

- Sie haben bei der Gestaltung mehr Möglichkeiten und können z. B. für die Unterstreichung eine andere Farbe wählen als für den Link selbst.
- Die Unterstreichung ist etwas weiter vom Text entfernt, der dadurch besser lesbar wird.

Im zweiten Style werden mit der Pseudoklasse `:active` im Moment des Klicks Hintergrund- und Schriftfarbe geändert, was mit ein bisschen Phantasie so aussieht, als ob ein Schalter gedrückt wird.

Abbildung 4.4: Startseite mit aktivem Link

Bei `:focus` und `:active` erhalten Hyperlinks im Browser oft eine unschöne, gepunktete Umrisslinie. Diese können Sie entfernen, indem Sie dem Selektor `a` in Ihrem Stylesheet die Deklaration `outline: none;` hinzufügen. Danach sieht die CSS-Regel für `a` so aus:

```
a {text-decoration: none; outline: none;}
```

Das klappt zwar nicht in allen Browsern, hat aber keinerlei Nebenwirkungen.

Die Reihenfolge der Pseudoklassen im Stylesheet ist wichtig

Beim Definieren der Pseudoklassen in Ihrem Stylesheet müssen Sie die richtige Reihenfolge beachten:

1. `a:link`
2. `a:visited`
3. `a:hover` und `a:focus` (Reihenfolge egal)
4. `a:active`

Tipp

Detaillierte Informationen zu Pseudoklassen

Details zum Umgang mit Pseudoklassen finden Sie bei CSS4You:

- *http://www.css4you.de/pseudoklproperty.html*

Den Skip-Link ausblenden

Da der Skip-Link in erster Linie als Hilfe beim Vorlesen der Webseite gedacht ist, können Sie ihn mit Hilfe von CSS ausblenden.

Im HTML hat der Skip-Link das Attribut `class="skiplink"`, und wenn im HTML-Element das Attribut *class* auftaucht, gebrauchen Sie im CSS einen vorangestellten Punkt vor dem Namen der Klasse:

- `.skiplink` bedeutet »das Element mit dem Attribut `class="skiplink"`«.

Die im folgenden ToDo gezeigte CSS-Regel ist zwar ein ganz schöner Brocken, stellt momentan aber den zuverlässigsten Weg dar, um HTML-Elemente unsichtbar werden zu lassen.

ToDo: Den Skip-Link mit Hilfe von CSS ausblenden

1. Fügen Sie am Ende des Stylesheets folgende CSS-Regel ein:

```
.skiplink {
   position: absolute;
   top: -2000px;
   left: -3000px;
   width: 0px;
   height: 0px;
   overflow: hidden;
   display: inline;
}
```

2. Speichern Sie das Stylesheet und betrachten Sie die Webseiten im Browser.

Alle mit der Klasse `skiplink` ausgezeichneten HTML-Elemente werden durch diese Regel ausgeblendet, indem sie durch Angabe von (`position`, `top` und `left`) weit außerhalb des Bildschirmes positioniert werden. Die Angabe von 2000 bzw. 3000 Pixeln erscheint vielleicht übertrieben, aber im Zeitalter immer größer werdender Bildschirmauflösungen sollte man lieber auf Nummer sicher gehen. Die Eigenschaft `position` lernen Sie übrigens im Kapitel über den Flow und die Positionierung ab Seite 209 genauer kennen.

Die letzten vier Deklarationen (`width`, `height`, `overflow` und `display`) geben den Elementen sicherheitshalber noch ein paar Anweisungen mit auf den Weg, damit sie auf der sichtbaren Webseite auch wirklich keinerlei Platz beanspruchen.

Weitere Informationen zum Ausblenden von Elementen

Tipp

Eine einfache Art, ein HTML-Element auszublenden, wäre die Deklaration

```
.skiplink {display: none;} /* nicht so gut */
```

Leider hat sie den entscheidenden Nachteil, dass einige Screenreader den Skip-Link dann nicht mehr vorlesen und er so unter Umständen vor genau den Leuten versteckt wird, für die er eigentlich gedacht war. Detailliertere Informationen zum Ausblenden von HTML-Elementen finden Sie auf der folgenden Webseite:

- *http://wai-austria.at/tipps/verbergen.php*

4.10 Styles werden an drei verschiedenen Stellen definiert

Bis jetzt kennen Sie nur CSS-Regeln in einem externen StyleSheet, aber es gibt drei verschiedene Möglichkeiten, CSS-Regeln zu speichern.

1. CSS-Regeln in einer externen CSS-Datei

CSS-Regeln werden – wie am Anfang dieses Kapitels gesehen – meistens in einer eigenen Datei mit der Endung `*.css` gespeichert. Die Verbindung zwischen Webseite und CSS-Datei erfolgt im `head` des HTML-Quelltextes mit Hilfe des Elements `link`:

Listing 4.1: Die Verbindung zum Stylesheet mit link

```
<head>
   <!-- Andere HTML-Elemente -->
   <link href="dateiname.css" rel="stylesheet" type="text/css" />
</head>
```

Tipp

Details zur Einbindung von externen Stylesheets

Ab Seite 179 erfahren Sie, wie man per CSS mit `link` eine Druckversion erstellt. Und mit `@import` gibt es eine Alternative zu `link`, über die Sie im Kapitel über »Patches« ab Seite 295 mehr lesen.

2. Zwischen <head> und </head>: Das Element style

CSS-Regeln können mit dem HTML-Element `style` auch im `head` einer HTML-Datei gespeichert werden:

Listing 4.2: Das HTML-Element style im head einer Webseite

```
<head>
   <!--  Andere HTML-Elemente  -->
   <style type="text/css">
      body { background-color: yellow; /* nur für diese Webseite */ }
   </style>
</head>
```

Zwischen den Tags `<style type="text/css">` und `</style>` stehen ganz normale CSS-Regeln, die nur für diese eine Webseite gelten.

Direkt im HTML-Element: Das Attribut style

Die dritte Methode ist es, CSS-Regeln direkt in den Anfangs-Tag eines HTML-Elements zu schreiben. Diese Methode wird manchmal auch *Inline-Style* genannt, weil die CSS-Deklarationen direkt im HTML-Element stehen:

```
<p style="color: red; background-color: #c0c0c0;">Rot auf grau!</p>
```

Listing 4.3: Das Attribut style im Anfangs-Tag eines HTML-Elements

Roter Text und grauer Hintergrund. Diese beiden Deklarationen gelten nur für diesen einen Absatz. Besonders zum Experimentieren während der Erstellung einer Webseite sind Inline-Styles sehr praktisch.

Tipp

Ohne Selektor und geschweifte Klammern

Da Inline-Styles direkt im zu gestaltenden HTML-Element stehen, gibt es keinen Selektor. Folgerichtig sind auch die geschweiften Klammern nicht notwendig.

Vorfahrt: Welche Styles gewinnen?

Die Dreiteilung von Styles als externe Datei, als Element im HTML-Head und als Attribut direkt im Anfangs-Tag des Elements ist hierarchisch gestaffelt, sodass der Browser immer genau weiß, welche Regel er anwenden muss.

Der Grundsatz lautet »Je dichter am zu gestaltenden Text, desto wichtiger«:

- CSS-Regeln im *HTML-Element* haben Vorrang vor denen im `head` einer Seite.
- CSS-Regeln im `head` haben Vorrang vor denen in einer externen Datei.

Durch diese Staffelung können Sie in einer separaten CSS-Datei ein einheitliches Aussehen für die ganze Site festlegen und Abweichungen davon für jede einzelne Webseite und sogar für jedes einzelne HTML-Element definieren.

Bei der Einbindung von CSS wird folgende Vorgehensweise empfohlen:

- Schreiben Sie soviel wie möglich in eine *externe CSS-Datei*.
- Benutzen Sie Styles im HTML-Quelltext so sparsam wie möglich.

Tipp

Die Dreiteilung der Styles ist Teil der Kaskade

Die Speicherung der Styles an drei verschiedenen Orten ist Teil der *Kaskade*. Details zur kompletten Kaskade finden Sie im Kapitel 10 über »Kaskade, Vererbung und Standardwert« ab Seite 197.

4.11 Das Stylesheet im Überblick

Am Ende dieses Kapitels sieht das Stylesheet `bildschirm.css` so aus:

Listing 4.4: Alle Styles aus diesem Kapitel im Überblick

```
/* Stylesheet für Übungsseiten "Little Boxes" - Stand Ende Kap. 04 */

body {   /* Das HTML-Element mit dem Namen body */
   color: white;   /* Schriftfarbe */
   background-color: #8c8c8c;   /* Hintergrundfarbe */
   font-family: Verdana, Arial, Helvetica, sans-serif;
   font-size: small;   /* Schriftgröße */
}
#wrapper {   /* Das HTML-Element mit dem Attribut id="wrapper" */
   color: black;
   background-color: white;
}
#kopfbereich {
   color: black;
   background-color: #f3c600;   /* Gelb-Orange */
}
#logo {   /* Das HTML-Element mit dem Attribut id="logo" */
   color: black;
   background-color: white;
}
h1 { font-size: 150%; }
h2 { font-size: 130%; }
address {
   text-align: center;    /* zentrieren */
   font-size: 80%;        /* etwas kleiner */
   font-style: normal;    /* normale Schrift, nicht kursiv */
   letter-spacing: 2px;   /* Abstand zwischen den Buchstaben */
   line-height: 1.5em;    /* Zeilenabstand */
}
```

```
a {   /* Unterstreichung entfernen */
   text-decoration: none;
   outline: none;
}
a:link { color: #d90000; }
a:visited { color: #cc6666; }
a:hover, a:focus {
   border-bottom: 1px solid #d90000;
}
a:active {
   color: white;
   background-color: #d90000;
}
.skiplink {
   position: absolute;
   top: -2000px;
   left: -3000px;
   width: 0px;
   height: 0px;
   overflow: hidden;
   display: inline;
}
```

4.12 Auf einen Blick

Hier noch einmal die wichtigsten Punkte dieses Kapitels im Überblick:

Ein Stylesheet ist eine Sammlung von Formatvorlagen.

Die Gestaltungsmöglichkeiten von CSS lassen sich in 3 Gruppen unterteilen:

- *Schriften und Farben*: Den Inhalt der Kisten gestalten
- *Abstände und Rahmenlinien*: Die Kisten selbst gestalten
- *Layouten*: Die Position der Kisten auf der Webseite verändern

Das Element `link` verbindet eine HTML-Datei mit einem Stylesheet.

Die folgenden Begriffe zur Syntax einer CSS-Regel sind wichtig:

- Ein *Selektor* wählt aus, welcher Teil einer Webseite gestaltet werden soll.
- Eine *Deklaration* ist eine Gestaltungsanweisung und besteht aus einer *Eigenschaft* und einem *Wert* für diese Eigenschaft.

- Häufig genutzte CSS-Eigenschaften zur Gestaltung von Elementen sind u. a.:
  - `color` für die Schriftfarbe
  - `background-color` für die Hintergrundfarbe
  - `font-family` für die gewünschte Schriftart
  - `font-size` für die gewünschte Schriftgröße
- Der Style `a { text-decoration: none; }` entfernt die Unterstreichung von allen Links
- Zur Gestaltung der verschiedenen Zustände von Links gibt es in CSS diverse *Pseudoklassen*:
  - `a:link` und `a:visited`
  - `a:hover` und `a:focus`
  - `a:active`
- Zur Speicherung von Styles gibt es drei Möglichkeiten:
  - In einer externen CSS-Datei
  - Im `head` zwischen `<style type="text/css">` und `</style>`
  - Im HTML-Element selbst mit dem Attribut `style="..."`
- Empfohlene Vorgehensweise ist, die CSS-Regeln möglichst in externen Dateien zu speichern.

Kapitel 5

Selektoren, Einheiten und Farben

Worin Sie verschiedene Arten von Selektoren und ein einfaches Punktesystem kennen lernen, das den schwierigen Namen »Spezifität« trägt. Außerdem erfahren Sie, welche Einheiten Sie in CSS verwenden können und wie man Farben definiert.

Der Umgang mit Selektoren ist eine der wichtigsten Fertigkeiten beim Erlernen von CSS, und deshalb bekommen Selektoren ein eigenes Kapitel. Im Anschluss daran erfahren Sie das Wichtigste zu Maßen und Einheiten sowie Farbdefinitionen.

5.1 Ein Selektor wählt das zu gestaltende Kästchen aus

Sie wissen bereits, dass jede CSS-Regel mit einem *Selektor* beginnt. Selektoren wählen aus, welches Kästchen auf der Webseite gestaltet werden soll und sind eines von drei Dingen oder eine Kombination davon:

- der Name eines HTML-Elements
- eine ID
- eine Klasse (`class`)

Ein einfacher Selektor: Der Name des Kästchens

Eine CSS-Regel wie die folgende kennen Sie bereits:

Listing 5.1: Ein einfacher Selektor

```
h2 { font-size: 130%; }
```

Der einfachste Selektor ist der Name der Kästchens, das gestaltet werden soll und wird auch *Typselektor* genannt, weil er alle Elemente eines bestimmten Typs auswählt: Der Selektor `h2` wählt auf den zu gestaltenden Webseiten also *alle* Überschriften der zweiten Ebene aus.

Mehrere Kästchen auf einmal: Selektoren mit Komma trennen

Schauen Sie sich die folgenden zwei Regeln zur Gestaltung von Überschriften an:

Listing 5.2: Zwei einfache Selektoren mit einer identischen Deklaration

```
h1 {
   font-family: Verdana, Arial, Helvetica, sans-serif;
   font-size: 150%;
}
h2 {
   font-family: Verdana, Arial, Helvetica, sans-serif;
   font-size: 130%;
}
```

Für beide Überschriften wird dieselbe Schriftartfamilie definiert, nur die Schriftgröße ist unterschiedlich. Durch *Gruppierung* der Selektoren mit einem Komma können Sie ein bisschen Tipparbeit sparen und die Übersichtlichkeit erhöhen:

Listing 5.3: Gruppierte Selektoren plus zwei einfache

```
h1, h2 { font-family: Verdana, Arial, Helvetica, sans-serif; }
h1 { font-size: 150%; }
h2 { font-size: 130%; }
```

Wenn Sie den Überschriften eine andere Schriftart zuweisen möchten, brauchen Sie nur noch eine Zeile zu ändern.

Tipp

Bei der Gruppierung das Komma nicht vergessen

Bei der Gruppierung von Selektoren dürfen Sie das Komma zwischen den einzelnen Selektoren nicht vergessen, sonst erhalten Sie *versehentlich verschachtelte* Selektoren, die etwas völlig anderes bewirken.

Alle Kästchen auf der Seite: Der Universalselektor *

Sie werden ihn nur selten benutzen, aber es gibt ihn: das Sternchen * als universellen Selektor, der besagt »alle Kästchen«:

```
* {
   padding: 0;
   margin: 0;
}
```

Listing 5.4: Das Sternchen als universeller Selektor

Dieses Beispiel setzt die Eigenschaften `padding` und `margin` für alle HTML-Elemente auf Null und wird im Kapitel über das Box-Modell im Abschnitt über die »Kalibrierung« genauer erklärt (Seite 133).

5.2 Nur in diesem Bereich: Selektoren verschachteln

Die Verschachtelung von Selektoren ist sehr nützlich und wird in der Praxis ausgiebig eingesetzt. Sie beschränkt den Wirkungsbereich der Selektoren und macht es so zum Beispiel möglich, Elemente nur in einem bestimmten Bereich der Seite zu gestalten.

Nur die Hyperlinks im Textbereich: #textbereich a

Schauen Sie sich im folgenden ToDo die CSS-Regel etwas genauer an, insbesondere die Selektoren am Anfang.

ToDo: Hyperlinks wieder unterstreichen, aber nur im Textbereich

1. Fügen Sie am Ende des Stylesheets folgende CSS-Regel ein:

```
#textbereich a {
   border-bottom: 1px dotted #cc0000;
}
#textbereich a:hover,
#textbereich a:focus {
   border-bottom: 1px solid #d90000;
}
```

2. Speichern Sie das Stylesheet und betrachten Sie die Webseiten in einem Browser.

Die beiden Selektoren `#textbereich` und `a` werden durch eine Leerstelle getrennt. Diese Regel betrifft somit nur Hyperlinks, die in einer Kiste mit dem Attribut `id="textbereich"` stehen. Alle anderen Hyperlinks auf der Webseite sind davon nicht betroffen.

In der ersten Regel bekommt der Link statt der normalen Unterstreichung eine 1 Pixel dicke, gepunktete (`dotted`) Rahmenlinie, die bei Mausberührung zu einer durchgezogenen Linie wird.

Tipp

IE6 macht Striche ...

Der Internet Explorer bis inklusive V6 kennt das `dotted` nicht und nimmt stattdessen `dashed`. Das ist nicht ganz so hübsch, hat ansonsten aber keinerlei Risiken oder Nebenwirkungen.

Aufzählungszeichen in ungeordneten Listen gestalten: ul li

Ein anderes Beispiel: Sie möchten statt der üblichen runden Aufzählungszeichen gerne quadratische verwenden. Um das zu erreichen, schreiben Sie:

Listing 5.5: Quadratische Aufzählungszeichen – auch in Nummerierungen

```
li { list-style-type: square; }
```

Auf den ersten Blick scheint alles okay zu sein, und Aufzählungen mit `ul` bekommen tatsächlich ein kleines Quadrat. `li` ist aber ein einfacher Typ-Selektor und selektiert *alle* Kisten vom Typ `li`, und so bekommt eine Nummerierung (`ol`) statt einer Zahl ebenfalls ein kleines Quadrat. Oops.

Eine Lösung bietet auch hier die Verschachtelung von Selektoren:

Listing 5.6: Verschachtelte Selektoren – Quadrate nur für ungeordnete Listen

```
ul li { list-style-type: square; }
```

Dieser Selektor beschränkt das Wirkungsgebiet der quadratischen Aufzählungszeichen auf ungeordnete Listen.

Unterschiedliche Nummerierung bei geordneten Listen

Die Verschachtelung von Selektoren ist nicht auf eine Ebene begrenzt. Um Ihnen einen kleinen Vorgeschmack auf die Möglichkeiten zu geben, hier ein Beispiel zur Nummerierung von Listen:

```
ol li { list-style-type : decimal; }
ol ol li { list-style-type : lower-alpha; }
```

Listing 5.7: Unterschiedliche Nummerierung mit verschachtelten Selektoren

So sehen die mit obigen Regeln gestalteten nummerierten Listen aus:

1. Dieser Punkt hat eine arabische Ziffer
   a. Dieser Punkt hat einen Kleinbuchstaben
   b. Dieser Punkt hat einen Kleinbuchstaben
2. Dieser Punkt hat wieder eine arabische Ziffer

Abbildung 5.1: Unterschiedliche Nummerierung in geordneten Listen

Tipp

Andere Namen für verschachtelte Selektoren

Die hier gezeigten *verschachtelten Selektoren* werden in diversen Quellen auch als *Nachfahrenselektor* (engl. *descendant*) oder als *kontextuelle* (engl. *contextual*) Selektoren bezeichnet.

5.3 Eigene Namen vergeben mit ID und class

Mit Gruppierung und Verschachtelung von Typ-Selektoren kann man schon einiges erreichen. Richtig praktisch wird die Sache aber erst durch die Möglichkeit, einzelnen oder mehreren Elementen im HTML eigene Namenszusätze geben und diese dann im CSS gestalten zu können.

Zur Vergabe von eigenen Namen für bestehende Elemente gibt es im HTML zwei so genannte Universalattribute, die Sie fast allen Elementen zuweisen können: `id` und `class`.

Es kann nur einen geben: ID, der Selektor mit der Raute

ID ist die Kurzform für *Identität* und im Englischen unter anderem die Abkürzung für »Personalausweis«. Frei nach dem Highlander-Prinzip »Es kann nur einen geben«, darf ein und dieselbe ID pro Webseite nur ein einziges Mal vorkommen:

```
<div id="kopfbereich"> ... </div> <!-- Ende kopfbereich -->
```

Listing 5.8: Der Kopfbereich – ein HTML-Element mit dem Attribut id

Um dieses Element im CSS zu gestalten, nehmen Sie den Wert von `id` als Selektor und schreiben das Rautenzeichen # davor:

Listing 5.9: Gestalte das Element mit dem Attribut id="kopfbereich"

```
#kopfbereich { ... }
```

Sie können ID-Selektoren übrigens auch mit Typselektoren kombinieren:

Listing 5.10: Gestalte das div-Element mit der id="kopfbereich"

```
div#kopfbereich { ... }
```

Die Kombination aus Typselektor und ID bekommt im Rahmen des etwas weiter unten in diesem Kapitel erklärten Punktesystems für Selektoren einen Punkt mehr, was manchmal genau der eine Punkt ist, den Sie brauchen.

Gruppenbildung: class, der Selektor mit dem Punkt

Stellen Sie sich vor, dass Sie auf Ihren Webseiten grau hinterlegte und mit einem Rahmen versehene Hinweisboxen haben möchten.

Um mehrere Absätze auf der Seite gleich zu gestalten, ist ein einfacher Selektor wie `p` zu ungenau und eine ID nicht geeignet, weil sie nur einmal vorkommen darf. In solchen Situationen benutzen Sie *Klassen*.

Jeder Absatz, der wie eine solche Hinweisbox aussehen soll, bekommt im HTML das Attribut `class`:

Listing 5.11: Ein HTML-Element mit dem Attribut class

```
<p class="hinweisbox">Dieser Text ist eine Hinweisbox.</p>
```

Um alle so markierten Elemente auszuwählen, schreiben Sie im CSS einen vorangestellten Punkt vor den Namen der Klasse.

Listing 5.12: Der Selektor mit dem Punkt wählt HTML-Elemente einer Klasse aus

```
.hinweisbox {
  color : black;
  background-color: #8c8c8c;
  border: 3px solid #ecf7dd;
}
```

Wichtig ist der unscheinbare kleine Punkt am Beginn des Selektors. Dadurch weiß der Browser, dass diese Regel für alle HTML-Elemente mit dem Attribut `class="hinweisbox"` gilt. Ein Beispiel für den Einsatz von Klassen sehen Sie im Abschnitt über das Floaten von Bildern ab Seite 226.

Man kann ein HTML Element übrigens auch mit mehreren, jeweils durch eine Leerstelle getrennten Klassen gestalten. Im folgenden

Beispiel werden dem *div*-Element die beiden Klassen `.galerie` und `.clearing` zugewiesen:

```
<div class="galerie clearing"> ... </div>
```

Listing 5.13: Mehrere CSS-Klassen für ein HTML-Element

Wundersamerweise verstehen das alle Browser.

Tipp

Klassitis vermeiden

Setzen Sie Klassen möglichst sparsam ein. Klassen sind klasse, aber nicht die Grundlage der Gestaltung mit CSS. Falls im HTML jedes zweite Element mit einer Klasse versehen wurde, sollten Sie sich die verschachtelten Selektoren etwas weiter oben noch einmal genauer anschauen.

ID oder Klasse – Wann nimmt man was?

Der Unterschied zwischen `class` und `id` bereitet vielen CSS-Einsteigern Probleme, ist aber im Grunde ganz einfach:

- Beide bieten die Möglichkeit, eigene Namen für HTML-Elemente zu vergeben.
- Eine `id` ist *einmalig* und darf auf einer Webseite nur einmal vorkommen.
- Eine `class` darf auf einer Webseite mehrfach verwendet werden.

Die Hauptbereiche der Beispielseite wie `#kopfbereich` oder `#textbereich` bekommen eine `id`, weil sie pro Seite einmalig sind. Hinweisboxen oder Skip-Links hingegen können mehrfach auftreten und bekommen deshalb eine `class`.

ID- und Class-Namen sollten die Bedeutung des Elements beschreiben

Der Vorteil der Vergabe von eigenen Namen ist, dass Sie damit wirklich jedes Element auf einer Seite ansprechen können.

Der Nachteil ist, dass die Namen im HTML-Quelltext vergeben werden und dass dadurch die Trennung von Inhalt und Gestaltung zum Teil aufgehoben wird. Jede Änderung der Namen muss im HTML *und* im CSS erfolgen, sodass es sich lohnt, über die Vergabe von Namen für IDs und Klassen ein bisschen nachzudenken.

Oberster Grundsatz bei der Auswahl der Namen ist es, dass diese die *Bedeutung* des Elements beschreiben und nicht deren *Gestaltung*. Hier ein Beispiel:

- Sie wollen auf der rechten Seite einen Navigationsbereich erstellen, und Sie nennen diesen Bereich `#navi-rechts`.
- Falls Sie den Bereich per CSS später nach links verschieben, haben Sie auf der linken Seite eine Navigation mit dem schönen Namen `#navi-rechts`.

Das ist Täuschen und Tarnen. Ein Name sollte nicht das Aussehen des Elements beschreiben, sondern dessen *Bedeutung*: `#navibereich` oder `#globalnavi` wären eine bessere Wahl.

5.4 Spezifität: Das Punktesystem für Selektoren

Sobald Stylesheets ein bisschen länger werden, gibt es früher oder später für ein HTML-Element mehrere CSS-Regeln, die sich zum Teil widersprechen. Die Frage ist, wie der Browser in solchen Konfliktfällen entscheidet.

Einer wird gewinnen: So funktioniert Spezifität

Die Lösung für dieses Entscheidungsproblem ist ganz einfach: Der Browser berechnet anhand eines einfachen Punktesystems, welcher Selektor der wichtigste ist.

Im CSS-Jargon heißt dieses Punktesystem *specificity*, auf Deutsch *Spezifität* oder manchmal auch *Spezifizität*. Komisches Wort für eine einfache Sache.

Die folgende Tabelle zeigt die Punkteverteilung:

Tabelle 5.1: Spezifität – das Punktesystem für Selektoren

Selektortyp	Beispiel	Punkte
einfacher Typ-Selektor	p	1
Klasse	.hinweisbox	10
Pseudoklasse	:visited	10
ID	#navibereich	100
Attribut style=" "	style="color: red;"	1000

Bei verschachtelten Selektoren werden die Punktzahlen für die einzelnen Selektoren addiert, bei mit einem Komma gruppierten Selektoren nicht.

Ein paar Beispiele für die Punktewertung

Hier ein paar Beispiele für die Spezifität von Selektoren:

Tabelle 5.2: Spezifität – Punkteverteilung für Selektoren

Selektor	Beschreibung	Punkte	Gesamt
body	Typ-Selektor	1	1
h1, h2	gruppiert	1	1
a:visited	Typ + Pseudoklasse	1 + 10	11
.hinweisbox	ungebundene Klasse	10	10
p.hinweisbox	gebundene Klasse	1 + 10	11
#navibereich	ID	100	100
div#navibereich	Typ-Selektor + ID	1 + 100	101
#navibereich a	ID + Typ	100 + 1	101
#navibereich a:visited	ID + Typ + Pseudoklasse	100 + 1 + 10	111
#startseite #navibereich	ID + ID	100 + 100	200
<p style="color: red;">	Attribut style	1000	1000

Bei einem Unentschieden gibt es übrigens weder Verlängerung noch Elfmeterschießen. Bei gleichem Punktestand entscheidet die Reihenfolge im Stylesheet: Es gewinnt die am weitesten unten notierte Regel, ganz nach dem biblischen Motto »Die Letzten werden die Ersten sein«.

Im Abschnitt über die Gestaltung eines horizontalen Navigationsbereiches erleben Sie dieses Punktesystem in Aktion (ab Seite 168).

Tipp

Die Spezifität ist Teil der Kaskade

Auch die Spezifität ist Teil der namensstiftenden *Kaskade*, die Sie ab Seite 200 im Detail kennen lernen.

Sparsam benutzen: !important

Wenn Sie möchten, dass der Browser eine ganz bestimmte Eigenschaft auf jeden Fall verwendet, egal was bei der Berechnung der Spezifität herauskommt, können Sie dieser Eigenschaft sagen, dass sie wichtig ist:

Listing 5.14: Eine »wichtige« Eigenschaft

```
h2 { color: red !important; }
```

Beachten Sie, dass nach dem Wert eine Leerstelle folgt, die Zeichenfolge `!important` aber noch *vor* dem abschließenden Semikolon folgt.

Im Kapitel über die Kaskade erfahren Sie ab Seite 201, warum Eigenschaften mit `!important` im Punktesystem quasi außer Konkurrenz mitlaufen und trotzdem immer gewinnen.

Tipp

Übersicht: Weitere Selektoren

In dieser Einführung lernen Sie nur die wichtigsten Selektoren kennen, aber es gibt noch einige mehr mit so schönen Namen wie z. B. Kind- und Nachbarn-Selektoren.

Eine sehr ausführliche Übersicht mit Auflistung der Browserunterstützung finden Sie bei CSS4You auf der folgenden Seite:

- *http://www.css4you.de/wscss/csso4.html*

5.5 Werte und Maße in CSS: Die Qual der Wahl

CSS kennt jede Menge verschiedene Maßeinheiten. Diese Wahl kann besonders anfangs leicht zur Qual werden, weshalb ich Ihnen auf den folgenden Seiten ein paar Entscheidungshilfen geben möchte.

Grundregeln: Die Leerstelle, die Null und der Anführungsstrich

Einige grundlegende Regeln vorweg:

- Bei CSS steht zwischen dem Wert und einer Maßeinheit keine Leerstelle: Es heißt `130%` und *nicht* `130 %`, `12px` und *nicht* `12 px`. Das ist anfangs wohl der häufigste Fehler.

- Wenn ein Wert *0* (null) ist, muss danach keine Einheit folgen. Null ist null, egal ob Pixel oder Kilometer, und die Angaben `0px` und `0` sind in CSS identisch.
- Werte werden im Gegensatz zu HTML nicht in Anführungsstriche gesetzt. Es heißt also `color:black` und *nicht* `color: "black"`.

Eine Ausnahme der letzten Regel sind Schriftnamen, die aus mehreren Worten bestehen, wie z. B. *Times New Roman*, die in einfachen oder doppelten Anführungsstrichen stehen sollten:

```
body { font-family: "Times New Roman", Times, serif; }.
```

Listing 5.15: Mehrteilige Schriftnamen stehen in Anführungsstrichen

Für den Bildschirm: Relative Einheiten

Relative Einheiten eignen sich vorzüglich für die Darstellung von Webseiten am Bildschirm: Pixel (`px`), Emms (`em`) und Prozent (`%`).

Die Einheit px (Pixel)

Ein Pixel ist ein Bildpunkt und relativ zur Bildschirmauflösung: Bei 800 x 600 gibt es 480000 Pixel auf dem Monitor, bei 1024 x 768 sind es bereits 768432. Da sich der Monitor nicht vergrößern kann, werden bei einer höheren Auflösung die Pixel kleiner. Die Größe eines Pixels ist also relativ zu der verwendeten Bildschirmauflösung.

Trotzdem ist die Einheit *Pixel* relativ leicht zu verstehen und zu berechnen. Für Schriftgrößen sollte `px` aber momentan nicht verwendet werden, weil erstens die Pixel bei hohen Auflösungen immer kleiner werden und zweitens Surfer im Internet Explorer bis inklusive V6 die Schriftgröße dann nicht mehr zoomen können.

Die Einheit em (»emm« gesprochen)

`em` ist relativ zur Schriftgröße, die ein Benutzer eingestellt hat. Es bezieht sich auf die Größe des Buchstaben *M* und wird wirklich »emm« ausgesprochen.

Die Einheit `em` ist sehr flexibel und ändert sich, wenn der Benutzer die Schriftgröße im Browser verändert. Abstände mit `em` zu gestalten ist sehr flexibel, anfangs aber ein bisschen schwer zu fassen, wie ein Stück Seife in der Badewanne.

Tipp

em und em

Die in CSS verfügbare Einheit `em` hat außer den Buchstaben *e* und *m* nichts, aber auch gar nichts mit dem HTML-Element `em` zur Hervorhebung von Text auf Seite 57 zu tun.

Die Einheit % (Prozent)

Die Einheit *Prozent* ist definitiv relativ, und zwar zu verschiedenen Dingen, und so ist bei *Prozent* immer sofort die erste Frage »Prozent von was?«. Bei CSS ist die Bezugsgröße meist die umgebende Kiste, auch *Eltern-Element* genannt. Die Deklaration `width: 50%` bedeutet also die Hälfte der Breite des Eltern-Elements.

Falls irgendwas bei der Angabe von Prozenten überhaupt nicht klappt, schauen Sie am besten in einer CSS-Referenz wie *CSS4You.de* oder *TheStyleWorks.de* nach, worauf genau sich die Prozentangabe bei der verwendeten CSS-Eigenschaft bezieht.

Für den Drucker: Absolute Einheiten

Absolute Einheiten sind für Bildschirm-Stylesheets ungeeignet und in erster Linie für Stylesheets zum Ausdrucken der Webseite gedacht:

- `cm` ist ein Zentimeter.
- `in` steht für *Inch*, der auf Deutsch *Zoll* heißt und 2,54cm lang ist.
- `pt` (kurz für *Punkt*) ist die traditionelle Einheit zur Angabe einer Schriftgröße im Printbereich und entspricht in CSS 1/72 inch.

Wie gesagt: Für den Ausdruck okay, für den Bildschirm ungeeignet.

Tipp

Weitere Informationen zu Einheiten

Eine ausführliche Übersicht zu allen möglichen Einheiten finden Sie im *Workshop: Basiseinheiten* bei CSS4You:

- *http://www.css4you.de/einheiten.html*

5.6 Farben definieren: Hexadezimal, Dezimal und Namen

Am Bildschirm werden alle Farben aus Rot, Grün und Blau gemischt. Zur Definition der jeweiligen Farbanteile gibt es in CSS einige Möglichkeiten:

- Hexadezimal, normal: `#rrggbb`

  Knallgelb ist `#ffff00`. Soviel Rot und Grün wie möglich und überhaupt kein Blau. Hier ein paar einfache Merkhilfen:

  - `ff` steht für *folles Fund*. »Alle Farben folles Fund« ist weiß.
  - `00` (*Doppelnull*) steht für *Licht aus*. Alles aus ist schwarz.

- Hexadezimal, kurz: `#rgb`

  Knallgelb ist `#ff0`. Jedes Zeichen wird gedoppelt. Diese Schreibweise ist praktisch, funktioniert aber natürlich nur für bestimmte Farbwerte.

- Dezimal: *rgb(rrr, ggg, bbb)*

  Mit Werten zwischen 0 und 255. Gelb wäre also `rgb(255, 255, 0)`.

- Prozentual: *rgb(rrr%, ggg%, bbb%)*

  Knallgelb entspricht in dieser Schreibweise `rgb(100%, 100%, 0%)`.

Außerdem sind die folgenden siebzehn Farbnamen erlaubt:

Tabelle 5.3: Alle 17 Farbnamen und ihre hexadezimalen Entsprechungen

Farbname	Farbton	Hexadezimal normal	Hexidezimal kurz
white	weiß	#ffffff	#fff
black	schwarz	#000000	#000
red	knallrot	#ff0000	#f00
maroon	dunkelrot	#800000	-
lime	knallgrün	#00ff00	#0f0
green	dunkelgrün	#008000	-
blue	knallblau	#0000ff	#00f
navy	dunkelblau	#000080	-
gray	dunkelgrau	#808080	-

Tabelle 5.3: Alle 17 Farbnamen und ihre hexadezimalen Entsprechungen (Forts.)

Farbname	Farbton	Hexadezimal normal	Hexidezimal kurz
silver	hellgrau	#cococo	-
yellow	knallgelb	#ffffoo	#ffo
orange	orange	#ffa5oo	-
olive	oliv	#8o8ooo	-
purple	dunkles lila	#8ooo8o	-
fuchsia	helles lila	#ffooff	#fof
aqua	türkis	#ooffff	#off
teal	Win95 Desktop	#oo8o8o	-

Eine ausführliche Übersicht zu Farbwerten mit Beispielen für die jeweilige Farbe finden Sie bei TheStyleWorks:

- *http://thestyleworks.de/basics/colors.shtml*

Tipp

Hilfe bei der Farbenwahl

Farben im CSS zu definieren, ist eine Sache, aber für ein Design zueinander passende Farben auszuwählen eine andere. Im Teil V über »Wichtige Werkzeuge« finden Sie ein paar nützliche Tools dazu.

5.7 Auf einen Blick

Hier noch einmal die wichtigsten Punkte dieses Kapitels im Überblick:

- Selektoren wählen aus, welche Box gestaltet werden soll und sind eines von drei Dingen (oder eine Kombination davon):
  - der Name eines HTML-Elements
  - eine `ID`
  - eine Klasse (`class`)
- Selektoren können mit einem Komma gruppiert werden: `h1, h2`
- Selektoren können mit einer Leerstelle verschachtelt werden, um den Wirkungsbereich einzuschränken: `#textbereich a`
- Mit `ID`- und `class`-Selektoren können Sie eigene Namen vergeben
  - Jede ID gibt es pro Seite nur einmal
  - Eine Klasse kann auf jeder Seite beliebig oft verwendet werden
- Ein Punktesystem namens Spezifität (*specificity*) hilft dem Browser, bei Konfliktfällen die Wichtigkeit von Selektoren zu bewerten.
- Für die Gestaltung am Bildschirm sind die Einheiten `px`, `em` und `%` empfohlen, für die Ausgabe auf den Drucker `cm`, `in` und `pt`.
- In CSS gibt es zahlreiche Methoden, Farbangaben zu definieren. Hexadezimal und Farbnamen sind am weitesten verbreitet.

Kapitel 6

Abstände gestalten mit dem Box-Modell

Worin Sie das Box-Modell kennen lernen, eine der wichtigsten Grundlagen für das Gestalten mit CSS. Neben padding, border und margin erfahren Sie noch einiges über das Einbinden von Hintergrundgrafiken.

Die HTML-Einführung in diesem Buch begann mit der Feststellung, dass Webseiten aus rechteckigen Kästchen bestehen. *Alle* Texte und Grafiken einer Webseite liegen in solchen Kästchen. Ohne Ausnahme. Man kann es auch *Kiste* oder *Container* nennen. Auf Englisch heißt es *Box*.

6.1 Potentielle Probleme beim Gestalten der Kästchen

Kästchen alias Boxen sind die Bausteine einer Webseite und das A und O beim Gestalten von Webseiten. Boxen können aber auch zum Hauptproblem werden, wofür es im Wesentlichen zwei Gründe gibt:

- *Mangelnde CSS-Kenntnisse des Seitenbauers*

  Viele Webseitenbauer wissen wenig über das Verhalten von Boxen in der freien Wildbahn. Dieses Kapitel bietet daher eine Anleitung zur Aufzucht und Hege.

- *Mangelnde CSS-Kenntnisse der Browser*

  Die Browser haben CSS auch erst nach und nach gelernt. Moderne Browser können das inzwischen recht gut, ältere haben so ihre Probleme.

Quintessenz ist, dass Sie des Öfteren in einer Situation landen werden, in der Sie sich fragen: »Hab ich das jetzt falsch gemacht oder spinnt der Browser?«

Testen Sie Ihre Webseiten am besten zuerst im Firefox oder in Opera und erst danach im Internet Explorer. Sowohl Firefox als auch Opera sprechen in aktuellen Versionen sehr gut CSS, und wenn die Seiten darin gut aussehen, haben Sie wahrscheinlich alles richtig gemacht.

6.2 Das Box-Modell in der Übersicht

Alle Boxen sind nach einem bestimmten Schema aufgebaut, das *Box-Modell* genannt wird.

Alle Boxen sind gleich: Das Modell

Die folgende Abbildung zeigt eine schematische Darstellung des Box-Modells:

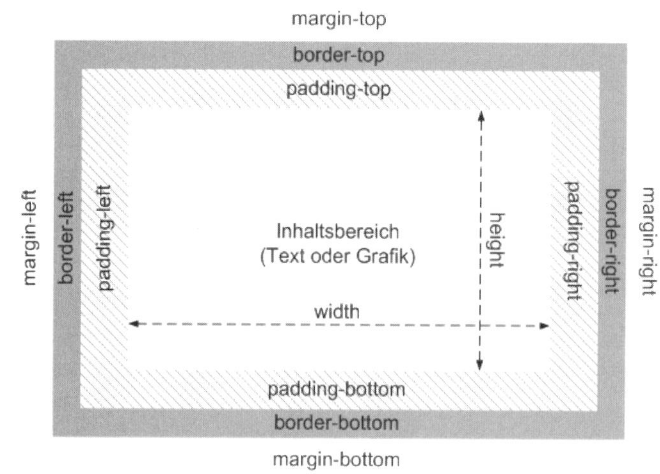

Abbildung 6.1: Das Box-Modell – Grundlage des Gestaltens mit CSS

Alle HTML-Elemente haben die Eigenschaften `width`, `height`, `padding`, `border` und `margin`. Je besser Sie dieses Box-Modell verstehen, desto leichter wird Ihnen das Gestalten von Webseiten mit CSS fallen.

Hier eine kleine Übersicht der zentralen Begriffe mit Übersetzungen, die mir im Laufe der Zeit in verschiedenen Dokumentationen und Programmen begegnet sind:

Tabelle 6.1: Begriffe rund um das Box-Modell

englisch	deutsch
content	Inhalt, Inhaltsbereich
width	Breite, Inhaltsbreite
padding	Innenabstand, Polsterung, Auffüllung, Füllung
border	Rahmen, Rahmenlinie
margin	Außenabstand, Rand

Tipp

Das Box-Modell als Referenzkarte

Weil es so wichtig ist, finden Sie das Box-Modell auf der beigelegten Referenzkarte. In Farbe. Ganzseitig. Zum Auswendiglernen.

Der Inhaltsbereich: width (Breite) und height (Höhe)

Text und Grafiken stehen im Inhaltsbereich eines Elements, dessen Breite mit `width` und dessen Höhe mit `height` definiert wird. Wenn diese Angaben nicht explizit im Stylesheet auftauchen, gelten die folgenden Grundregeln:

- Ohne Angabe von `width` werden *Block-Elemente* so breit wie das umgebende Element und *Inline-Elemente* so breit wie ihr Inhalt.
- Ohne Angabe von `height` werden alle Elemente so hoch wie ihr Inhalt.

Beachten Sie, dass `width` die Breite des Inhaltsbereiches definiert, und *nicht* die Gesamtbreite des Elements. Eigentlich wäre `content-width` (also Breite des Inhalts) ein genauerer Name.

Tipp

Berechnung der Gesamtbreite

Auf Seite 132 finden Sie ein Beispiel zur Berechnung der Gesamtbreite eines Elements.

Der Innenabstand: padding (Polsterung)

Nach dem Inhaltsbereich folgt in jeder Box der Innenabstand (`padding`). Das `padding` liegt *innerhalb* der Box und übernimmt die Hintergrundfarbe des Inhaltsbereiches.

`padding` kann für alle vier Seiten einer Box einzeln definiert werden. Die Eigenschaften heißen dann wie folgt:

- `padding-top` für den oberen Innenabstand
- `padding-right` für den rechten Innenabstand
- `padding-bottom` für den unteren Innenabstand
- `padding-left` für den linken Innenabstand

Tipp

Der Hintergrund: Inhaltsbereich plus Innenabstand

Wenn ein Element eine Hintergrundfarbe oder -grafik hat, so erstreckt diese sich über Inhaltsbereich und padding.

Der Rahmen: border (Rahmenlinien)

Um das `padding` legt sich der Rahmen (`border`), der Rand der Kiste, der eine eigene Breite (`width`), Linienart (`style`) und Farbe (`color`) annehmen kann.

Auch `border` kann für alle vier Seiten unterschiedlich sein. Die Eigenschaften heißen dann:

- `border-top` für die Rahmenlinie oben
- `border-right` für die rechte Rahmenlinie
- `border-bottom` für die untere Rahmenlinie
- `border-left` für die linke Rahmenlinie

`border` ist sehr flexibel und kann für jede dieser vier Seiten eine gesonderte Breite, Linienart und Farbe erhalten. Macht summa summarum maximal *zwölf* mögliche `border`-Deklarationen für *eine* CSS-Regel, die dann so wunderschöne Namen wie `border-top-width`, `border-right-color` oder `border-left-style` haben.

Der Außenabstand: margin (Rand)

Jede Box kann einen Außenabstand (`margin`) haben, der ebenfalls für alle vier Seiten einzeln definiert werden kann:

- `margin-top` für den oberen Außenabstand
- `margin-right` für den rechten Außenabstand
- `margin-bottom` für den unteren Außenabstand
- `margin-left` für den linken Außenabstand

Der Außenabstand liegt außerhalb der Box und übernimmt die Hintergrundfarbe des umgebenden Elements.

`margin` darf – im Gegensatz zu `border` und `padding` – übrigens auch negative Werte haben.

Vertikale Außenabstände kollabieren: collapsing margins

Eine kleine Besonderheit von `margin` bereitet oft Kopfzerbrechen und soll deshalb gleich kurz erwähnt werden:

- Horizontale Außenabstände sich berührender, nebeneinander stehender Boxen werden ganz normal addiert.
- *Vertikale* Außenabstände sind schreckhafter: Wenn sich `margin-bottom` und `margin-top` zweier untereinander stehender Boxen berühren, kollabieren sie.

Pfft. Luft raus. Der größere bleibt bestehen, der kleinere verschwindet:

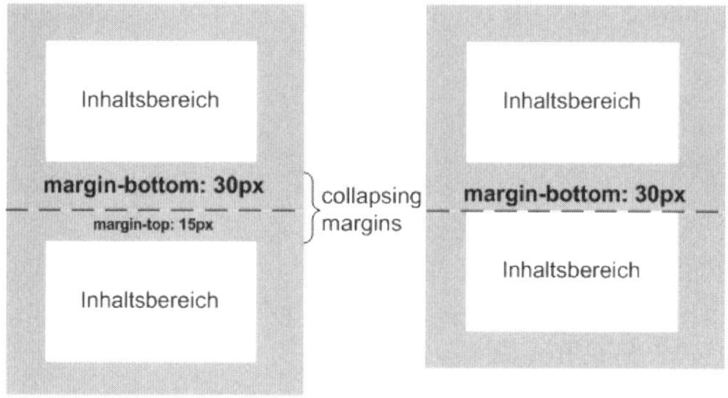

Abbildung 6.2: Wenn zwei vertikale margins sich berühren, kollabieren sie

Das klingt zunächst abstrus, ist im Alltag aber meist ganz praktisch, wenn zum Beispiel viele Absätze aufeinander folgen.

Inline-Elemente wie Hyperlinks kennen übrigens überhaupt keine vertikalen `margins`. Ihre Höhe wird durch die Schriftgröße bestimmt. Links und rechts ist alles ganz normal, aber oben und unten gibt es bei Inline-Elementen kein `margin`.

Tipp

Details über zusammenfallende Abstände

Weitere Informationen über zusammenfallende Abstände alias *collapsing margins* erfahren Sie bei TheStyleWorks.de auf der folgenden Seite:

- *http://thestyleworks.de/ref/margin.shtml#collaps*

Wenig intuitiv: Die Gesamtbreite einer Box berechnen

Auf den ersten Blick ungewöhnlich ist die Berechnung der Gesamtbreite einer Box. `width` heißt zwar »Breite«, damit ist aber wie erwähnt nicht die Gesamtbreite der Box gemeint, sondern die Breite des *Inhaltsbereiches*.

Zur Erklärung ein Beispiel, dem folgende CSS-Regel zugrunde liegt:

Listing 6.1: CSS-Beispiel zur Berechung der Gesamtbreite einer Box

```
div {
   width: 720px;
   padding: 20px;
   border: 0;
   margin: 10px;
}
```

Die Gesamtbreite der Box setzt sich aus `width`, `padding`, `border` und `margin` zusammen:

Tabelle 6.2: Berechnung der Gesamtbreite einer Box

Berechnung	Beispiel
width	720px
+ padding-right	+ 20px
+ padding-left	+ 20px
+ border-right-width	+ 0
+ border-left-width	+ 0
+ margin-right	+ 10px
+ margin-left	+ 10px
===============	===============
Gesamtbreite der Box	780px

Man muss manchmal wirklich rechnen, bis alles passt. Für die Höhe gilt übrigens dasselbe:

Die Gesamthöhe eines Elements setzt sich analog dazu zusammen aus `height` plus `padding-top` plus `padding-bottom` plus `border-top-width` plus `border-bottom-width` plus `margin-top` plus `margin-bottom`.

Tipp

Auch der Internet Explorer hat Probleme mit der Breite von Boxen

Falls Sie die Berechnung der Gesamtbreite verwirrend finden, trösten Sie sich: Viele Browser hatten anfänglich auch ihre Probleme damit. Besonders der Internet Explorer 5.x ist bekannt für die falsche Berechnung des Box-Modells. Mehr dazu im Kapitel 16 über »Patches«.

6.3 Kalibrierung: Abstände auf Null setzen

Alle Browser haben ein eingebautes Stylesheet, und eine ziemlich nervige Sache beim Lernen von CSS ist, dass die Browser für `padding` und `margin` zum Teil sehr unterschiedliche Standardvorgaben haben.

Die Abstände der eingebauten Browser Stylesheets annullieren

Um nicht jedes Mal wieder auf Fehlersuche gehen zu müssen, greifen viele Webdesigner zu einer Maßnahme, die auf den ersten Blick radikal erscheinen mag, die sich aber bewährt hat:

- `padding` und `margin` werden für alle HTML-Elemente auf 0 (Null) gesetzt.

Betrachten Sie es als Kalibrierung, denn durch diese Maßnahme werden die unterschiedlichen Werte der eingebauten Browser Stylesheets außer Kraft gesetzt und eine einheitliche Ausgangssituation geschaffen.

ToDo: Abstände für alle Elemente auf 0 (Null) setzen

1. Ergänzen Sie die folgende CSS-Regel *am Anfang des Stylesheets, nach* dem `/* Kommentar */` und *vor* der Regel für `body`:

   ```
   * { padding: 0; margin: 0; }
   ```

2. Speichern Sie das Stylesheet, betrachten Sie die Webseiten im Browser und erschrecken Sie nicht.

Das Sternchen als Selektor bedeutet »alles«. Erschrecken Sie nicht, wenn Sie die Seite nach dieser Änderung im Browser betrachten, es wird alles wieder gut:

Abbildung 6.3: Radikale Kalibrierung

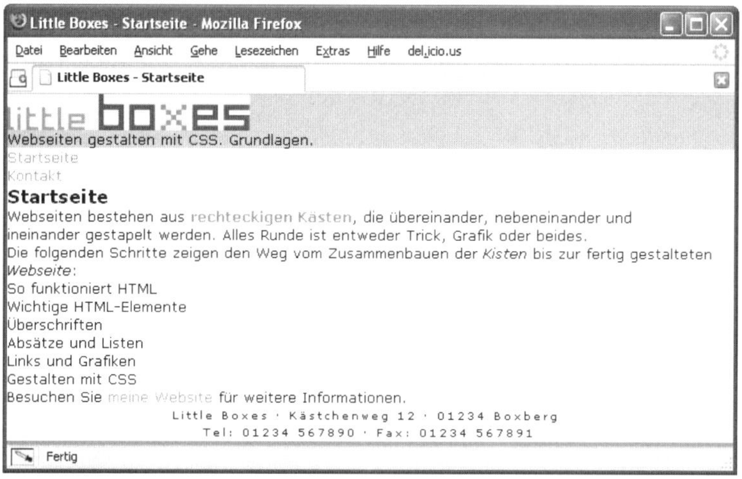

Überschriften, Absätze, Listen und sogar die verschachtelte Liste – alle Elemente sitzen ohne Abstand dicht aufeinander.

Noch mehr Kalibrierung: Die Bildlaufleiste im Firefox

Tipp

Der Firefox blendet die Bildlaufleiste am rechten Fensterrand nur bei Bedarf ein, wodurch vom Übergang von einer Seite mit Scrollbar zu einer Seite ohne (und umgekehrt) das Layout »springt«.

Wenn Sie das stört, können Sie den Firefox mit folgender CSS-Regel zwingen, die Scrollbar immer einzublenden:

```
html { height: 101%; } /* erzwingt Scrollbar im Firefox */
```

Die Abstände für die wichtigsten Elemente neu definieren

Die Abstände für Absätze und ungeordnete Listen werden in der folgenden Regel wieder auf akzeptable Werte gesetzt.

ToDo: Abstände für Absätze und Listen restaurieren

1. Definieren Sie am Ende des Stylesheets die folgenden CSS-Regeln:

```
/* Abstand nach unten */
h2, p, ul, ol { margin-bottom: 1em; }

/* Verschachtelte Listen ohne Abstand */
ul ul { margin-bottom: 0; }

/* Abstand von links */
li { margin-left: 1em; }
```

2. Speichern Sie das Stylesheet und betrachten Sie die Webseiten im Browser.

Mit diesen Regeln definieren Sie für alle `h2`-Überschriften, Absätze und Listen einen Außenabstand nach unten von `1em`. Alle `li`-Elemente bekommen einen Abstand nach links von ebenfalls `1em`, damit sie etwas eingerückt werden und das Aufzählungszeichen wieder sichtbar wird.

Erwähnenswert ist noch der Selektor `ul ul`, der eine Liste in einer Liste auswählt und den eine Regel höher definierten `margin-bottom` für `ul` wieder entfernt, damit auf der Startseite unterhalb der verschachtelten Liste keine Lücke entsteht.

Abbildung 6.4: Absätze und Listen mit restauriertem margin

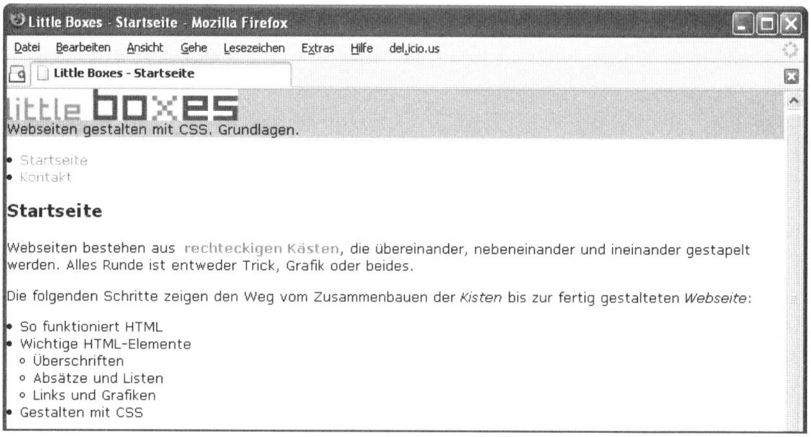

Falls Sie noch andere Elemente verwenden, müssen Sie für diese eventuell auch die Abstände restaurieren.

6.4 Die Breite eines Elements: width

In diesem Schritt definieren Sie mit der Eigenschaft `width` eine feste Breite für den Bereich `#wrapper`.

ToDo: Eine feste Breite für #wrapper definieren

1. Ergänzen Sie das Stylesheet um die fett gedruckte Zeile:

```
#wrapper {
   color: black;
   background-color: white;
   width: 720px; /* Breite des Inhaltsbereiches */
}
```

2. Speichern Sie das Stylesheet und betrachten Sie die Webseiten im Browser.

Die Breite von 720 Pixel ist so gewählt, dass die Seite auch bei einer Bildschirmauflösung von 800 x 600 Pixel noch akzeptabel aussieht. Falls Sie mehr Platz benötigen, sind `760px` auch in Ordnung.

Mit einer festen Breite nehmen Sie der Webseite zwar ein Stück ihrer natürlichen Flexibilität, weil die Seite sich dem Browserfenster nicht mehr anpasst, aber feste Layouts mit Pixelangaben sind zum Lernen gut geeignet. Flexible Layouts mit Prozent oder der Einheit `em` lernen Sie ab Seite 282 noch kurz kennen lernen.

Tipp

Flexible Breiten

Wenn Sie Lust auf Experimente haben, ersetzen Sie `720px` einfach durch eine Prozentangabe wie `70%`. In dem Fall hat `#wrapper` immer eine Breite von `70%` des umgebenden Elements, und das ist `body`.

6.5 Die Seite zentrieren: margin: auto

Da es leider keinen Befehl wie »Zentriere das Element auf der Seite« gibt, benutzen Sie einen kleinen Trick: Wenn die Außenabstände (`margin`) für links und rechts auf *automatisch* gesetzt werden, sind sie immer gleich groß und die Seite erscheint zentriert.

Gleichzeitig geben Sie `#wrapper` einen oberen und unteren Außenrand von 10 Pixel, damit der Bereich nicht ganz oben am Rand des Browserfensters klebt.

ToDo: #wrapper auf der Webseite zentrieren

1. Ergänzen Sie den Style für `#wrapper` durch die fett gedruckten Zeilen:

```
#wrapper {
   color: black;
   background-color: white;
   width: 720px;
   margin-top: 10px;
   margin-right: auto; /* Abstand rechts automatisch */
   margin-bottom: 10px;
   margin-left: auto; /* Abstand links automatisch */
}
```

2. Speichern Sie das Stylesheet und betrachten Sie die Webseiten im Browser.

Nach diesem Schritt sieht die Startseite in etwa so aus:

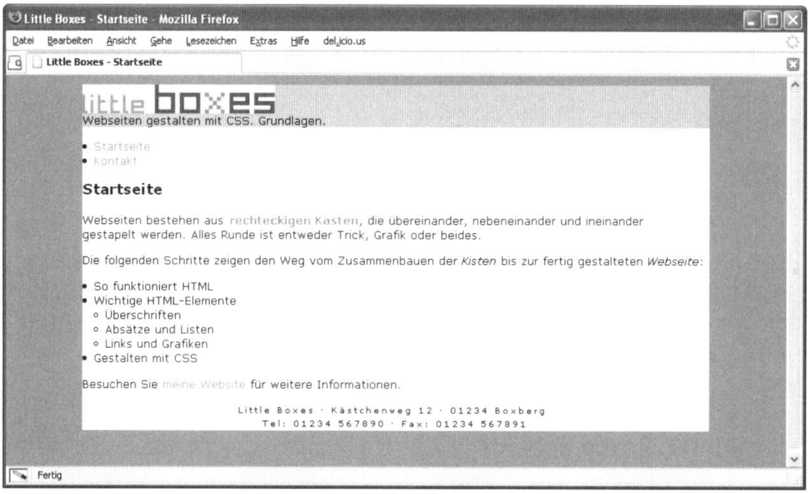

Abbildung 6.5: Zentriert und oben einen margin von 10px

`margin` liegt wie gesagt außerhalb der Box und übernimmt die Farbe des umgebenden Elements, sodass in diesem Falle rechts und links von `#wrapper` die Hintergrundfarbe von `body` sichtbar wird.

Tipp

Patches für den Internet Explorer

Fast alle Browser verstehen `margin: auto;` und zentrieren den Inhalt auf der Webseite, nur der Internet Explorer 5.x hat damit Probleme. Um das Stylesheet durch Patches für den Internet Explorer nicht unübersichtlich zu machen, werden diese im Kapitel 16 über »Patches« auf Seite 301 so eingebunden, dass nur der IE5.x sie zu sehen bekommt.

6.6 Eine Rahmenlinie erstellen: border

Mit *border* können Sie Rahmenlinien definieren. Im folgenden ToDo geben Sie dem Fußbereich auf den Beispielseiten eine obere Rahmenlinie und gestalten die Abstände darunter (`padding-top`) und darüber (`margin-top`).

ToDo: Eine obere Rahmenlinie für #fussbereich erstellen

1. Erstellen Sie unterhalb von `#logo` einen Style für `#fussbereich`:

```
#fussbereich {
   padding-top: 10px;  /* unterhalb Rahmenlinie */
   border-top: 1px solid #8c8c8c; /* Rahmenlinie oben */
   margin-top: 20px; /* Außenabstand oben, oberhalb Linie */
}
```

2. Speichern Sie das Stylesheet und betrachten Sie die Webseiten im Browser.

Die drei Deklarationen beschreiben die Abstände wie folgt:

- `padding-top` ist der Abstand zwischen dem Text von `address` und der Rahmenlinie darüber.
- `border-top` erzeugt eine Rahmenlinie oben: 1 Pixel dick, durchgezogen (`solid`) und farbig.
- `margin-top` regelt den Abstand zwischen der Linie und dem Element darüber.

6.7 Ein bisschen Abstand drum herum: padding

Ein Problem beim Gestalten mit CSS ist, dass man manchmal nicht genau weiß, welcher Box man welche Eigenschaft zuweisen muss, um einen gewünschten Effekt zu erreichen.

Um zwischen Text und dem Rand von `#wrapper` ein kleines Polster zu erzeugen, läge es nahe, `#wrapper` ein `padding` von zum Beispiel 20 Pixel zu geben.

Diese Maßnahme hat allerdings nicht wirklich den gewünschten Effekt, denn dadurch bekommt auch der Kopfbereich einen weißen Abstand drum herum:

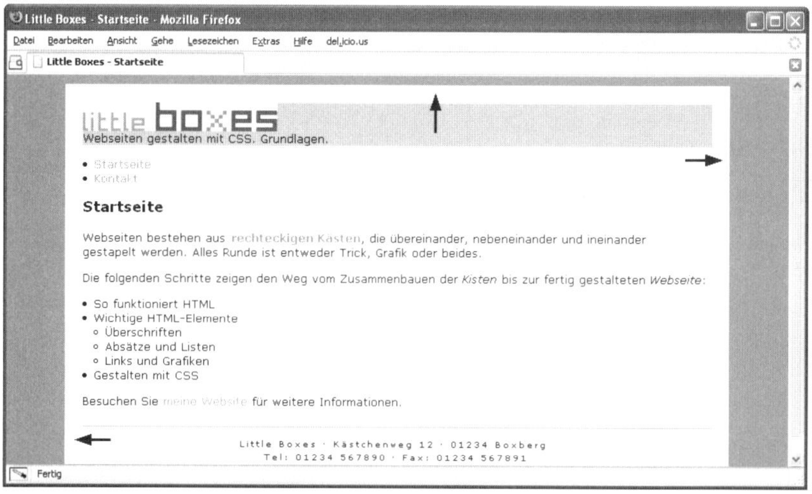

Abbildung 6.6: #wrapper mit 20px padding – nicht wirklich gelungen

Eine bessere Lösung ist es in diesem Fall, für die `div`-Bereiche jeweils ein individuelles `padding` zu definieren.

ToDo: Einen Innenabstand für die div-Bereiche definieren

1. Ergänzen Sie das Stylesheet um die fett gedruckten Zeilen:

```
#kopfbereich {
   color: black;
   background-color: #f3c600;
   padding-top: 10px;
   padding-right: 20px;
   padding-bottom: 0;
   padding-left: 20px;
}
#navibereich {
   padding-top: 5px ;
   padding-right: 20px;
   padding-bottom: 5px;
   padding-left: 20px;
}
#textbereich {
   padding-top: 20px ;
   padding-right: 10px;
   padding-bottom: 20px;
   padding-left: 20px;
}
```

```
#fussbereich {
   padding-top: 10px;
   padding-right: 20px;
   padding-bottom: 20px;
   padding-left: 20px;
   border-top: 1px solid #8c8c8c;
   margin-top: 20px;
}
```

2. Speichern Sie das Stylesheet und betrachten Sie die Webseiten im Browser.

Alle drei Bereiche haben ein leicht unterschiedliches `padding` bekommen, und insgesamt sieht das Ergebnis schon ganz brauchbar aus.

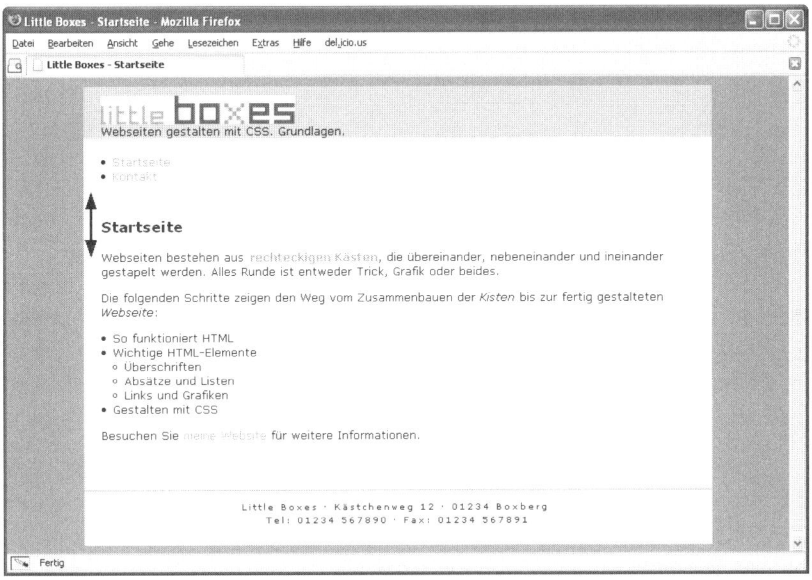

Abbildung 6.7: Startseite mit padding

Tipp

Kurzschreibweise für padding und margin

Bei der Definition des `padding` für die `div`-Bereiche haben Sie alle vier Seiten einzeln geschrieben. Das ist zwar sehr anschaulich, aber auf Dauer sehr viel Getippe. Im Kapitel 7 über »Ordnung halten im CSS« lernen Sie diverse Kurzschreibweisen für `padding` und `margin` kennen.

6.8 Das Box-Modell und die farbliche Gestaltung

Bei der farblichen Gestaltung der Flächen auf einer Webseite ist das Box-Modell besonders wichtig, deshalb hier eine explizite Zusammenfassung:

Tabelle 6.3: Die farbliche Gestaltung und das Box-Modell

Eigenschaft	Verhalten bei
background-color	Definiert die Hintergrundfarbe für den Inhaltsbereich der Box.
padding	Die Polsterung *in* der Kiste übernimmt die *Farbe* von background-color.
border	Die Begrenzung der Kiste hat eine *eigene Farbe*, Linienart und Breite.
margin	Der Abstand *außerhalb* der Kiste übernimmt die *Farbe der umgebenden Box* (Eltern-Element).

Die Hintergrundfarbe des Inhaltsbereiches geht übrigens bis *unter* die Rahmenlinie. Wenn die Rahmenlinie also wie bei den Linienarten `dashed`, `dotted`, `double` Lücken aufweist, sollte darin die Hintergrundfarbe des Elements durchscheinen.

Klingt alles gut, aber ein Bild sagt mehr als tausend Worte. Im folgenden Beispiel wird das transparente GIF-Logo im Kopfbereich mit einem hellgrauen Rahmen umgeben, und zwar nur mit Eigenschaften aus dem Box-Modell:

ToDo: Die Grafik im Kopfbereich farblich gestalten

1. Ergänzen Sie die Regel von `#logo` wie folgt:

```
#logo {
   background-color: white;
   padding: 5px;
   border: 5px solid #d9d9d9;
}
```

2. Speichern Sie das Stylesheet und betrachten Sie die Webseiten im Browser.

So sieht die Logo-Grafik jetzt aus:

Abbildung 6.8: Logo-Grafik mit weißem Hintergrund und grauem Rahmen

6.9 Hintergrundgrafiken per CSS

Grafiken mit Informationsgehalt wie z. B. das Logo im Kopfbereich werden mit dem Element `img` im HTML-Quelltext eingebunden. Ziergrafiken hingegen werden im CSS als Hintergrundgrafiken eingebaut.

Hintergrundgrafik einbinden: background-image

Wenn Sie zum Beispiel dem Kopfbereich einen Farbverlauf geben wollen, erreichen Sie das mit Hilfe einer Hintergrundgrafik. Zur Erstellung der Grafik gibt es mehrere Wege:

Wenn Sie mit einem Bildbearbeitungsprogramm vertraut sind, können Sie Ihre eigene Hintergrundgrafik erstellen. Falls nicht, ist die Erstellung einer Grafik mit Farbverlauf (engl. *gradient*) wahrscheinlich am einfachsten online per Browser mit dem *Gradient Image Maker*:

- *http://tools.dynamicdrive.com/gradient/*

Mit den genauen Werten können Sie ruhig etwas experimentieren. Die Beispielgrafik ist genauso breit wie `#wrapper` (720px), 5px hoch, und der Farbverlauf geht von der aktuellen Hintergrundfarbe `#f3c600` bis zu einem helleren Gelbton mit dem Wert `#ffe574`.

Auf *http://little-boxes.de/* können Sie die fertige Hintergrundgrafik natürlich auch einfach downloaden.

ToDo: Fügen Sie eine Hintergrundgrafik für den Kopfbereich ein

1. Ergänzen Sie das Stylesheet um die fett gedruckte Zeile:

```
#kopfbereich {
   color: black;
   background-color: #f3c600;
   background-image: url(farbverlauf.jpg);
   padding-top: 10px;
   padding-right: 20px;
   padding-bottom: 0;
   padding-left: 20px;
}
```

2. Speichern Sie das Stylesheet und betrachten Sie die Webseiten im Browser.

Die Hintergrundgrafik legt sich über die Hintergrundfarbe, sodass diese nur sichtbar wird, wenn die Grafik aus irgendeinem Grunde nicht (oder nicht mehr) angezeigt wird.

Tipp

Die Wegbeschreibung zur Hintergrundgrafik

Die Pfadangabe zur Grafikdatei bezieht sich immer auf den *Speicherort der CSS-Datei.* Pro HTML-Element können Sie nur eine Hintergrundgrafik einbinden.

Hintergrundgrafiken kacheln: background-repeat

Wie im HTML wird eine Hintergrundgrafik horizontal und vertikal solange gekachelt, bis der zur Verfügung stehende Raum aufgebraucht ist. Im CSS gibt es allerdings viel mehr Möglichkeiten.

Sie können die Grafik z. B. nur in eine Richtung kacheln, wobei es drei Variationen gibt:

- Eine vertikale Kachelung entlang der Y-Achse (untereinander) erzielen Sie mit `background-repeat: repeat-y`.
- Eine horizontale Wiederholung entlang der X-Achse (nebeneinander) geben Sie mit `background-repeat: repeat-x` an.
- Wenn eine Hintergrundgrafik gar nicht gekachelt werden soll, benutzen Sie den Wert `background-repeat: no-repeat`.

Die Beispielseiten haben eine feste Breite von 720px, und deshalb ist die Angabe von `background-repeat` nicht nötig.

Bei einem flexiblen Design hingegen wissen Sie nicht im Voraus, wie breit die Webseite sein wird, und die `720px` breite Grafik würde ab dem 721sten Pixel wieder von vorne beginnen, was meistens eher nicht so toll aussieht.

Abbildung 6.9: Die Hintergrundgrafik beginnt rechts wieder von vorne

Um dieses Problem zu lösen, gibt es zwei verschiedene Ansätze:

- Sie machen die Grafik breiter. Das grundlegende Problem bleibt dabei allerdings erhalten, denn Sie wissen nie wirklich, wie breit die Grafik sein muss, weshalb viele Webdesigner über `2000px` breite Hintergrundgrafiken benutzen.
- Sie kacheln die Grafik nur vertikal (mit `repeat-y`) und ändern die Hintergrundfarbe in die hellste Farbe des Farbverlaufs, sodass der Farbverlauf nach der Grafik nahtlos in eine konstante Hintergrundfarbe übergeht.

Mit der zweiten Möglichkeit sieht der Kopfbereich so aus:

Abbildung 6.10: Nahtloser Übergang in eine konstante Hintergrundfarbe

Dieser Effekt wird mit folgendem CSS erreicht (wobei ich `padding` und andere Eigenschaften der Übersichtlichkeit halber weggelassen habe):

Listing 6.2: Hintergrundgrafik nur untereinander kacheln

```
#kopfbereich {
   background-color: #ffe574;
   background-image: url(farbverlauf.jpg);
   background-repeat: repeat-y /* nur vertikal (untereinander) */
}
```

Hintergrundgrafik positionieren: background-position

Hintergrundgrafiken können auch innerhalb des Elements positioniert werden. Im folgenden Beispiel beginnt sie links oben:

Listing 6.3: Hintergrundgrafik im Element positionieren

```
#kopfbereich {
    background-color: #ffe574;
    background-image: url(farbverlauf.jpg);
    background-repeat: repeat-y /* nur vertikal (untereinander) */
    background-position: top left;
}
```

Die Position der Hintergrundgrafik kann mit den Worten `left`, `right`, `top`, `bottom` oder `center` bestimmt werden. Wenn zwei Werte verwendet werden, steht der erste für die horizontale und der zweite für die vertikale Position.

Zentrieren können Sie eine Grafik einfach mit dem Wert `center`:

```
background-position: center;
```

Tipp

Details zu background-position

Weitere Informationen und Beispiele zur Anwendung von `background-position` finden Sie bei CSS4You:

- *http://www.css4you.de/background-position.html*

Hintergrundgrafik fixieren: background-attachment

Normalerweise scrollt eine Hintergrundgrafik mit der Seite mit, aber Sie können die Grafik auch fest positionieren:

```
#kopfbereich {
    background-color: #ffe574;
    background-image: url(farbverlauf.jpg);
    background-repeat: repeat-y /* nur vertikal (untereinander) */
    background-position: top left;
    background-attachment: fixed;
}
```

Wenn die Hintergrundgrafik fixiert ist, rollt der Inhalt beim Scrollen über die Hintergrundgrafik hinweg, was zum Teil wirklich verblüffende Effekte ergibt.

Ein wunderschönes Beispiel dafür ist die Mozart-Variante des Zen-Garden:

- *http://csszengarden.com/?cssfile=189/189.css*

Achten Sie beim Scrollen auf die Noten im Hintergrund.

Tipp

Es gibt zur Definition von Hintergrundgrafiken auch eine Kurzschreibweise mit der Eigenschaft *background*:

- *http://www.css4you.de/background.html*

6.10 Das Stylesheet im Überblick

Am Ende dieses Kapitels wird das Stylesheet langsam aber sicher etwas unübersichtlich. Hier der aktuelle Stand der Dinge:

Listing 6.4: Alle bisher benutzten Styles im Überblick

```
/* Stylesheet für Übungsseiten "Little Boxes" - Stand Ende Kap. 06 */
* { padding: 0; margin: 0; }
html { height: 101%; } /* erzwingt Scrollbar im Firefox */
body { /* Das HTML-Element mit dem Namen body */
   color: white; /* Schriftfarbe */
   background-color: #8c8c8c; /* Hintergrundfarbe */
   font-family: Verdana, Arial, Helvetica, sans-serif;
   font-size: small; /* Schriftgröße */
}
#wrapper { /* Das HTML-Element mit dem Attribut id="wrapper" */
   color: black;
   background-color: white;
   width: 720px; /* Breite des Inhaltsbereiches */
   margin-top: 10px;
   margin-right: auto; /* Abstand rechts automatisch */
   margin-bottom: 10px;
   margin-left: auto; /* Abstand links automatisch */
}
#kopfbereich {
   color: black;
   background-color: #ffe574;
   background-image: url(farbverlauf.jpg);
   background-repeat: repeat-y;
   background-position: top left;
   padding-top: 10px;
   padding-right: 20px;
   padding-bottom: 0;
   padding-left: 20px;
}
```

```
#navibereich {
   padding-top: 5px ;
   padding-right: 20px;
   padding-bottom: 5px;
   padding-left: 20px;
}
#textbereich {
   padding-top: 20px ;
   padding-right: 10px;
   padding-bottom: 20px;
   padding-left: 20px;
}
#fussbereich {
   padding-top: 10px;  /* Innenabstand oben, unterhalb Rahmenlinie */
   padding-right: 20px;
   padding-bottom: 20px;
   padding-left: 20px;
   border-top: 1px solid #8c8c8c; /* Rahmenlinie oben */
   margin-top: 20px; /* Außenabstand oben, oberhalb Linie */
}
#logo { /* Das HTML-Element mit dem Attribut id="logo" */
   color: black;
   background-color: white;
   padding: 5px;
   border: 5px solid #d9d9d9;
}

h1 { font-size: 150%; }
h2 { font-size: 130%; }
address {
   text-align: center;  /* zentrieren */
   font-size: 80%;      /* etwas kleiner */
   font-style: normal;  /* normale Schrift, nicht kursiv */
   letter-spacing: 2px; /* Abstand zwischen den Buchstaben */
   line-height: 1.5em;  /* Zeilenabstand */
}
a { /* Unterstreichung entfernen */
   text-decoration: none;
   outline: none;
}
a:link { color: #d90000; }
a:visited { color: #cc6666; }
a:hover, a:focus {
   border-bottom: 1px solid #d90000;
}
a:active {
   color: white;
   background-color: #d90000;
}
```

```
.skiplink {
   position: absolute;
   top: -2000px;
   left: -3000px;
   width: 0px;
   height: 0px;
   overflow: hidden;
   display: inline;
}

#textbereich a {
   border-bottom: 1px dotted #cc0000;
}
#textbereich a:hover,
#textbereich a:focus {
   border-bottom: 1px solid #d90000;
}

/* Abstand nach unten */
h2, p, ul, ol { margin-bottom: 1em ; }

/* Verschachtelte Listen ohne Abstand */
ul ul { margin-bottom: 0; }

/* Abstand von links */
li { margin-left: 1em; }
```

6.11 Auf einen Blick

Hier noch einmal die wichtigsten Punkte dieses Kapitels im Überblick:

- Das Box-Modell ist das Schema, nach dem alle Kästchen auf der Webseite aufgebaut sind.
- Das Box-Modell dient zur Gestaltung von Abständen und Farbflächen.
- Jedes Kästchen besteht aus folgenden Eigenschaften:
  - Inhaltsbereich mit `width` und `height`
  - Innenabstand (`padding`)
  - Rahmen (`border`)
  - Außenabstand (`margin`)

- Vertikale Außenabstände werden zusammengefasst (*collapsing margins*).
- Die Gesamtbreite einer Box ist `width` plus `padding` plus `border` plus `margin`.
- Um Probleme mit unterschiedlichen Browsereinstellungen zu vermeiden, sollte man die Abstände kalibrieren und `padding` sowie `margin` für alle Elemente auf Null setzen.
- Die horizontale Zentrierung eines Bereiches erreichen Sie mit `margin: auto;`
- Ziergrafiken werden als Hintergrundgrafik im CSS eingebunden.

Kapitel 7

Ordnung halten im Stylesheet

Worin Sie einige Anregungen zur Organisation Ihrer Styles bekommen, Kurzschreibweisen für padding und margin kennen lernen und am Ende das aufgeräumte CSS validieren.

Das Stylesheet wird langsam aber sicher immer länger und unübersichtlicher, und in diesem Kapitel möchte ich Ihnen ein paar Beispiele zur Organisation eines Stylesheets und zum effektiveren Schreiben von CSS-Regeln geben.

Wie ausführlich Sie die Vorschläge aus diesem Kapitel umsetzen, hängt unter anderem von Ihrem persönlichen Ordnungsbedürfnis ab. Wichtig ist lediglich, dass Sie den *Überblick* behalten, und ich hoffe, Ihnen dafür ein paar brauchbare Anregungen geben zu können.

7.1 Der Kommentar am Anfang

Am Dateinamen eines Stylesheets kann man nicht immer erkennen, zu welcher Site es gehört und welchen Zweck es erfüllt. Darum empfiehlt es sich, am Anfang jeder CSS-Datei die wichtigsten Informationen in einem Kommentar festzuhalten.

Wie ausführlich dieser Kommentar ausfällt, ist abhängig von Ihren persönlichen Vorlieben, Ihrem Ordnungsbedürfnis und der Komplexität des Projektes. Im Folgenden zwei Beispiele zur Anregung.

Zunächst eine Minimalvariante:

Listing 7.1: CSS-Kommentar am Anfang – Minimalvariante

```
/* Stylesheet für Übungsseiten von Little Boxes, Januar 2007 */
```

Wenn Sie dieses Stylesheet in ein paar Wochen oder Monaten wieder öffnen, wissen Sie wenigstens noch, wann und wofür es geschrieben wurde.

Die folgende Variante erledigt im Grunde genommen dieselbe Aufgabe, ist aber etwas ausführlicher:

Listing 7.2: CSS-Kommentar am Anfang – ausführliche Variante

```
/* ==========================================================
Stylesheet für die Übungsseiten aus dem Buch "Little Boxes"
Stand: Ende Kap. 07 - nach der Sortierung
Datei: bildschirm.css
Datum: 21. Januar 2007
Autor: Peter Müller

Aufbau: 1. Kalibrierung und allgemeine Styles
        2. Styles für Layoutbereiche
        3. Sonstige Styles
========================================================== */
```

Je nach Lust und Laune können Sie zum Beispiel auch noch das verwendete *Farbschema* oder eine Liste der im CSS eingebundenen *Grafikdateien* dokumentieren.

7.2 Das Stylesheet in Abschnitte unterteilen

Stylesheets sind nicht selten mehrere hundert Zeilen lang. Deshalb sollten Sie von Beginn an versuchen, das CSS so übersichtlich wie möglich zu schreiben. Dazu bietet es sich an, das Stylesheet mit mehrzeiligen Kommentaren in verschiedene Abschnitte zu unterteilen.

Im folgenden Beispiel habe ich das bisherige Stylesheet, wie im Anfangskommentar oben angedeutet, in drei Teile untergliedert:

Listing 7.3: Das Stylesheet in Abschnitte unterteilen

```
/* ========================================
   1. Kalibrierung und allgemeines Styles
   ======================================== */
```

```
/* ========================================
   2. Styles für die Layoutbereiche
   ======================================== */


/* ========================================
   3. Sonstige Styles
   ======================================== */
```

Statt des Gleichheitszeichens können Sie innerhalb der Kommentare auch eine Raute # oder ein beliebiges anderes Zeichen nutzen. Wichtig ist nur, dass die gesamte Konstruktion jeweils mit /* beginnt und mit */ endet.

Teil 1 – Kalibrierung und allgemeine Styles

Im ersten Abschnitt legen Sie die allgemeinen, für die ganze Seite geltenden Einstellungen fest. Die meisten Selektoren in diesem Teil gelten für die gesamte `body`-Kiste, wobei sich folgende Reihenfolge anbietet:

1. `* {padding: 0; margin: 0;}` und andere Regeln zur Kalibrierung und Restaurierung der wichtigsten Abstände
2. Die Elemente `html` und `body`
3. *Block-Elemente* wie Überschriften, Absätze, Listen, Zitate etc.
4. *Inline-Elemente*: Hyperlinks, Bilder und Elemente wie `strong` und `em`
5. Allgemeine *Klassen* und *IDs* wie `.hinweisbox` oder `#logo`

Im Zweifelsfall ordnen Sie die Selektoren einfach nach dem Punktesystem für Selektoren in umgekehrter Spezifität: Styles mit einem Punkt zuerst, IDs zuletzt.

Teil 2 – Styles für die Layoutbereiche

Im zweiten Abschnitt folgen Selektoren, die nur in einem bestimmten Bereich der Seite gelten. Die Reihenfolge entspricht dabei der des Auftretens im HTML-Quelltext, von oben nach unten.

Verschachtelte Selektoren, die nur für einen bestimmten Bereich gelten, können Sie dabei leicht einrücken, sodass leicht erkennbar wird, wo der folgende Bereich beginnt.

Hier das Beispiel im Überblick:

Listing 7.4: Verschachtelte Selektoren für Layoutbereiche leicht eingerückt

```
/* ========================================
   2. Styles für die Layoutbereiche
   ======================================== */
#wrapper { ... }
#kopfbereich { ... }
   #kopfbereich h1 { ... }
   #kopfbereich p { ... }
#navibereich { ... }
#textbereich { ... }
#fussbereich { ... }
```

Teil 3 – Sonstige Styles

Teil 3 ist im Beispiel-Stylesheet momentan noch leer und fungiert als Platzhalter für alle Selektoren, die in den ersten beiden Abschnitten keinen Platz gefunden haben.

Zum großen Teil sind dies Styles, die *nur auf bestimmten Seiten* Anwendung finden, wie zum Beispiel das CSS zur Gestaltung eines Kontaktformulars, das Sie ab Seite 187 erstellen.

7.3 Sinnvoller Aufbau der Styles

In diesem Abschnitt lesen Sie ein paar Gedanken zum übersichtlichen Aufbau von Styles.

Eine typische CSS-Regel

Eine typische CSS-Regel sieht ungefähr so aus:

Listing 7.5: Ein typischer Style

```
body {
   color: white;
   background-color: #8c8c8c;
   font-family: Verdana, Arial, Helvetica, sans-serif;
   font-size: small;
}
```

Der Aufbau dieses Styles ist recht übersichtlich und folgt einigen bisher unausgesprochenen Konventionen:

- In der ersten Zeile steht nur der Selektor und die öffnende geschweifte Klammer.
- Auf jeder Zeile steht – leicht eingerückt – nur *eine* Deklaration, und *jede* Deklaration endet mit einem Semikolon.

- Eigenschaft und Wert werden durch einen Doppelpunkt getrennt. Nach dem Doppelpunkt folgt eine Leerstelle. Sie ist zwar nicht zwingend erforderlich, entspricht aber unserer Rechtschreibung und erhöht die Lesbarkeit.
- Die schließende geschweifte Klammer steht auf einer eigenen Zeile, bündig mit dem ersten Buchstaben des Selektors.

Alles in einer Zeile

Ausnahmen bestätigen die Regel, und so liegt es bei Styles mit nur einer Deklaration nahe, alles in einer Zeile zu schreiben. Der Einzeiler spart Platz und ist übersichtlich:

```
h1 { font-size: 150%; }
```

Listing 7.6: Der Einzeiler

Manche Autoren schreiben auch Styles mit einer Deklaration konsequent nach dem mehrzeiligen Schema, andere hingegen setzen sogar mehrere Deklarationen in eine Zeile, weil es Platz spart. Das ist eine Frage des Stils und manchmal auch einfach nur abhängig von der Tagesform.

Verschachtelte und gruppierte Selektoren

Verschachtelte Selektoren wie `#textbereich a` stehen immer in einer Zeile. Bei mit Kommata gruppierten Selektoren hingegen empfiehlt es sich, pro Zeile nur eine Selektorengruppe zu notieren. Nach dem letzten Selektor folgt statt des Kommas die öffnende geschweifte Klammer:

```
#navibereich a:hover,
#startseite #navi01 a,
#kontaktseite #navi02 a {
   ... }
```

Listing 7.7: Gruppierte Selektoren

7.4 Die Reihenfolge der Deklarationen im Style

In diesem Abschnitt möchte ich Ihnen zwei Möglichkeiten zeigen, die Deklarationen zwischen den geschweiften Klammern zu ordnen.

Probieren Sie aus, welche der beiden Methoden Ihnen besser gefällt. Oder denken Sie sich etwas völlig Neues aus, aber irgendwann sollten Sie sich entscheiden. Konsistenz ist in diesem Fall eine Tugend ...

Reihenfolge orientiert sich am Box-Modell

Schauen Sie sich folgende fiktive CSS-Regel an:

```
#kopfbereich {
   position: relative;
   font-size: 100%;
   letter-spacing: 2px;
   background-color: white;
   padding-top: 10px;
   border-top: 1px solid black;
   margin-top: 20px;
}
```

Die Reihenfolge der Deklarationen orientiert sich am Aufbau des Box-Modells:

- Positionsangaben wie `float` oder `position` und dazugehörige Deklarationen wie `top`, `right`, `bottom` und `left` bestimmen die Position der Box auf der Seite und stehen ganz am Anfang.
- Danach folgen die Eigenschaften für den Inhaltsbereich des Kästchens: `font-size`, `font-style`, `letter-spacing` und eventuell noch andere.
- Am Ende des Styles werden die Definitionen für das Kästchen selbst aufgelistet: `width`, `height`, `background`, `padding`, `border` und `margin`.

In der am Box-Modell orientierten Sortierung beschreiben die Deklarationen also zuerst die Positionierung auf der Seite und dann das Element selbst, *von innen nach außen*.

So verinnerlichen Sie beim Ordnen der Deklarationen ganz nebenbei den Aufbau des Box-Modells und können die Gestaltung des Elements schneller visualisieren.

Alphabetisch sortiert

Eine andere weit verbreitete Methode zur Notierung von Deklarationen ist die alphabetische Sortierung. Hier dieselbe CSS-Regel wie oben, aber alphabetisch sortiert:

```
#kopfbereich {
   background-color: white;
   border-top: 1px solid #003399;
   font-size: 100%;
```

```
    letter-spacing: 2px;
    margin-top: 20px;
    padding-top: 10px;
    position: relative;
}
```

Der Vorteil der alphabetischen Sortierung ist, dass sie immer eindeutig und leicht einzuhalten ist.

Nachteilig hingegen ist, dass verwandte Eigenschaften wie `background` und `padding` weit auseinander gerissen werden und wichtige Positionsangaben wie `float` oder `position` mitten zwischen den anderen Eigenschaften vergraben liegen.

7.5 Kurzschreibweisen padding und margin

Im Folgenden noch ein paar Hinweise zur effektiveren Schreibweise von Deklarationen für `padding` und `margin`.

Alle vier Seiten gleich

Die beiden folgenden CSS-Regeln bewirken dasselbe:

Ausführliche Schreibweise	Kurzschreibweise

`#kopfbereich {`
`padding-top: 20px;`
`padding-right: 20px;`
`padding-bottom: 20px;`
`padding-left: 20px;`
`}`
	`#kopfbereich {`
	`padding: 20px;`
	`}`

Tabelle 7.1: Kurzschreibweise – alle vier Seiten haben den gleichen Wert

Die Reihenfolge entscheidet: Nur eine Seite anders

Das folgende Beispiel gibt rundherum ein `padding` von `20px`, nur unten soll das Element keines haben. Dabei machen Sie sich die Tatsache zu Nutze, dass bei mehreren gleichwertigen Definitionen die jeweils zuletzt notierte gilt:

Tabelle 7.2: Kurzschreibweise – eine Seite hat einen anderen Wert

Ausführliche Schreibweise	Kurzschreibweise

`#kopfbereich {`
`padding-top: 20px;`
`padding-right: 20px;`
`padding-bottom: 0;`
`padding-left: 20px;`
`}`
	`#kopfbereich {`
	`padding: 20px;`
	`padding-bottom: 0;`
	`}`

Bei der Kurzschreibweise wird in der ersten Zeile ein `padding` von 20 Pixel definiert, und in der Zeile direkt darunter wird das `padding-bottom` auf 0 gesetzt. Bei sich widersprechenden Anweisungen gilt die zuletzt definierte.

Beachten Sie, dass der Kopfbereich im folgenden Beispiel ein `padding-bottom` von 20 Pixel haben wird, obwohl `padding-bottom` explizit auf 0 gesetzt wurde.

Der Grund liegt darin, dass `padding-bottom` aus Zeile 2 in Zeile 3 gleich wieder überschrieben wird:

Listing 7.8: Der Kopfbereich wird ein padding-bottom von 20px haben

```
#kopfbereich {
   padding-bottom: 0; /* wird in der folgenden Zeile überschrieben */
   padding: 20px;
}
```

Unterschiedliche Werte für alle vier Seiten

Im folgenden Beispiel deklarieren Sie für die vier Seiten eines Elements zum Teil unterschiedliche Werte:

Tabelle 7.3: Kurzschreibweise – unterschiedliche Werte für alle vier Seiten

Ausführliche Schreibweise	Kurzschreibweise

`#kopfbereich {`
`padding-top: 10px;`
`padding-right: 20px;`
`padding-bottom: 0;`
`padding-left: 20px;`
`}`
	`#kopfbereich {`
	`padding: 10px 20px 0 20px;`
	`}`

Vorteil der ausführlichen Schreibweise ist, dass sie sehr leicht verständlich ist. Die Kurzschreibweise hingegen ist weniger Tipparbeit.

Die Reihenfolge der vier Angaben ist einfach zu merken, denn es geht immer *oben los* und dann *im Uhrzeigersinn* weiter:

- `top` (oben) – `right` (rechts) – `bottom` (unten) – `left` (links)

Paarweise: Oben = unten und links = rechts

Noch kürzer können Sie eine Deklaration schreiben, wenn für rechts und links sowie oben und unten gleiche Werte stehen:

Ausführliche Schreibweise	Kurzschreibweise

`#wrapper {`
`  margin-top: 10px;`
`  margin-right: auto;`
`  margin-bottom: 10px;`
`  margin-left: auto;`
`}`
	`#wrapper {`
	`  margin: 10px auto;`
	`}`

Tabelle 7.4: Kurzschreibweise – oben/unten und rechts/links gleich

7.6 Das aufgeräumte Stylesheet im Überblick

So könnte das Stylesheet aus dem vorherigen Kapitel nach einer kleinen Aufräumaktion aussehen:

Listing 7.9: Das aufgeräumte Stylesheet

```
/* ==========================================================
Stylesheet für die Übungsseiten aus dem Buch "Little Boxes"
Stand:  Ende Kap. 07 - nach der Sortierung
Datei:  bildschirm.css
Datum:  21. Januar 2007
Autor:  Peter Müller
Aufbau  1. Kalibrierung und allgemeine Styles
        2. Styles für Layoutbereiche
        3. Sonstige Styles
========================================================== */

/* ======================================
   1. Kalibrierung und allgemeine Styles
   ====================================== */

/* Kalibrierung der wichtigsten Abstände */
*  { padding: 0; margin: 0; }
h2, p, ul, ol { margin-bottom: 1em; }
ul ul { margin-bottom: 0; }
li { margin-left: 1em ; }

/* Allgemeine Selektoren */

html { height: 101%; } /* erzwingt Scrollbar im Firefox */
body {
   color: white;
   background-color: #8c8c8c;
   font-family: Verdana, Arial, Helvetica, sans-serif;
   font-size: small;
}
```

```css

h1 { font-size: 150%; }
h2 { font-size: 130%; }

address {
   text-align: center;
   font-size: 80%;
   font-style: normal;
   letter-spacing: 2px;
   line-height: 1.5em;
}

/* Hyperlinks allgemein */
a { text-decoration: none; outline: none; }

a:link { color: #d90000; }
a:visited { color: #cc6666; }

a:hover,
a:focus {
   border-bottom: 1px solid #d90000
}

a:active {
   color: white;
   background-color: #d90000;
}

/* Allgemeine Klassen und IDs */
.skiplink {
   position: absolute;
   top: -2000px;
   left: -3000px;
   width: 0px;
   height: 0px;
   overflow: hidden;
   display: inline;
}
#logo {
   color: black;
   background-color: white;
   padding: 5px;
   border: 5px solid #d9d9d9;
}


```

```
/* ====================================
   2. Styles für die Layoutbereiche
   ==================================== */

#wrapper {
   color: black;
   background-color: white;
   width: 720px; /* Breite des Inhaltsbereiches */
   margin: 10px auto;
}

#kopfbereich {
   color: black;
   background: #f3c600 url(farbverlauf.jpg) repeat-y top left;
   padding: 10px 20px 0 20px;
}

#navibereich { padding: 5px 20px 5px 20px; }

#textbereich { padding: 20px 10px 20px 20px; }
   #textbereich a {
      border-bottom: 1px dotted #cc0000;
   }
   #textbereich a:hover,
   #textbereich a:focus {
      border-bottom: 1px solid #d90000;
   }

#fussbereich {
   padding: 10px 20px 20px 20px;
   border-top: 1px solid #8c8c8c;
   margin-top: 20px;
}

/* =======================================
   E N D E   D E S   S T Y L E S H E E T S
   ======================================= */
```

7.7 Der CSS-Validator

Nach einer solchen Aufräumaktion bietet sich eine gute Gelegenheit, das CSS einmal von einem echten Kenner überprüfen zu lassen. Am Ende des Kapitels über wichtige HTML-Elemente haben Sie bereits den Validator für HTML kennen gelernt, und das W3C stellt auch für CSS einen Validator zur Verfügung:

- *http://jigsaw.w3.org/css-validator/*

Abbildung 7.1:
Der CSS-Validator des W3C

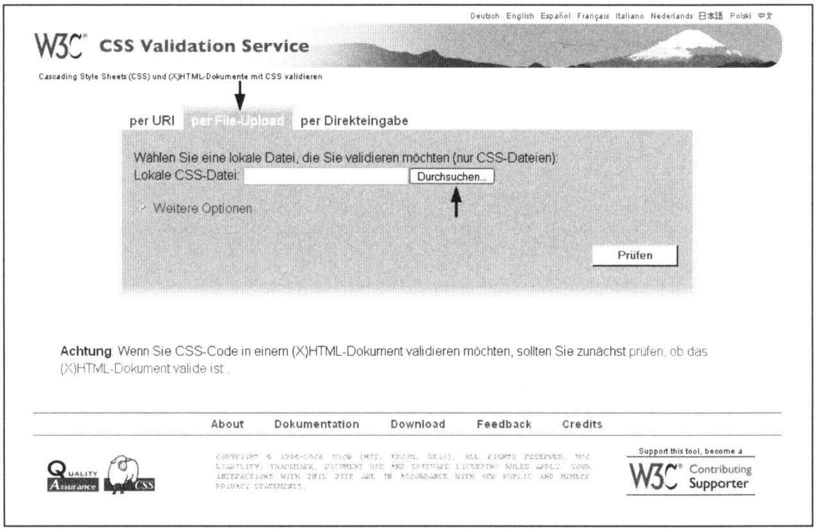

Der Validator bietet drei gut zugängliche Möglichkeiten zur Überprüfung des CSS:

- per URI, wenn Ihr Stylesheet bereits im Web verfügbar ist.
- per File-Upload, wenn das Stylesheet auf Ihrer Festplatte gespeichert ist. Klicken Sie zum Suchen der Datei auf die Schaltfläche Durchsuchen.
- per Direkteingabe, wenn Sie die Styles per Copy and Paste einfügen möchten.

Wie alle Grammatikprüfer ist auch der CSS-Validator ziemlich penibel, und eine Eins plus mit Sternchen bekommen Sie nur selten.

Wenn der Validator aber wie in der folgenden Abbildung nur eine Warnung ausgibt, scheint das Stylesheet frei von wirklich schlimmen Grammatikfehlern zu sein:

Abbildung 7.2: Der CSS-Validator in Aktion

7.8 Auf einen Blick

Hier noch einmal die wichtigsten Punkte dieses Kapitels im Überblick:

- Beginnen Sie das Stylesheet mit einem Kommentar, indem Sie das Stylesheet kurz beschreiben.
- Teilen Sie das Stylesheet in sinnvolle Abschnitte ein.
- Schreiben Sie die Styles so, dass Sie sie übersichtlich finden.
- Ordnen Sie die Deklarationen innerhalb der Styles systematisch.
- Für `padding` und `margin` gibt es diverse Kurzschreibweisen.
- Das W3C bietet auch für CSS einen Validator, der Ihre Styles auf korrekte Syntax überprüft.

Kapitel 8

Eine horizontale Navigation erstellen

Worin Sie den Navigationsbereich gestalten und Listenelemente nebeneinander stellen. Zuerst in einer einfachen und dann in einer etwas aufwändigeren Version mit Registern.

Die Grundlage für Navigationen bilden wie erwähnt oft ganz normale ungeordnete Listen, auch wenn man dies den gestalteten Navigationsleisten oft nicht mehr ansieht. In diesem Kapitel lernen Sie zwei Varianten kennen:

- Eine einfache horizontale Navigation
- Eine etwas aufwändigere horizontale Navigation mit Registern (engl. *Tabs*)

Im Kapitel 14 über »Mehrspaltige Layouts mit float« erstellen Sie übrigens auch noch eine vertikale Navigation.

8.1 Listenelemente nebeneinander: display: inline

Die folgende Methode ist nicht die einzige Möglichkeit, das Ziel von nebeneinander stehenden Listenelementen zu erreichen, aber sie hat den Vorteil, dass Sie alles dazu Notwendige bereits wissen. Kreative Anwendung von einfachen Sachverhalten ist beim Gestalten mit CSS oft der Schlüssel zum Erfolg.

Der verschachtelte Selektor #navibereich li

Listenelemente sind Block-Elemente und stehen deshalb normalerweise untereinander. Mit der CSS-Eigenschaft `display` können Sie die Art der Anzeige ändern, z. B. ein Block- als Inline-Element darstellen lassen oder umgekehrt.

Um die Änderungen an den Listenelementen auf den Navigationsbereich zu beschränken, benutzen Sie den verschachtelten Selektor `#navibereich li`, sprich »Alle Listenelemente im Navigationsbereich«. Vorher wird im folgenden ToDo die Hintergrundfarbe für den Navigationsbereich definiert.

ToDo: Listenelemente in der Navigation nebeneinander stellen

1. Fügen Sie die fett gedruckten Zeilen im Stylesheet ein:

```
#navibereich {
   background-color: #ffeda0;
   padding: 5px 20px 5px 20px;
}
   #navibereich li {
      display: inline;       /* li nebeneinander anzeigen */
      list-style-type: none; /* ohne Aufzählungspunkte */
   }
```

2. Speichern Sie das Stylesheet und betrachten Sie die Webseiten im Browser.

So sieht der Navigationsbereich mit diesen Anweisungen aus:

Abbildung 8.1: Listenelemente nebeneinander – schon fast gut

Feineinstellungen: Abstände und Hyperlinks anpassen

Drei Dinge bleiben noch zu tun:

- Zwischen Kopf- und Navigationsbereich ist eine weiße Lücke.
- Der Navigationsbereich hat einen zu großen Abstand nach unten.
- Der erste Navigationspunkt hat eine ungewollte Einrückung von links.

Für alle drei Mängel stehen im Stylesheet an anderer Stelle Anweisungen, die sich hier ungewollt bemerkbar machen. Die Schwierigkeit ist, die jeweiligen Verursacher zu finden. Aber der Reihe nach:

- Der weiße Zwischenraum entsteht durch das `margin-bottom` von `1em` für die Absätze. Dadurch erhält auch das `p` im *Kopfbereich* diesen Außenabstand.
- Der große Abstand nach unten im Navigationsbereich wird durch das `margin-bottom` der ungeordneten Listen `ul` verursacht.
- Die ungewollte linke Einrückung des ersten Navigationspunktes entsteht, weil die Listenelemente `li` einen linken `margin` von `1em` haben.

Zur Korrektur aller drei Fehler benutzen Sie verschachtelte Selektoren, die die Änderungen auf den jeweiligen Bereich beschränken. Im ToDo wird zusätzlich die Schriftfarbe für Hyperlinks in der Navigation auf schwarz gesetzt.

Am besten speichern Sie nach jedem Schritt das Stylesheet und überprüfen die Änderungen im Browser.

ToDo: Abstände und Hyperlinks für den Navigationsbereich ändern

1. Fügen Sie unterhalb von `#kopfbereich` folgende Regel in das Stylesheet ein:

```
#kopfbereich p {
   padding: 5px 0 5px 0;
   margin-bottom: 0; /* war 1em */
}
```

2. Fügen Sie unterhalb von *#navibereich* die fett gedruckten Zeilen ein:

```
#navibereich ul { margin-bottom: 0; }
#navibereich li {
   display: inline;
   list-style-type: none;
   margin: 0 10px 0 0;     /* rechts 10px, sonst 0 */
}
#navibereich a { color: black; }
```

3. Speichern Sie das Stylesheet und betrachten Sie die Webseiten im Browser.

So sieht es schon etwas ansprechender aus:

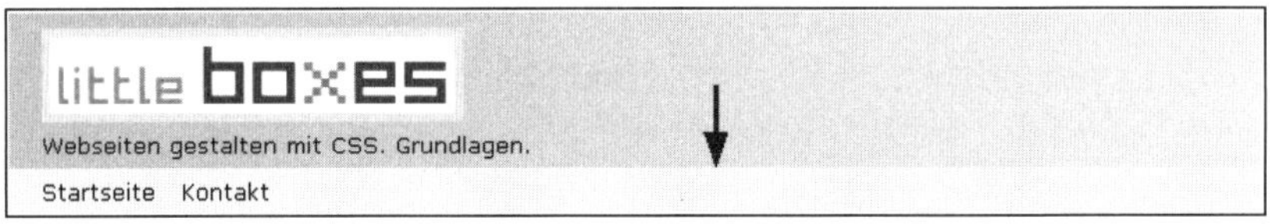

Abbildung 8.2: Die fertige Navigationsleiste

8.2 Punktsieg: Specificity in der Praxis

Im Kapitel über Selektoren haben Sie bereits etwas über *Spezifität* gelesen. Bei der Gestaltung der Navigationsliste ist dieses Punktesystem in voller Aktion.

margin-bottom für ul

Schauen Sie sich zum Beispiel die Regeln für `ul` an:

- `ul { margin: 0 0 1em 0; }` ist ein einfacher Selektor und bekommt 1 Punkt.
- `#navibereich ul { margin: 0; }` ist eine ID plus einfacher Selektor, macht zusammen 101 Punkte.

Mit 101 zu 1 ist `#navibereich ul` also klarer Punktsieger, und die ungeordnete Liste im Navigationsbereich bekommt *keinen* `margin-bottom`.

Die Farbe der Hyperlinks

Bei der Farbe für die Hyperlinks sieht es ähnlich aus:

- `a:link` und `a:visited` bekommen jeweils 11 Punkte: 1 für `a` und 10 für die Pseudoklasse `:link` bzw. `:visited`.
- Die Deklarationen für `#navibereich a` haben 101 Punkte und gewinnen.

Die Hyperlinks im Navigationsbereich bekommen also die Schriftfarbe *schwarz*.

Feineinstellungen für die Hyperlinks

Für den Hover-Effekt gilt übrigens immer noch die für `a:hover` definierte rote Unterstreichung per `border-bottom`, der Sie jetzt noch eine Hintergrundfarbe hinzufügen.

Außerdem gestaltet der weiter oben im Stylesheet definierte rote Hintergrund für `a:active` auch die Links im Navigationsbereich. Dadurch haben Sie im Moment des Klicks schlecht lesbaren schwarzen Text auf dunkelrotem Hintergrund. Oops. Diese unbeabsichtigte Einstellung wird im folgenden ToDo ebenfalls behoben.

ToDo: Feineinstellungen für die Hyperlinks in der Navigation

1. Fügen Sie unterhalb von `#navibereich a` folgende Regel hinzu:

```
#navibereich a:hover,
#navibereich a:focus {
   color: black;
   background-color: #f3c600;
}
#navibereich a:active {
   color: black;
   background-color: white;
}
```

2. Speichern Sie das Stylesheet und betrachten Sie die Webseiten im Browser.

Auch diese Einstellungen gelten allesamt aufgrund einer höheren Spezifität gegenüber den Einstellungen für einfache Selektoren in Teil 1 des Stylesheets.

8.3 Tabbed Navigation – Navigation mit Registern

Tabs haben auf Webseiten nichts mit Corega zu tun, sondern sind die gängige Bezeichnung für das, was man auf Deutsch *Karteireiter* oder *Register* nennt. Tabs werden gerne zur Navigation eingesetzt, weil sie die einzelnen Optionen deutlich hervorheben und vielen Anwendern vertraut sind.

Vorbereitende Maßnahmen für #navibereich

Quasi zur Vorbereitung ändern Sie ein paar Einstellungen für `#navibereich`:

- Der Text im Navigationsbereich wird rechtsbündig ausgerichtet.
- Der Hintergrund wird dem des Kopfbereiches angepasst, damit Kopf- und Navigationsbereich wie ein Bereich aussehen.
- Das `padding` wird ein wenig geändert, damit der Bereich hübscher aussieht.
- Der Navigationsbereich erhält zur optischen Abgrenzung eine untere Rahmenlinie.

ToDo: Den Navigationsbereich für die Register vorbereiten

1. Ändern Sie den Navigationsbereich im CSS wie folgt:

```
#navibereich {
   text-align: right;  /* rechtsbündig */
   color: black;
   background: #ffe574 url(farbverlauf.jpg) repeat-y top left;
   padding: 5px 10px 4px 10px;
   border-bottom: 1px solid #8c8c8c;
}
```

2. Speichern Sie das Stylesheet und betrachten Sie die Webseiten im Browser.

Nach diesen Änderungen sieht der obere Bereich der Webseite in etwa so aus:

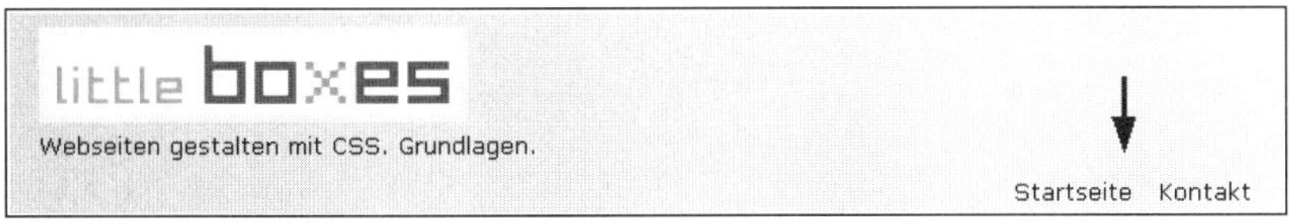

Abbildung 8.3: Text rechts, Farbe anders, dunkle Rahmenlinie unten

Die Hyperlinks im Navigationsbereich ändern

Die Hyperlinks im Navigationsbereich müssen ebenfalls etwas angepasst werden:

- Die Links bekommen eine eigene Hintergrundfarbe.
- Das `padding` wird erhöht, damit der Text etwas Abstand vom Kistenrand hat.
- Die Hyperlinks bekommen rundherum die gleiche Rahmenlinie wie der Navigationsbereich unten.

Da die Hyperlinks jetzt ein eigenes `padding` bekommen, ist der rechte Außenrand für die Listenelemente nicht mehr nötig und wird im ToDo von `10px` auf `0` gesetzt.

ToDo: Die Hyperlinks im Navigationsbereich vorbereiten

1. Ändern Sie das CSS für den Navigationsbereich wie folgt:

```
#navibereich li {
   display: inline;
   list-style-type: none;
   margin: 0; /* war vorher 10px für rechts */
}
#navibereich a {
   color: black;
   background-color: #ffeda0;
   padding: 4px 8px 4px 8px;
   border: 1px solid #8c8c8c;
}
```

2. Speichern Sie das Stylesheet und betrachten Sie die Webseiten im Browser.

Nach diesen Änderungen sieht der obere Bereich der Webseite etwa so aus:

Abbildung 8.4: Mit geänderten Hyperlinks – schon fast fertig

Einen Rollover-Effekt für die Hyperlinks definieren

Die Hyperlinks in der Navigation sollen einen Rollover-Effekt mit folgenden Gestaltungsmerkmalen bekommen. Sobald der Mauszeiger über den Links weilt,

- wird die Unterstreichung der Links in jedem Fall entfernt.
- bekommen die Hyperlinks einen weißen Hintergrund.
- verschwindet die untere Rahmenlinie, sodass der Tab sich scheinbar nach unten öffnet.

Das Verschwinden der Rahmenlinie erreichen Sie durch eine einfache, aber geniale Variation: Wenn der Mauszeiger über dem Hyperlink schwebt, wird die untere Rahmenlinie weiß statt grau.

ToDo: Rollover-Effekt für die Links im Navigationsbereich definieren

1. Ändern Sie das CSS für den Navigationsbereich wie folgt:

```
#navibereich a:hover,
#navibereich a:focus {
   color: black;
   background-color: white;
   border-bottom-color: white; /* Rahmenlinie weiss */
}
```

2. Speichern Sie das Stylesheet und betrachten Sie die Webseiten im Browser.

Nach diesen Änderungen sieht der obere Bereich der Webseite ungefähr so aus:

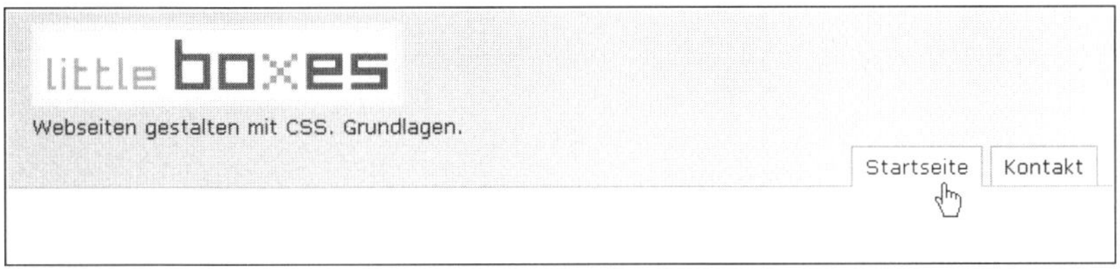

Abbildung 8.5: Gar nicht schlecht – die Navigation mit Rollover-Effekt

Sie sind hier: Aktuelle Seite hervorheben

Was jetzt noch fehlt, ist die optische Rückmeldung an den Besucher, auf welcher Seite er sich gerade befindet. Ideal wäre es, wenn der aktuelle Reiter optisch genau so aussieht wie der Rollover-Effekt.

Und wie so oft ist die Lösung einfach, wenn man weiß wie. Im HTML-Grundgerüst haben Sie für body vorsorglich eine ID definiert:

- <body id="startseite"> auf der Startseite
- <body id="kontaktseite"> auf der Kontaktseite

Bei der Erstellung der Navigationsliste haben Sie den beiden Listenelementen vorsorglich ebenfalls eine ID zugewiesen:

- <li id="navi01"> im Menüpunkt für die Startseite
- <li id="navi02"> im Menüpunkt für die Kontaktseite

Eine Kombination dieser IDs benutzen Sie, um mit Hilfe einfacher verschachtelter Selektoren den aktuellen Menüpunkt hervorzuheben. Völlig ohne Programmierung, nur mit CSS.

ToDo: Den aktuellen Navigationspunkt optisch hervorheben

1. Fügen Sie die beiden fett gedruckten Selektoren hinzu:

```
#navibereich a:hover,
#navibereich a:focus,
#startseite #navi01 a,
#kontaktseite #navi02 a {
   color: black;
   background-color: white;
   border-bottom-color: white;
}
```

2. Speichern Sie das Stylesheet und betrachten Sie die Webseiten im Browser.

Die Formatierungen für den Rollover-Effekt gelten auch für die beiden folgenden Selektoren. Der Trick ist eigentlich nicht schwer:

- Die Kombination `#startseite #navi01 a` existiert nur auf der Startseite,
- Den Selektor `#kontaktseite #navi02 a` gibt es nur auf der Kontaktseite.

Einfach, aber genial. Nach diesen Änderungen sieht der obere Bereich der Webseite so aus:

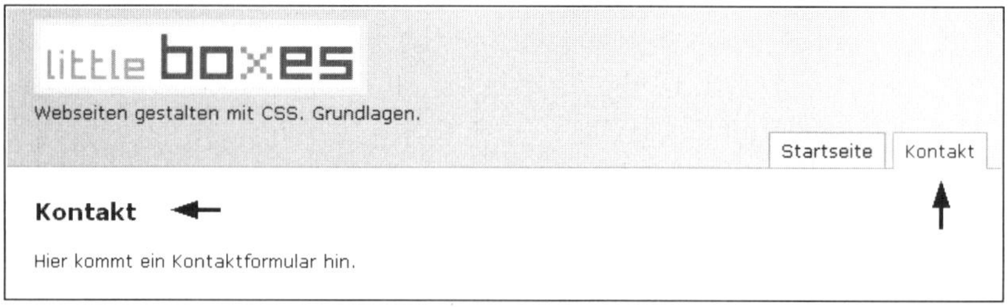

Abbildung 8.6: Navigation mit Tabs, aktueller Menüpunkt hervorgehoben, und alles nur mit CSS

Standardkonform, barrierefrei und flexibel

Mit wenigen CSS-Regeln haben Sie eine ganz normale ungeordnete HTML-Liste in eine recht ansehnlich horizontale Navigation mit Registern verwandelt.

Wofür Webdesigner früher diverse Grafiken und Tabellenzellen benötigten, reichen heute ein paar Zeilen CSS für eine mediengerechte Navigation:

- *Standardkonform* – HTML und CSS entsprechen den W3C-Standards.
- *Barrierefrei* – ohne CSS bleibt eine einfache Linkliste, die von einem Screenreader problemlos vorgelesen werden kann.
- *Flexibel* – wenn die Schrift vergrößert wird, wächst die Navigation einfach mit.

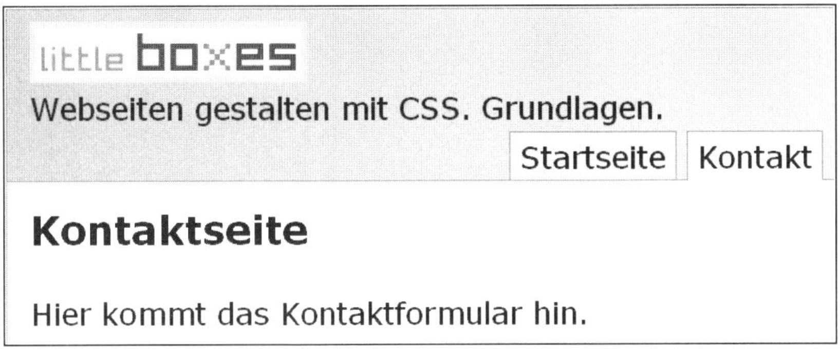

Abbildung 8.7: Die Navigation mit ziemlich großer Schrift im Firefox

Einziger potentieller Nachteil einer horizontalen Navigation mit `display: inline` ist, dass die Breite der beiden Register von der Beschriftung abhängt. Da die `li`-Elemente als Inline-Elemente dargestellt werden, können sie keine feste Pixelbreite haben. Ein bisschen Experimentieren mit den Beschriftungen der Navigationspunkte und einige unkaputtbare Leerstellen ` ` reichen aber meist aus.

Eine horizontale Navigation mit fest definierten Breiten geht auch, aber nur mit mehr Aufwand und einer Eigenschaft namens `float`, die Sie weiter hinten noch kennen lernen.

Tipp

IE7: Und es hat Zoom gemacht

Der Internet Explorer 7 kann viel besser CSS als seine Vorgänger, hat aber eine neue Zoom-Funktion, die oft Probleme bereitet. In der Navigation aus dem Beispiel fühlt sich das Wort »Kontakt« beim Zoomen plötzlich einsam, springt aus seinem Kästchen und schmiegt sich an die »Startseite«. Dieser Fehler wird im Kapitel 16 über »Patches« behoben, und zwar ab Seite 303.

8.4 Die Styles zur Navigation im Überblick

Im Folgenden finden Sie das CSS zur Erstellung der horizontalen Navigation mit Tabs:

Listing 8.1: Das CSS zur Gestaltung einer Navigation mit Tabs

```
#kopfbereich {
   color: black;
   background: #ffe574 url(farbverlauf.jpg) repeat-y top left;
   padding: 10px 20px 0 20px;
}
   #kopfbereich p {
      padding: 5px 0 5px 0;
      margin-bottom: 0; /* war vorher 1em */
   }

#navibereich {
   text-align: right;
   color: black;
   background: #ffe574 url(farbverlauf.jpg) repeat-y top left;
   padding: 5px 10px 4px 10px;
   border-bottom: 1px solid #8c8c8c;
}
   #navibereich ul { margin-bottom: 0; }
   #navibereich li {
      display: inline;
      list-style-type: none;
      margin: 0 ;
   }
   #navibereich a {
      color: black;
      background-color: #ffeda0;
      padding: 4px 8px;
      border: 1px solid #8c8c8c;
   }
   #navibereich a:hover,
   #navibereich a:focus,
   #startseite #navi01 a,
   #kontaktseite #navi02 a {
      color: black;
      background-color: white;
      border-bottom-color: white;
   }
   #navibereich a:active {
      color: black;
      background-color: white;
   }
```

8.5 Auf einen Blick

Hier noch einmal die wichtigsten Punkte dieses Kapitels im Überblick:

- Grundlage für viele Navigationsbereiche ist eine ganz normale ungeordnete HTML-Liste.
- Mit `display: inline` können Sie Listenelemente nebeneinander stellen.
- Mit CSS können Sie eine horizontale Navigation sehr unterschiedlich gestalten:
  - Navigation mit den Listenelementen nebeneinander
  - Horizontale Navigation mit Tabs (Register)
  - Rollover-Effekte für Hyperlinks in der Navigation
  - Hervorhebung des aktuellen Menüpunktes
- Mit CSS erstellte Navigationen sind standardkonform, barrierefrei und flexibel.

Kapitel 9

Druckversion und Kontaktformular

Worin Sie eine CSS-Druckversion und ein einfaches, funktionierendes Kontaktformular erstellen.

Haben Sie schon einmal eine Webseite ausgedruckt und dann festgestellt, dass auf dem Ausdruck rechts am Rand ein Stück Text fehlt? Dann erinnern Sie sich an die am Anfang des Buches auf Seite 30 beschriebene Tatsache, dass sowohl Zwiebeln als auch Webseiten aus Schichten bestehen.

9.1 Eine Druckversion für die Webseiten erstellen

In diesem Kapitel erstellen Sie eine einfache Druckversion, damit Ihre Webseiten auch auf Papier noch einen guten Eindruck hinterlassen.

Stylesheet nur für die Anzeige am Bildschirm

Zu Beginn eine gute Nachricht, denn genau genommen haben Sie sogar schon eine Druckversion. Um Papier zu sparen, drucken Sie zum Testen die Beispielseiten nicht jedes Mal aus, sondern betrachten sie einfach in der Druckvorschau des Browsers, die Sie irgendwo im Menü Datei finden:

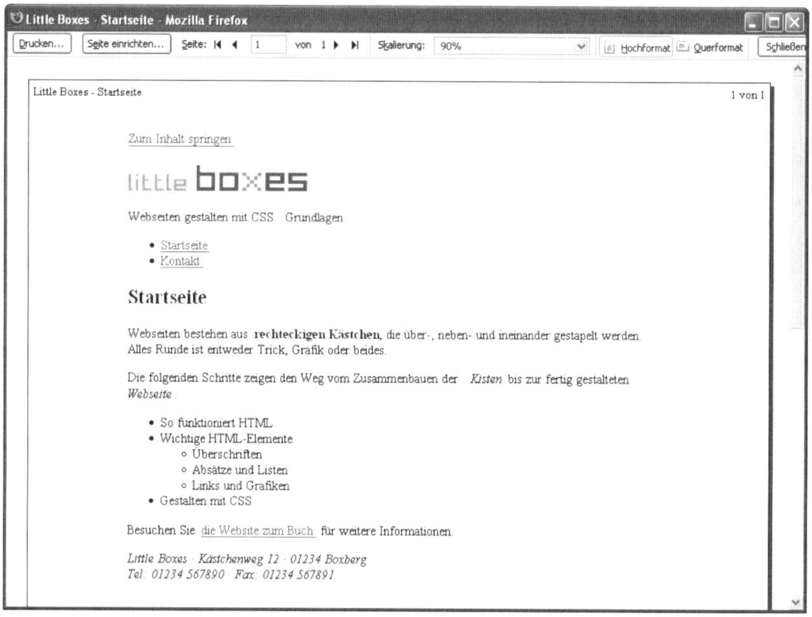

Abbildung 9.1: Genau genommen gibt es schon eine Druckversion

In der Druckvorschau zeigt der Browser die Beispielseiten ungestaltet, komplett ohne CSS. So sehen sie zwar nicht hübsch aus, passen sich aber den Gegebenheiten beim Ausdruck flexibel an, sodass rechts am Rand nichts vom Text fehlen wird.

Ein Blick in den HTML-Quelltext der Beispielseiten zeigt, warum das so ist:

```
<link href="bildschirm.css" rel="stylesheet" type="text/css"
media="screen" />
```

Das Attribut `media` definiert, für welche Medien das Stylesheet gilt. `media="screen"` beschränkt die Gestaltung auf den Bildschirm. Das bisher erstellte Stylesheet `bildschirm.css` wird also für den Ausdruck der Seite nicht verwendet.

Tipp

Weitere Ausgabemedien in CSS

CSS kennt neben `screen` und `print` noch andere Ausgabemedien wie `projection` und `handheld`. In SelfHTML finden Sie eine Übersicht:

- *http:/de.selfhtml.org/css/formate/einbinden.htm#link_media*

Ein zweites Stylesheet nur für den Ausdruck

In diesem Abschnitt erstellen Sie ein zweites Stylesheet mit dem passenden Namen `druckversion.css` und binden es im HTML mit einem zweiten `link`-Element ein. Durch die Angabe von `media="print"` wird dieses Stylesheet nur zum Ausdrucken der Seite verwendet.

Erstellen Sie zunächst ein zweites Stylesheet mit dem Namen `druckversion.css`.

ToDo: Ein zweites Stylesheet für den Ausdruck erstellen

1. Erzeugen Sie mit Ihrem Lieblingseditor eine leere Datei.
2. Speichern Sie diese Datei unter dem Namen `druckversion.css` im selben Ordner wie die Übungsdateien.
3. Fügen Sie am Anfang der Datei folgenden Kommentar ein:

```
/* =======================================================
Stylesheet für die Übungsseiten aus dem Buch "Little Boxes"
Stand:  Kap. 09 - Druckversion
Datei:  druckversion.css
Media:  print
Datum:  ...
Autor:  ...
========================================================== */
```

4. Speichern Sie das Stylesheet.

Jetzt müssen Sie im HTML der beiden Beispielseiten noch ein zweites `link`-Element einbauen.

ToDo: Ein zweites link-Element für den Ausdruck einbinden

1. Öffnen Sie die Webseiten `index.html` und `kontakt.html` in einem Editor und fügen Sie das fett gedruckte `link`-Element ein:

```
<head>
   <!-- Andere HTML-Elemente -->
   <link href="bildschirm.css" rel="stylesheet" type="text/css"
    media="screen" />
   <link href="druckversion.css" rel="stylesheet"
    type="text/css" media="print" />
</head>
```

2. Speichern Sie beide Dateien und schließen Sie sie wieder.

Damit sind die Vorbereitungen fertig, und es kann losgehen.

Grundlegende Schriftgestaltung

Sie beginnen die Gestaltung der Druckversion mit einer einfachen CSS-Regel zur Schriftgestaltung.

ToDo: Die grundlegende Schriftgestaltung für body erstellen

1. Öffnen Sie ggf. das Stylesheet `druckversion.css` in einem Editor und geben Sie unterhalb des Kommentars die folgende CSS-Regel ein:

```
body {
   font-family: Georgia, "Times New Roman", Times, serif;
   font-size: 11pt;
}
```

2. Speichern Sie die Änderungen im Stylesheet.

Testen Sie die Druckversion in der Druckvorschau des Browsers:

Abbildung 9.2: Die Druckversion mit formatierter Schrift

Die Eigenschaften `font-family` und `font-size` kennen Sie bereits, und doch ist einiges neu:

- `font-family` definiert eine Serifenschrift für die Druckausgabe. Auf dem Monitor sind wie gesagt serifenlose Schriften besser lesbar, auf Papier hingegen, besonders für den Fließtext, Schriften mit Serifen wie Georgia oder Times New Roman.
- `font-size` definiert die Schriftgröße, aber mit der Einheit `pt`. Am Bildschirm ist die Skalierbarkeit der Schrift wichtig, daher werden relative Einheiten wie `em` oder `%` bevorzugt. In einem Druckstylesheet können Sie genau wie in Word die Einheit `pt` benutzen.

Auf diese Weise können Sie die Schrift für alle gewünschten HTML-Elemente speziell für den Ausdruck formatieren.

Gestaltung der Überschriften

Die Anweisungen für Schriftart und -grad werden – wie in CSS üblich – an alle Elemente zwischen `<body>` und `</body>` vererbt, sofern für sie nicht etwas anderes definiert wurde.

Mit den folgenden Regeln gestalten Sie die Überschriften auf den Beispielseiten.

ToDo: Die Überschriften für den Ausdruck gestalten

1. Geben Sie am Ende des Stylesheets die folgenden CSS-Regeln ein:

```
h1, h2 { font-family: Verdana, Arial, Helvetica, sans-serif; }
h1 {font-size: 24pt; }
h2 {
   font-size: 18pt;
   padding-top: 6pt;  /* Abstand zwischen Text und Rahmenlinie */
   border-top: 3pt solid #d90000; /* rote Rahmenlinie oben */
   margin-top: 12pt;
}
```

2. Speichern Sie das Stylesheet und betrachten Sie die Webseiten in der Druckvorschau eines Browsers.

Und so sieht die Druckversion in der Druckvorschau des Browsers jetzt aus:

Abbildung 9.3: Die Druckversion mit formatierter Überschrift

Auch hier gilt, dass Sie den Text wie gewohnt gestalten können. Sollen z. B. Zitate eingerückt und kursiv erscheinen, verwenden Sie eine CSS-Regel wie die folgende:

```
blockquote {
  font-style: italic;
  padding-left: 2cm;
  padding-right: 2cm;
}
```

Zentimeter. Sie haben richtig gelesen. In einem Druckstylesheet können Sie die Einheit `cm` zur Gestaltung von Abständen problemlos einsetzen, am Bildschirm nicht.

Navigation und Skip-Link ausblenden

In einer Druckversion sind Skip-Link und Navigation ziemlich nutzlos und können deshalb einfach ausgeblendet werden.

ToDo: Navigation und Skip-Link ausblenden

1. Geben Sie am Ende des Stylesheets die folgenden CSS-Regeln ein:

```
.skiplink,
#navibereich {
   display: none;
}
```

2. Speichern Sie das Stylesheet und betrachten Sie die Webseiten in der Druckvorschau eines Browsers.

Im Druckstylesheet können Sie problemlos `display: none` verwenden und müssen nicht wie beim Ausblenden des Skip-Links am Bildschirm mit einem aufwändigen Style die Bereiche außerhalb des sichtbaren Bereiches positionieren.

Zum Testen rufen Sie wieder die Druckvorschau des Browsers auf:

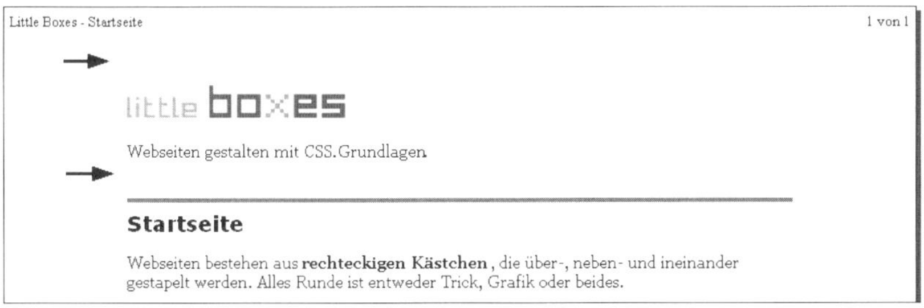

Abbildung 9.4: Die Druckversion ohne Navigation und Skip-Link

URL der Hyperlinks sichtbar machen

Hypertext gibt es nicht auf Papier, sondern nur in elektronischen Medien. Sobald Sie eine Webseite ausdrucken, verliert der Hypertext das »Hyper« und wird ganz normaler Text. Die Links auf einer ausgedruckten Webseite sind dann zwar nach wie vor unterstrichen, aber Sie können draufdrücken, soviel Sie wollen, Sie springen nirgendwo hin.

Die folgenden CSS-Regeln gestalten die Hyperlinks und machen in einigen Browsern die URL des Hyperlinks auf dem Ausdruck sichtbar.

ToDo: URLs der Hyperlinks sichtbar machen

1. Geben Sie am Ende des Stylesheets die folgenden CSS-Regeln ein:

```
a {
   color: black ;
   text-decoration: none;
}
a[href]:after {
   content:" [Adresse: "attr(href)"] "; /* [URL] nach dem
Linktext */
}
```

2. Speichern Sie das Stylesheet und betrachten Sie die Webseiten in der Druckvorschau eines Browsers.

Die erste Regel ist einfach, die zweite hingegen wirkt auf den ersten Blick eher unübersichtlich. In Browsern, die `:after` verstehen, gibt sie direkt hinter dem Text in eckigen Klammern die URL des Links aus:

Abbildung 9.5: Die URL steht in eckigen Klammern auf Papier

Der Selektor `a[href]:after` enthält gleich zwei neue Dinge:

- `a[href]` ist ein so genannter Attribut-Selektor und selektiert alle `a`-Elemente , die das Attribut `href` enthalten.
- `:after` ist ein Pseudo-Element, mit dem Sie nach einem Element beliebigen Inhalt einfügen können, der mit der Eigenschaft `content` definiert wird.

Die Deklaration `content:" [Adresse: "attr(href)"] ";` ist nicht ganz so kompliziert wie sie auf den ersten Blick aussieht. Sie bewirkt Folgendes:

- `content` sagt dem Browser, dass er auf der Webseite Inhalt einfügen soll.
- Der einzufügende Inhalt steht nach dem Doppelpunkt, und zwar in Anführungsstrichen: `" [Adresse: "attr(href)"] "`.

Der Browser soll also eine Leerstelle, eine eckige öffnende Klammer und das Wort *Adresse* ausgeben, gefolgt von Doppelpunkt und Leerstelle.

Nach dem Wert `attr(href)` kommt dann – wieder in Anführungsstrichen – eine schließende eckige Klammer und noch eine Leerstelle.

`attr(href)` heißt auf Deutsch soviel wie »Schreibe an dieser Stelle den Wert des Attributes `href` hin«, also die URL des Hyperlinks.

Tipp

Internet Explorer kennt kein :after

Der Internet Explorer versteht leider auch in der Version 7 das für diesen Trick benötigte Pseudo-Element `:after` nicht und ignoriert daher den betreffenden Style. Nix mit URLs im Ausdruck.

9.2 Ein Formular für die Kontaktseite

Von der Wiege bis zur Bahre – Formulare, Formulare. Im analogen Alltag haben Formulare einen eher negativen Beiklang, im Web basieren alle Interaktionen mit dem Besucher darauf.

Schritt 1: Das Formular im HTML-Quelltext

Die Kontaktseite wartet bereits seit geraumer Zeit auf ein Kontaktformular, das sie jetzt bekommen soll.

ToDo: Ein einfaches HTML-Kontaktformular erstellen

1. Öffnen Sie die Beispielseite `kontakt.html` im Editor und fügen Sie im Textbereich unterhalb der `h2`-Überschrift *Kontakt* die folgenden Zeilen ein:

```
<form id="kontaktformular" name="kontaktformular" action="">
<div>
   <label for="absender">Ihre E-Mail-Adresse:</label>
   <input type="text" id="absender" name="absender" />
</div>
<div>
   <label for="nachricht">Ihre Nachricht: </label>
   <textarea id="nachricht" name="nachricht"
    cols="20" rows="5"></textarea>
</div>
```

```
<div>
   <input type="submit" value="Abschicken" />
</div>
</form>
```

2. Speichern und im Browser betrachten.

Dieser Quelltext erzeugt ein Formular mit einem einzeiligen Eingabefeld für die E-Mail-Adresse, einem mehrzeiligen Bereich für den Text und einer Schaltfläche zum Abschicken des Formulars. Nicht hübsch, aber alles da:

Abbildung 9.6: Das ungestaltete Formular

id und name mit identischen Werten

Fast alle Formularfelder haben sowohl eine ID (`id=""`) als auch einen Namen (`name=""`) mit identischen Werten. Die ID benötigen Sie für die Beschriftung mit `label` und zur Gestaltung per CSS, das Attribut `name` zur Auswertung der Formulardaten und für die Zeile JavaScript etwas weiter unten.

Beschriftung der Formularfelder mit label

Die Beschriftung der Formularfelder steht im Element `label`. Das Attribut `for` bezieht sich auf die ID des zu beschriftenden Formularfeldes, wodurch eine logische Verbindung zwischen Beschriftung und Formularfeld hergestellt wird.

Ein netter Nebeneffekt dieser Vorgehensweise ist es, dass der Benutzer auf die Beschriftung klicken kann, um das Formularfeld zu aktivieren. Besonders bei Optionsfeldern und Kontrollkästchen ist das sehr praktisch. Da der Mauszeiger sich aber nicht wie bei einem Link verändert, wenn er über dem Label schwebt, weiß das kaum ein Benutzer. Da werden Sie gleich bei der Gestaltung des Formulares ein klein wenig nachhelfen.

textarea ohne Leerstelle zwischen Anfangs- und Ende-Tag

Zwischen dem Anfangs-Tag `<textarea ...>` und dem Ende-Tag `</textarea>` sollte nichts stehen. Kein Leerzeichen, kein Zeilenumbruch, kein gar nichts. Viele Browser setzen den Cursor sonst beim Ausfüllen des Formulars nicht an den Anfang des Feldes, sondern mitten hinein, was ziemlich nerven kann.

Tipp

Details zu HTML-Formularen

Falls Sie das Kontaktformular erweitern möchten, finden Sie bei SelfHTML weitere Informationen:

- *http://de.selfhtml.org/html/formulare/*

Schritt 2: Das Formular per CSS gestalten

Mit ein paar einfachen CSS-Regeln gestalten Sie das Formular ein wenig ansprechender. Die Erklärung der einzelnen Definitionen folgt nach dem ToDo.

ToDo: Das Kontaktformular per CSS gestalten

1. Fügen Sie am Ende des StyleSheets `bildschirm.css` die folgenden Zeilen hinzu:

```
/* ====================================
   3. Sonstige Styles
   ==================================== */

/* Das Kontaktformular */
form {
   background-color: #eee;
   width: 370px; /* Breite des Formulars */
   padding: 20px;
   border: 1px solid #8c8c8c;
}
label { /* Beschriftung auf eigener Zeile */
   display: block;
   cursor: pointer;  /* Mauszeiger wird zur Hand */
}
```

```
input#absender,
textarea {
   width: 300px;
   border: 1px solid #8c8c8c;
   margin-bottom: 1em;
}
textarea {
   height: 7em;
}
input#absender:focus,
textarea:focus {
   background-color: #d9d9d9;
}
```

2. Speichern und im Browser betrachten.

So sieht das Formular jetzt aus:

Abbildung 9.7: Das gestaltete Formular

Und hier die CSS-Regeln im Überblick:

- Als Selektor für das Formular nehmen Sie den Typselektor `form`. Gestaltet werden Hintergrundfarbe, Breite, Polsterung und Rahmenlinie. Alles inzwischen schon fast alte Bekannte.
- In der zweiten Regel wird das Inline-Element `label` zum Block-Element befördert. Dadurch rutscht das Formularfeld in eine neue Zeile, und Sie haben für die Beschriftung so viel Platz wie Sie benötigen.

Die Deklaration `cursor: pointer;` bewirkt, dass der Mauszeiger wie bei einem Hyperlink zur Hand wird, wenn er über der Beschriftung schwebt. So merkt der Benutzer leichter, dass er klicken kann, um den Cursor in das Formularfeld zu platzieren.

Das Eingabefeld `input #absender` für die E-Mail-Adresse und das Kommentarfeld `textarea` werden gemeinsam formatiert: 300 Pixel breit, mit einer dünnen Rahmenlinie und einem Außenabstand nach unten von `1em`.

Das Kommentarfeld `textarea` bekommt in der nächsten Regel zusätzlich noch eine Höhe von `7em`, sodass es bei einer Vergrößerung der Schriftart ebenfalls mehr Platz bietet.

Die letzte Regel weist den Formularfeldern mit der Pseudoklasse `:focus` eine Hintergrundfarbe zu, wenn der Benutzer etwas in das Formularfeld schreibt. Das funktioniert zwar nicht in allen Browsern, verursacht beim Nicht-Funktionieren aber keinerlei nachteilige Effekte.

Formularfelder gestalten per CSS

Tipp

Formularfelder wie Optionsfelder, Kontrollkästchen und Dropdown-Listen werden automatisch vom Browser erzeugt, und dieselben CSS-Anweisungen haben zum Teil sehr unterschiedliche Auswirkungen.

Einen schönen Einblick in die Problematik bietet die folgende Seite bei CSS4You:

- *http://www.css4you.de/wsradio/*

Schritt 3: Den Cursor in das erste Feld setzen

Zum Abschluss der Formulargestaltung noch ein kleines i-Tüpfelchen: Mit einem einzeiligen JavaScript vereinfachen Sie die Benutzung des Formulars für Ihre Besucher, indem Sie den Cursor beim Laden der Seite gleich ins erste Formularfeld setzen.

ToDo: Den Cursor im ersten Formularfeld positionieren

1. Ändern Sie den `<body>`-Tag auf `kontakt.html` wie folgt (der gesamte Anfangs-Tag kann *in einer Zeile* stehen)

```
<body id="kontaktseite"
      onload="document.kontaktformular.absender.focus();">
```

2. Speichern Sie die Webseite und betrachten Sie sie im Browser.

Und hier die Erklärung:

- `onload` sagt dem Browser, dass er die folgende Anweisung beim Laden der Webseite ausführen soll.
- Die Anweisung `document.kontaktformular.absender.focus();` heißt im Klartext:
  - Suche auf der angezeigten Webseite (`document`) ein Element mit dem Namen `kontaktformular`.
  - In diesem Element gibt es ein Feld mit dem Namen `absender`.
  - Setze den Cursor in dieses Feld und lass ihn blinken (`focus`).

Falls JavaScript im Browser ausgestellt sein sollte, passiert einfach gar nichts.

Schritt 4: Das Reiseziel für das Formular festlegen

Ein Klick auf die Schaltfläche ABSCHICKEN sendet die Formulardaten zur Verarbeitung an ein Programm auf einem Webservercomputer.

Falls Sie auf Ihrem Webspace keinen Zugriff auf ein solches Programm haben, bietet der Formular-Chef von nettz.de eine einfache und sichere Alternative. Ohne Registrierung und ohne Verpflichtungen:

- *http://www.nettz.de/Formular-Chef/*

ToDo: Die Formulardaten zum Formular-Chef schicken

1. Ergänzen Sie `form` wie folgt (der Tag kann *in einer Zeile* stehen):

```
<form id="kontaktformular" name="kontaktformular"
 action="http://www.nettz.de/Formular-Chef/Formular-Chef.cgi"
 method="post" enctype="multipart/form-data">
```

2. Speichern Sie die Webseite und betrachten Sie sie im Browser.

Das Attribut `action` gibt das Reiseziel der Formulardaten an, also das Programm, das die Formulardaten verarbeitet. Hier tragen Sie die komplette URL zum Formular-Chef ein.

Beim Formular-Chef müssen Sie außerdem `method="post"` angeben. Dieses Attribut stellt unter anderem sicher, dass die Formulardaten unsichtbar verschickt werden.

Optional ist das Attribut `enctype="multipart/form-data"`, das dafür sorgt, dass auch unbegrenzt große Daten und Dateien übertragen werden können.

Die Seriosität des Formular-Chef

Tipp

nettz.de betreibt den Formular-Chef seit August 1999. In dieser Zeit hat es keine rechtlichen oder sonstigen Probleme gegeben. nettz.de verbürgt sich außerdem dafür, dass keinerlei Adressen oder Daten gesammelt oder protokolliert werden.

Im Forum können Sie nachlesen, wie die Benutzer des Formular-Chef über nettz.de urteilen:

- *http://www.nettz.de/forum//YaBB.cgi?board=1*

Schritt 5: Dem Formular-Chef die E-Mail-Adresse mitteilen

Fast fertig. Sie müssen dem Formular-Chef nur noch Ihre E-Mail-Adresse mitteilen, damit er Ihnen die Daten per Email zuschicken kann.

ToDo: Dem Formular-Chef Ihre E-Mail-Adresse mitteilen

1. Ergänzen Sie die fett gedruckte Zeile im Quelltext von `kontakt.html`. Ersetzen Sie dabei bitte das Wort *IHRE_EMAIL* durch Ihre E-Mail-Adresse:

```
<form id="kontaktformular" name="kontaktformular"
 action="http://www.nettz.de/Formular-Chef/Formular-Chef.cgi"
 method="post" enctype="multipart/form-data">
<input type="hidden" name="empfaenger" value="IHRE_EMAIL" />
<div>
   <label for="absender">Ihre E-Mail-Adresse:</label>
   <input type="text" id="absender" name="absender" />
</div>
```

2. Und speichern.

Der HTML-Befehl erzeugt ein nicht sichtbares (`hidden`) Formularfeld mit dem Namen `empfaenger`. Der Formular-Chef erwartet die benötigte E-Mail-Adresse in einem Formularfeld mit *genau diesem Namen*.

Tipp

So schützen Sie sich gegen Spam

Damit die im Quelltext notierten E-Mail-Adressen nicht für Spam-Zwecke missbraucht werden können, bietet der Formular-Chef eine einfache Verschleierung. Ersetzen Sie dazu einfach das »@«-Zeichen durch die Zeichenfolge »X§X« – so können Spamroboter und Suchmaschinen Ihre Mail-Adresse nicht so leicht erkennen. Statt

```
<input type="hidden" name="empfaenger" value="beispiel@test.de"/>
```

schreiben Sie

```
<input type="hidden" name="empfaenger" value="beispielX§Xtest.de"/>
```

Trotzdem sollten Sie für ein im Web veröffentlichtes Kontaktformular eine gesonderte E-Mail-Adresse nutzen, denn die Spamprogramme werden beim automatisierten Einsammeln der Adressen auch immer pfiffiger.

Schritt 6: Testen des fertigen Formulars

Sie können das Formular direkt von Ihrer Festplatte im Browser aufrufen und testen, sofern Sie eine Verbindung zum Internet haben:

- Rufen Sie die Kontaktseite im Browser auf.
- Füllen Sie das Formular aus.
- Klicken Sie auf ABSCHICKEN.

Der Formular-Chef schickt die Formulardaten an die angegebene E-Mail-Adresse, und der Besucher erhält im Browser eine Antwortseite:

Abbildung 9.8: Die Antwortseite des Formular-Chef

Auf der Antwortseite blendet nettz.de in der kostenlosen Version des Formular-Chef ein Werbebanner ein. Diese Werbung bezieht sich nach Aussage von nettz.de ausschließlich auf Produkte von nettz.de. Fremdbanner erscheinen garantiert nicht.

9.3 Auf einen Blick

- Durch Definition des Ausgabemediums `print` für das HTML-Element `link` können Sie per CSS ganz einfach eine Druckversion erstellen.
- In Stylesheets für den Ausdruck können Sie problemlos absolute Einheiten wie `pt` oder `cm` benutzen.
- Mit CSS kann man leicht ansprechende Kontaktformulare gestalten.
- Der Formular-Chef ist eine kostenlose Alternative, wenn keine serverseitigen Skripte zur Verarbeitung von Formulardaten verfügbar sind.

Kapitel 10

Der Browser und das CSS: Kaskade, Vererbung und Standardwert

Worin Sie die Webseite aus der Sicht eines Browsers betrachten. Der Browser erstellt einen Dokumentenstammbaum, findet mit Hilfe der Kaskade Werte für jede Eigenschaft, und wendet danach, falls nötig, Vererbungsregeln und Standardwerte an.

Dieses Kapitel ist eher theoretischer Natur, und wenn Sie gerade keine Lust auf Theorie haben, können Sie es gerne erst einmal überspringen.

Falls Sie in ihrem Stylesheet allerdings vor scheinbar unlösbaren Phänomenen stehen, die Sie an den Rand des Wahnsinns treiben, kommen Sie einfach zurück und lesen sich dieses Kapitel ganz in Ruhe durch. Es ist die Antwort auf viele Rätsel.

10.1 Der Stammbaum: Die Struktur der Webseite

Eine HTML-Datei ist im Grunde genommen nichts anderes als eine hierarchische Verschachtelung von HTML-Elementen. Wenn ein Browser vom Webserver einen Quelltext bekommt, versucht er als erstes, sich eine Übersicht über diese Hierarchie zu verschaffen und erstellt dazu ein Modell.

Er selbst nennt es »Document Object Model« (abgekürzt DOM), weil es ein Modell der Objekte, also der Dinge auf einer Webseite ist. Wie bei Computern üblich, ist das Ergebnis ein auf den Kopf gestellter Baum:

- Das oberste Element einer jeden Webseite ist `html`. Das Stammelement. Abraham. Der Urvater aller Elemente auf dieser Seite.
- Von `html` gehen zwei Elemente ab: `head` und `body`. Man kann also sagen, dass sowohl `head` als auch `body` Kinder von `html` und somit Geschwister sind.

Und so ist das ganze HTML-Dokument eine schrecklich nette Familie mit diversen verwandtschaftlichen Beziehungen und Al Bundy in der Rolle des `body`.

Der Stammbaum für die Startseite

In der folgenden Abbildung sehen Sie einen Ausschnitt aus dem Baum für die Startseite `index.html`:

Abbildung 10.1: Der Stammbaum der Startseite im DOM-Inspector

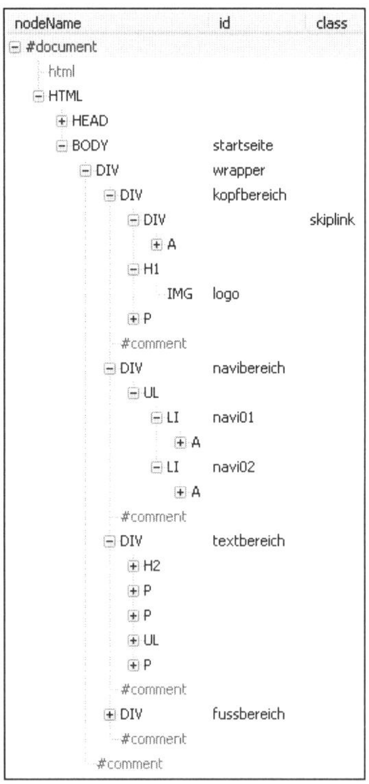

Sie sind kein Browser und müssen nicht für jede Webseite einen solchen Stammbaum entwerfen, aber bei der Planung des Stylesheets oder wenn etwas partout nicht klappen will, ist ein Stammbaum manchmal durchaus hilfreich.

Ob Sie ihn auf Papier skizzieren oder gedanklich im Kopf entwerfen, spielt dabei keine Rolle, wobei für Einsteiger die Papiervariante einfacher sein dürfte.

Tipp

Der Stammbaum im Firefox: Extras/DOM Inspector

Wenn im Menü Extras der Befehl DOM-Inspector steht, können Sie sich den Baum anschauen, den der Firefox aus dem HTML gebaut hat (per Tastatur [Strg] + [⇧] + [i]).

Ein Tutorial dazu hat Thomas Stich geschrieben:

- *http://stichpunkt.de/mozilla/moz-inspector.html*

Die Reihenfolge: Kaskade – Vererbung – Standardwert

Nachdem der Browser den Dokumentenstammbaum erstellt hat, versucht er herauszufinden, wie er das Dokument darstellen soll. Dazu benutzt er drei Konzepte, die er der Reihe nach durchgeht:

1. *Kaskade*: Wenn sich im Laufe der Kaskade ein Wert ergibt, nimm ihn.
2. *Vererbung*: Wenn nicht schaue, ob die Eigenschaft vererbt wird. Wenn ja, nimm den Wert des Eltern-Elements, des Großeltern-Elements, des Urgroßeltern-Elements oder sonst eines Vorfahren.
3. *Standardwert*: Wenn nichts vererbt wird, nimm den Standardwert, der in der Spezifikation für CSS festgelegt wurde.

Diese drei Schritte arbeitet der Browser für jedes Element im Baum ab, und zwar für jede einzelne mögliche Eigenschaft. Viel zu tun.

10.2 Die Kaskade: Das Cascading in Cascading Style Sheets

Der erste Schritt ist die Kaskade, in der der Browser für jedes Element im Baum und für jede einzelne Eigenschaft dieses Elements eine mehrstufige Entscheidungsprozedur durchläuft. Diese Kaskade hat den *Cascading Style Sheets* ihren Namen gegeben.

Für die Eigenschaft `margin-bottom` der Navigationsliste `ul` soll die Kaskade im Folgenden einmal beispielhaft durchlaufen werden.

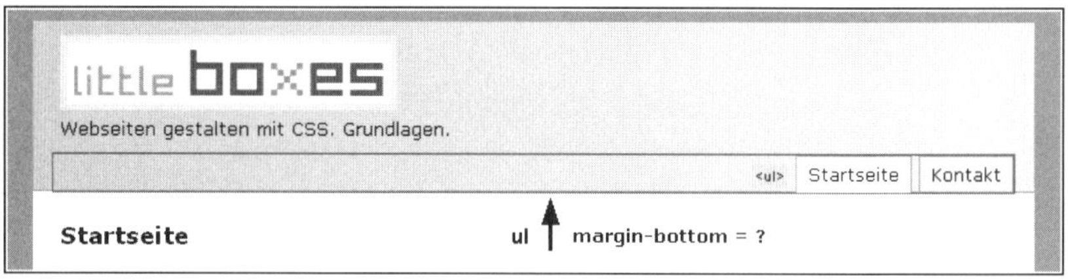

Abbildung 10.2: Wie viel margin-bottom bekommt die Liste?

Wie viel unteren Außenrand bekommt die ungeordnete Liste im Navigationsbereich? Sie sind der Browser.

Stufe 1: Finde alle Deklarationen zu einem Element

In der ersten Stufe der Kaskade sammelt der Browser für die im Stammbaum aufgeführten HTML-Elemente alle irgendwo definierten CSS-Eigenschaften und schreibt sie auf einen metaphorischen Zettel.

Bei der Sammlung muss er folgende Quellen berücksichtigen:

- *Browser-Stylesheet*: Das fest eingebaute Stylesheet eines jeden Browsers.
- *Autoren-Stylesheet*: Der Autor der Webseite sind Sie. Der Autor kann sowohl in externen Stylesheets als auch im HTML-Quelltext der Webseite CSS-Regeln hinterlegen.
- *Benutzer-Stylesheet*: Der Benutzer kann seinem Browser nicht nur sagen, dass er vom Autoren gemachte Angaben zu Schriften und Farben ignorieren soll, sondern ihm sogar ein eigenes Stylesheet mit auf den Weg geben (siehe Seite 26).

Zuerst schaut der Browser also in sein eigenes Stylesheet. Beim Mozilla Firefox heißt das übrigens `html.css` und liegt im Programmordner des Firefox im Unterorder `/res` (wie *resources*).

Im Browser-Stylesheet steht für `ul` folgende CSS-Regel:

```
ul {
   display: block;
   margin: 1em 0;
}
```

Listing 10.1: CSS-Regel für ul im Browser-Stylesheet des Mozilla Firefox

Der Selektor `ul` stimmt, und `margin-bottom` ist `1em`. Treffer. Diese Regel schreibt er sich also auf seinen Zettel. Der Internet Explorer ist übrigens nicht ganz so offenherzig und behält seine eingebauten Styles für sich.

Weiter geht's zum Autoren-Stylesheet. Im `head` der Webseite findet der Browser eine Verknüpfung zu `bildschirm.css`. In diesem Stylesheet sind für `ul` drei relevante Regeln, die Deklarationen zu `margin-bottom` enthalten:

- `* {padding: 0; margin: 0; }`
- `h2, p, ul, ol { margin-bottom: 1em; }`
- `#navibereich ul { margin-bottom: 0; }`

Da es im HTML-Quelltext der Startseite keine weiteren Styles gibt und der Benutzer ebenfalls keine speziellen CSS-Anweisungen gegeben hat, kann der Browser seine Suche nach Styles beenden. Gesammelt ist, jetzt wird sortiert.

Stufe 2: Sortiere nach Ursprung und Wichtigkeit

Nachdem alle Deklarationen gesammelt wurden, beginnt die Sortierung. Zuerst wird nach dem Ursprung des Stylesheets und der Wichtigkeit der Eigenschaften geschaut. Dabei gilt folgende Reihenfolge, von unwichtig nach wichtig:

Ursprung der Deklaration	1. Browser-Stylesheet
	2. Benutzer-Stylesheet
	3. Autoren-Stylesheet
Wichtigkeit der Eigenschaften	4. Autoren-Styles mit *!important*
	5. Benutzer-Styles mit *!important*

Tabelle 10.1: Stufe 2 der Kaskade – Sortierung nach Ursprung und Wichtigkeit

In den ersten drei Schritten geht es um den *Ursprung*: Angaben im Browser-Stylesheet werden durch Angaben im Benutzer-Stylesheet überschrieben, die wiederum von Styles aus einem Autoren-Stylesheet außer Kraft gesetzt werden. Oder kürzer:

- Beim Ursprung gilt *Autor* vor *Benutzer* vor *Browser*.

Beim Ursprung haben Sie als Autor also das letzte Wort. Bei der Auswertung der *Wichtigkeit* ist das anders.

Deklarationen können durch den Zusatz `!important` (engl. für »wichtig«) als wichtig gekennzeichnet werden, und wenn sowohl Autor als auch Benutzer eine Eigenschaft als `!important` markiert haben, hat der Benutzer das letzte Wort:

- Bei der Wichtigkeit gilt: *Benutzer* vor *Autor*.

Für die Gestaltung von `ul` im Beispiel bedeutet das konkret Folgendes:

- Im Browser-Stylesheet ist der untere Außenrand einer ungeordneten Liste zwar definiert, im Autoren-Stylesheet folgen aber noch drei Deklarationen, und beim Ursprung schlägt der Autor den Browser.
- Keine der Deklarationen im Autoren-Stylesheet hat den Zusatz `!important`.
- Der Benutzer hat keinerlei Angaben zu Styles gemacht.

Also ziehen die drei Anweisungen aus unserem Beispiel-Stylesheet gemeinsam in die dritte Runde der Kaskade.

Stufe 3: Sortiere nach Spezifität des Selektors

In Stufe 3 entscheidet die *Spezifität*, das bereits bekannte Punktesystem für Selektoren:

- Der Universalselektor * ist ein Sonderfall und bekommt gar keinen Punkt. No points.
- `ul` ist ein Typ-Selektor und bekommt einen Punkt. One point.
- `#navibereich ul` hingegen bekommt nicht nur twelve points, sondern gleich 101.

Klarer Punktsieger ist also der Selektor `#navibereich ul`, und deswegen hat die ungeordnete Liste im Navigationsbereich einen unteren Außenabstand von 0 (Null).

Mit dieser Feststellung ist eine eindeutige Entscheidung gefallen. Die vierte Stufe der Kaskade, Vererbung oder Zuweisung eines Standardwertes findet für die Eigenschaft `margin-bottom` der ungeordneten Liste im Navigationsbereich nicht statt.

Ein Inline-Style im Anfangs-Tag der Liste hätte in dieser Stufe übrigens 1000 Punkte erhalten und locker gewonnen.

Stufe 4: Sortiere nach Reihenfolge des Auftretens

Im Beispiel ist die Suche für den Browser wie gesagt erledigt, aber es kann noch eine vierte Kaskaden-Stufe geben. Schauen Sie sich folgendes fiktives Beispiel an, das in einem externen Autoren-Stylesheet steht:

```
#navibereich ul {
   margin: 20px;
   margin-bottom: 0;
}
```

Listing 10.2: margin-bottom wird zweimal definiert

In diesem Fall wird `margin-bottom` gleich zweimal definiert. Beide Deklarationen haben aber denselben Ursprung, die gleiche Wichtigkeit und eine gleich hohe Spezifität, und deshalb gibt es die vierte Stufe der Kaskade:

> Wenn zwei Deklarationen denselben Ursprung, die gleiche Wichtigkeit und eine gleich hohe Spezifität haben, erhält *die zuletzt notierte Deklaration* den Vorrang.

Die zuletzt notierte Regel. Je dichter am zu gestaltenden Element die Deklaration steht, desto vorrangiger ist sie, und der Browser liest von links nach rechts und von oben nach unten. Also gilt `margin-bottom: 0`.

Ende der Kaskade.

Der Browser wiederholt diese Kaskade wie erwähnt für jede Eigenschaft eines jeden Elements im Dokumentenbaum. Round and round and round.

Tipp

Quellen zur Kaskade

Zum Abschluss noch zwei gute Quellen zur Kaskade, falls Sie das Thema weiter vertiefen möchten. Zuerst die offizielle Spezifikation, W3C proudly presents:

- *http://w3.org/TR/CSS21/cascade.html#cascade*

Etwas weniger trocken wird die Kaskade von Klaus Langenberg erklärt:

- *http://thestyleworks.de/basics/cascade.shtml*

10.3 Die Vererbung (inheritance)

Wenn der Browser nach Ablauf der Kaskade für eine Eigenschaft nichts gefunden hat, tritt die Vererbung auf den Plan. Auch wenn Sie von den Mendelschen Gesetzen aus dem Biologie-Unterricht nicht mehr viel wissen, sollten Sie sich die Vererbungslehre für CSS etwas genauer anschauen.

Vererbung macht ein Stylesheet übersichtlicher

Auf der Startseite haben Sie das Prinzip der Vererbung bereits benutzt, zum Beispiel bei der Deklaration der Schriftart und -größe. Eine der ersten Regeln im Stylesheet für die Beispielseiten sieht – etwas verkürzt – so aus:

Listing 10.3: Alle Nachfahren von body erben die Schriftart

```
body {
   font-family: Verdana, Arial, Helvetica, sans-serif;
}
```

Diese Deklaration gilt nicht nur für `body`, sondern auch für alle Nachfahren. Da im Prinzip alle Elemente einer Webseite Nachfahren von `body` sind, gilt die Schriftart für alle Elemente dieser Webseite, sofern im Rahmen der Kaskade nicht bereits etwas anderes definiert wurde.

Wenn es das Prinzip der Vererbung nicht geben würde, müssten Sie alle Elemente namentlich erwähnen, und die gleiche Deklaration könnte ungefähr so aussehen:

Listing 10.4: Ohne Vererbung müssten alle Selektoren explizit aufgeführt werden

```
body, h1, h2, p, ul, li, a, strong, em, address {
   font-family: Verdana, Arial, Helvetica, sans-serif;
}
```

Deutlich umständlicher als vorher. Geschickter Einsatz von Vererbung macht ein Stylesheet übersichtlicher.

Bestimmte Eigenschaften werden nicht vererbt

Einige Eigenschaften werden übrigens nicht vererbt. Das gilt zum Beispiel für die Box-Modell-Eigenschaften wie `width`, `padding`, `border` und `margin`. Warum? Ganz einfach:

- Stellen Sie sich ein Dokument vor, in dem für `body` eine 2 Pixel breite, rote Rahmenlinie definiert wurde.
- Jetzt stellen Sie sich die Webseite vor, wenn die Eigenschaft `border` an alle Kind-Elemente vererbt würde:

Sie müssten für *jedes Element* auf der Seite explizit `border: none` deklarieren, damit nicht alle Elemente einen roten Rahmen bekommen.

10.4 Der Standardwert (initial value)

Wenn auch nach Kaskade und Vererbung noch kein Wert für eine bestimmte Eigenschaft gefunden wurde, nimmt der Browser den in der CSS-Spezifikation festgelegten Standardwert, den Sie in der *Full Property Table* nachlesen können.

Tipp

Die Übersicht: Full Property Table

Informationen zur Vererbung von Eigenschaften finden Sie in jeder guten CSS-Referenz oder beim W3C in einer unansehnlichen, aber nützlichen Tabelle mit dem schönen Namen *Full Property Table.*

- *http://www.w3.org/TR/CSS21/propidx.html*

10.5 Auf einen Blick

Hier noch einmal die wichtigsten Punkte dieses Kapitels im Überblick:

- Wenn ein Browser den Quelltext einer Webseite erhält, erstellt er zuerst einen Stammbaum des Dokumentes (DOM, »Document Object Model«), der die verschachtelte Hierarchie der HTML-Elemente abbildet.

- Auf der Suche nach Gestaltungsanweisungen für jedes Element benutzt ein Browser drei Konzepte:
  - Kaskade (»cascade«)
  - Vererbung (»inheritance«)
  - Standardwert (»initial value«)
- Die Kaskade gibt den *Cascading Style Sheets* ihren Namen und besteht aus folgenden Stufen:
  - Stufe 1: Finde alle Deklarationen zu einem Element
  - Stufe 2: Sortiere nach Ursprung und Wichtigkeit
  - Stufe 3: Sortiere nach der Spezifität des Selektors
  - Stufe 4: Sortiere nach der Reihenfolge des Auftretens
- Bleibt eine CSS-Eigenschaft nach der Kaskade ohne Wert, prüft der Browser, ob er durch *Vererbung* von Vorfahren-Elementen einen Wert findet. Die meisten Eigenschaften des Box-Modells (und einige andere) werden nicht vererbt.
- Bleibt eine Eigenschaft nach Kaskade und Vererbung ohne Wert, wird der in der CSS-Spezifikation festgelegte *Standardwert* genommen.

CSS-Layout – Kisten verschieben

Kapitel 11

Der Flow und die Positionierung

Worin Sie sehen, dass die Kästchen auf einer Seite einem natürlichen Fluss folgen. Überdies lernen Sie, wie Sie den Verlauf dieses Flusses manipulieren und Elemente darin positionieren können.

Es gibt drei Möglichkeiten, Boxen auf einer Webseite zu positionieren:

1. **Normaler Flow:** Zur Abteilung normaler »Fluss« gehören die bereits bekannten Block- und Inline-Elemente sowie Boxen mit relativer Positionierung.
2. **Absolute Positionierung:** Absolut positionierte Elemente werden ganz aus dem Fluss herausgehoben und sind für die anderen Elemente nicht vorhanden. Dazu zählen `position:absolute` und `position:fixed`.
3. **Float:** Schwebende, im CSS-Jargon *gefloatete* Elemente sind ein Zwischending. Zuerst wird die Box normal positioniert, dann wird sie zum Teil aus dem Fluss herausgehoben und schwebt so weit wie möglich nach rechts oder links.

In den nächsten beiden Kapiteln lernen Sie die Grundlagen der Positionierung kennen, in den darauf folgenden dann deren Anwendung. Aber zunächst ein paar Erläuterungen zum Normalzustand einer Webseite, dem *document flow*.

11.1 Die Seite ist ein langer ruhiger Fluss

Normalerweise folgen die Elemente auf einer Webseite dem *document flow*, dem »Fluss des Dokumentes«. Alle HTML-Elemente schwimmen in diesem Fluss. Er ist der natürliche Zustand einer Webseite und für Webdesigner so wichtig wie Schwerkraft für Architekten. Im Grunde ist die Sache einfach:

- Ein einzelnes Element wird soweit wie möglich links und oben positioniert.
- Wenn weitere Elemente dazu kommen, werden sie jeweils rechts davon angeordnet, und zwar so lange, bis kein Platz mehr ist.
- Wenn rechts kein Platz mehr ist, rutschen sie eine Zeile tiefer und beginnen wieder ganz links.

Pantha Rei. Alles fließt. Der Flow macht Webseiten so flexibel wie die im ersten Kapitel auf Seite 29 beschriebene Zeitung. Als Webdesigner sollten Sie diesen Flow *verstehen* und versuchen, mit ihm zu arbeiten, nicht gegen ihn.

11.2 Let it flow: Der normale Fluss der Boxen

Um ein bisschen Gefühl für den Flow zu bekommen, wird vor der Zähmung der Widerspenstigen beim Layouten zunächst das natürliche Verhalten der Boxen in freier Wildbahn studiert.

Drei Boxen im Fluss

Schauen Sie sich folgendes HTML und CSS an:

Tabelle 11.1: Drei Boxen in Fluss des Dokumentes

HTML	CSS

`<body>`
`   <div>Box 1</div>`
`   <div>Box 2</div>`
`   <div>Box 3</div>`
`</body>`
	`body {`
	`   color: black;`
	`   background-color: gray;`
	`   padding: 0;`
	`   margin:0;`
	`}`
	`div {`
	`   background-color: white;`
	`   padding: 10px;`
	`   border: 1px solid black;`
	`   margin: 5px;`
	`}`

Weil `div` ein Block-Element ist, stehen die drei Kästen untereinander, auch wenn sie nur wenig Inhalt haben.

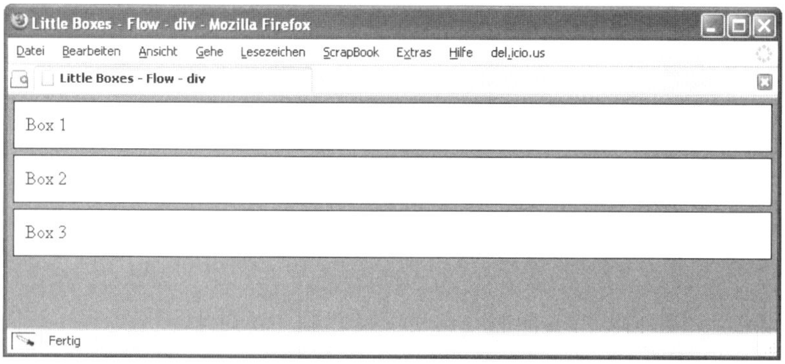

Abbildung 11.1: Block-Elemente werden so breit wie es geht und stehen untereinander

Ein Block-Element ist von Natur aus raumgreifend veranlagt und nimmt immer die verfügbare Breite des Eltern-Elements ein, in diesem Falle also von `body`.

Drei verkürzte Boxen im Fluss

Im nächsten Schritt werden die drei `div`-Geschwister mit `width` auf 20% verkürzt. Alles andere bleibt unverändert. 3 mal 20 sind 60. Stehen die Boxen jetzt nebeneinander?

Listing 11.1: Verkürzung der divs auf 20%

```
div {
   width: 20%;
   background-color: white;
   padding: 10px;
   border: 1px solid black;
   margin: 5px;
}
```

Auch die kurzen Boxen stehen untereinander (Abbildung 11.2). `div` ist ein Block-Element, und Block-Elemente haben einen integrierten Zeilenumbruch. Die Eigenschaft `width` verkürzt die Box zwar, der Zeilenumbruch aber bleibt.

Dieses normale Verhalten der Boxen im Flow wird im CSS-Jargon übrigens auch als `position:static` bezeichnet. Ausgerechnet die Positionierung, die dem natürlichen Fluss der Elemente freien Lauf lässt, bekommt den Namen *static*. Such is life.

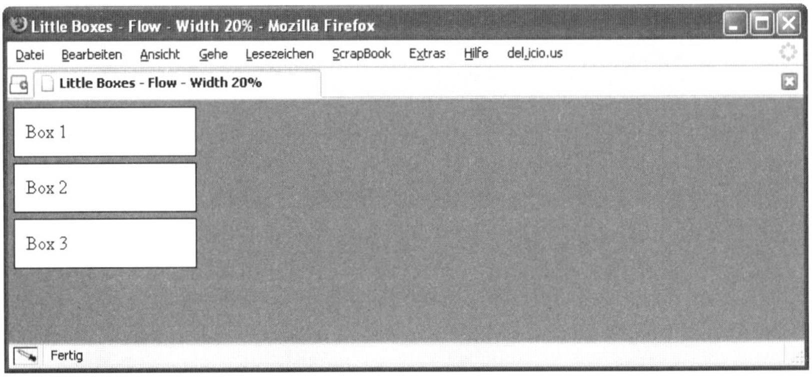

Abbildung 11.2: Auch die kurzen Boxen bleiben untereinander.

Versetzt weiterfließen: position: relative

Die relative Positionierung mit `position: relative` macht zwei Dinge:

- Sie verschiebt die Box von ihrer normalen Position im Fluss.
- Sie markiert den ursprünglichen Platz des Elements als geschützt.

Die anderen Elemente im Dokument verhalten sich so, als ob das Element noch an seinem *ursprünglichen* Platz im normalen Fluss steht.

HTML und CSS werden für dieses Beispiel ein klein wenig geändert:

Tabelle 11.2: Relative Positionierung

HTML

```
<body>
   <div id="anders">Box 1</div>
   <div>Box 2</div>
   <div>Box 3</div>
</body>
```

CSS

```
body {
   color: black;
   background-color: gray;
   padding: 0;
   margin:0;
}
div {
   background-color: white;
   padding: 10px;
   border: 1px solid black;
   margin: 5px;
}
#anders {
   position: relative;
   top: 25px;
   right: 25px;
   background-color: #f3c600;
}
```

Und hier das Ergebnis:

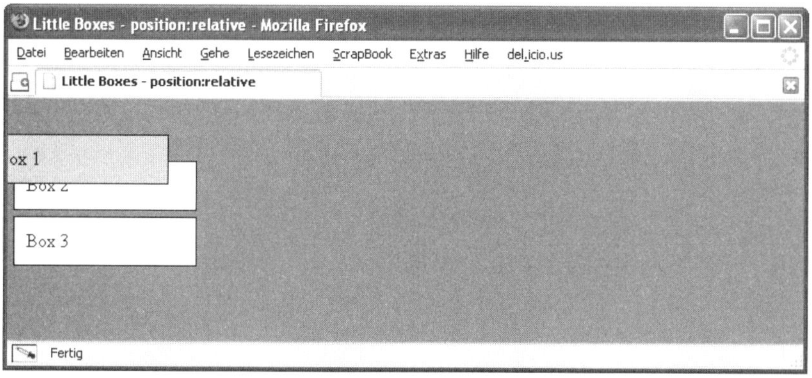

Abbildung 11.3: Relative Positionierung in Aktion

Beachten Sie, dass Box 2 und 3 sich überhaupt nicht verändern. Bei der relativen Positionierung bleibt die ursprüngliche Position des Elements wie gesagt geschützt und wird nicht von den nachfolgenden Elementen beansprucht.

Ein positioniertes Element bekommt seine genauen Koordinaten mit den Eigenschaften `top`, `right`, `bottom` und `left`, die bei der relativen Positionierung von der ursprünglichen Position im Flow aus gemessen werden:

- `top:25px` drückt die Box nach *unten*. An der normalen Position der Box werden oben 25 Pixel eingefügt.
- `right:25px` schiebt die Box nach *links*, sodass sie zum Teil verschwindet. An der ursprünglichen Position werden rechts 25 Pixel eingefügt.

Alle Angaben sind relativ zur ursprünglichen Position und geben an, wo der Wert eingefügt wird und nicht, in welche Richtung die Box geschoben werden soll. Eigentlich logisch, aber `position:relative` wirkt auf den ersten Blick ein bisschen wie von hinten durch die Brust ins Auge.

11.3 Die absolute Positionierung: Raus aus dem Fluss

Im Gegensatz zur relativen nimmt die *absolute Positionierung* das Element komplett aus dem Fluss heraus. Das Element wird – bildlich gesprochen – hoch gezogen, und alle anderen Elemente auf der Seite verhalten sich so, als ob es gar nicht da wäre.

Das HTML für dieses Beispiel ist gleich, im CSS wird genau ein Wort geändert:

Tabelle 11.3: Absolute Positionierung

HTML

```
<body>
   <div id="anders">Box 1</div>
   <div>Box 2</div>
   <div>Box 3</div>
</body>
```

CSS

```
body {
   color: black;
   background-color: gray;
   padding: 0;
   margin:0;
}
div {
   background-color: white;
   padding: 10px;
   border: 1px solid black;
   margin: 5px;
}
#anders {
   position: absolute;
   top: 25px;
   right: 25px;
   background-color: #f3c600;
}
```

Nur ein einziges Wort geändert, aber die Wirkung ist enorm. Box 1 steht plötzlich rechts, und bemerkenswerterweise rutschen die Boxen 2 und 3 nach oben:

Abbildung 11.4: Nur ein Wort geändert – absolute Positionierung

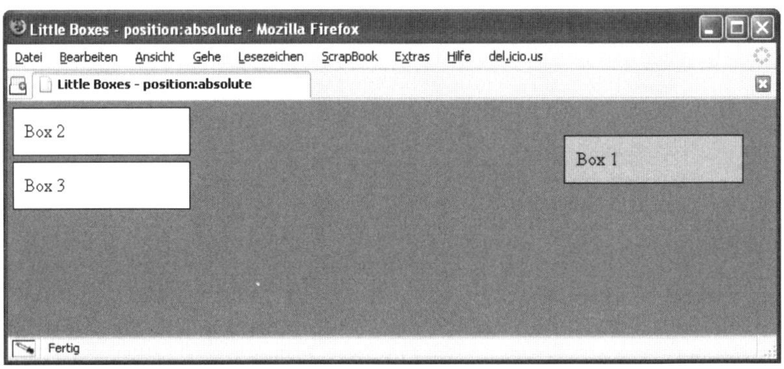

Absolut positionierte Elemente werden aus dem Fluss herausgehoben und liegen *über* den anderen Elementen.

Die genaue Position wird wieder durch `top`, `right`, `bottom` oder `left` angegeben, aber die Werte für diese vier Eigenschaften orientieren sich nicht mehr an der ursprünglichen Position der Box im Fluss:

1. Die absolute Positionierung eines Elements bezieht sich auf das nächste umschließende Element (*containing block*), das mit `relative`, `absolute` oder `fixed` positioniert ist.
2. Falls kein positioniertes umschließendes Element vorhanden ist (was in der Praxis häufig der Fall ist), erfolgt die Positionierung relativ zum obersten Element des Dokumentbaumes, und das ist nicht `body`, sondern `html`.

Diese beiden Aussagen kann man so zusammenfassen:

> *Absolute* Positionierung ist *relativ* zu irgendeinem Bezugspunkt.
>
> Es gibt *zwei verschiedene* mögliche Bezugspunkte:
>
> - ein umgebendes, positioniertes Element
> - das Stammelement `html`.

Diese Tatsachen sorgen im Alltag für viel Verwirrung und sollen deshalb im Folgenden der Reihe nach etwas genauer unter die Lupe genommen werden.

1. position: absolute, relativ zum Stammelement

Auf der »Little Boxes«-Startseite steht das Logo im Kopfbereich zwischen `<h1>` und `</h1>`. Darunter steht der Absatz »Webseiten gestalten mit CSS. Grundlagen.«, der jetzt mit Hilfe absoluter Positionierung rechts neben die Grafik verschoben werden soll.

Hier die erste Variante, absolute Positionierung relativ zum Stammelement `html`:

ToDo: Positionierung des Absatzes relativ zum Stammelement html

1. Ändern Sie die Regel für `#kopfbereich` *p* wie folgt:

```
#kopfbereich p {
   position:absolute;
   top: 25px ;
   left: 50%;
   padding: 5px 0 5px 0;
   margin-bottom: 0;
}
```

2. Speichern Sie das Stylesheet und betrachten Sie die Webseiten im Browser.

Die Webseite sieht mit dieser Regel im Browser ungefähr so aus:

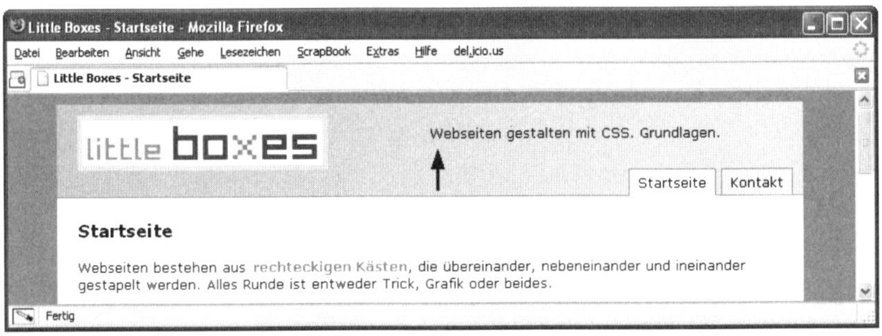

Abbildung 11.5: Absolut positioniert, relativ zum Stammelement html

Die folgenden Dinge passieren in diesem Beispiel:

- Zuerst wird `#kopfbereich p` komplett aus dem Fluss heraus gehoben und ist somit für andere Elemente nicht mehr vorhanden. Dadurch rutscht der Navigationsbereich ein Stück nach oben.
- Da es kein umschließendes positioniertes Element gibt, beziehen sich die Angaben `top:25px` und `left:50%` auf das Stammelement `html`. Der Absatz beginnt `25px` von oben und genau auf der Hälfte des Browserfensters.

Die vertikale Positionierung vom oberen Rand des Browserfensters ist auf diese Weise noch einigermaßen genau möglich, aber die horizontale Positionierung mit `50%` von links ist reine Glückssache.

Sollten Sie zum Beispiel irgendwann die Seite nicht mehr zentrieren, ist dem positionierten Absatz das egal. Er bleibt einfach stehen, weil sein Bezugspunkt das Stammelement `html` ist.

2. position: absolute, relativ zum Kopfbereich

Besser und vor allem zuverlässiger wäre es, den Absatz *relativ zum Kopfbereich* zu positionieren, und genau das erreichen Sie durch einen einfachen Trick. Wie hieß es etwas weiter oben:

> Die absolute Positionierung eines Elements erfolgt relativ zum nächsten umschließenden Element (*containing block*), das ebenfalls positioniert ist (`relative`, `absolute` oder `fixed`).

Und hier der Trick: Wenn Sie den Kopfbereich mit `position:relative` positionieren, ihm aber keinerlei Werte mit auf den Weg geben, ist er positioniert und wird zum Bezugspunkt für die absolute Positionierung von `#kopfbereich p`. Der Kopfbereich bleibt im *flow*, gilt aber als positioniert.

Klingt kompliziert? Probieren Sie es aus:

ToDo: Positionierung des Absatzes relativ zum Kopfbereich

1. Ändern Sie das Stylesheet `bildschirm.css` wie folgt:

```
#kopfbereich {
   position: relative; /* positioniert, aber bleibt im Fluss */
   color: black;
   background: #ffe574 url(farbverlauf.jpg) repeat-y top left;
   padding: 10px 20px 0 20px;
}

   #kopfbereich p {
      position:absolute;
      top: 10px ;
      right: 10px;    /* war vorher left: 50% */
      padding: 5px 0 5px 0;
      margin-bottom: 0;
   }
```

2. Speichern Sie das Stylesheet und betrachten Sie die Webseiten im Browser.

Auf den ersten Blick sieht das Ergebnis gar nicht soviel anders aus:

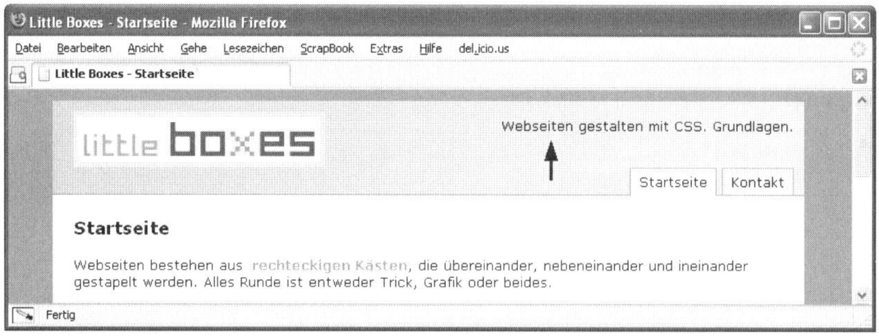

Abbildung 11.6: Der Absatz wurde absolut positioniert, relativ zum Kopfbereich

Diese Lösung bietet gegenüber der ersten aber einige Vorteile:

- Der Bezugspunkt für den Absatz ist jetzt `#kopfbereich`, und zwar genau genommen die äußere Kante des `padding` (»the padding edge«) oben und rechts.
- Wenn zum Beispiel die Seite selbst nicht mehr zentriert wird, macht das nichts, der Absatz wird den Kopfbereich niemals verlassen.

Merke: Die *absolute* Positionierung wird durch diesen kleinen Trick *relativ* flexibel.

Schriftgestaltung für den Slogan im Kopfbereich

Bevor es mit der Fixierung von Elementen weiter geht, machen Sie eine kleine Positionierungspause. Die Schrift des Absatzes soll noch fett gedruckt werden, und das Wort »Grundlagen« zusätzlich rot.

Erinnern Sie sich noch an das `span` aus der HTML-Einführung? Das kommt jetzt zur Geltung. Falls Ihnen das span nicht mehr ganz gegenwärtig ist, hier noch einmal kurz der entsprechende HTML-Quelltext:

Listing 11.2: Der Absatz und das span im HTML

```
<div id="kopfbereich">
...
<p>Webseiten gestalten mit CSS. <span>Grundlagen.</span></p>
</div>
```

Das folgende CSS gestaltet diese Elemente.

ToDo: Slogan fett und das Wort »Grundlagen« rot hervorheben

1. Ändern Sie das Stylesheet *bildschirm.css* wie folgt:

```
#kopfbereich p {
   position:absolute;
   top: 10px ;
   right: 10px;
   font-weight: bold; /* fett */
   padding: 5px 0 5px 0;
   margin-bottom: 0; /* war 1em */
}
#kopfbereich p span {
   color: #d90000; /* Schriftfarbe */
}
```

2. Speichern Sie das Stylesheet und betrachten Sie die Webseiten im Browser.

Der Selektor `#kopfbereich p span` wählt nur das Wort »Grundlagen« aus. So können Sie mit Hilfe von `span` beliebige Bereiche im Fließtext gestalten.

Und so sieht der fertige Kopfbereich im Browser aus, auch wenn man das Rot in der Abbildung nicht erkennen kann:

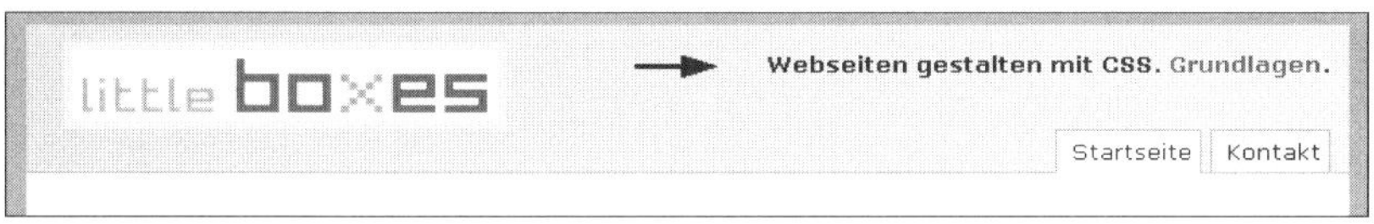

Abbildung 11.7: Der fertig gestaltete Kopfbereich

Wie ein Fels in der Brandung: position: fixed

Die feste Positionierung mit `position:fixed` verhält sich fast genau wie `position:absolute`, mit einem kleinen, aber feinen Unterschied:

- Ein fixiertes Element scrollt nicht mit.

Absolut positionierte Elemente sind relativ zu einem Bezugspunkt im Dokument und scrollen daher mit. Bei fixierten Elementen ist das anders:

- Das umschließende Element (*containing block*) ist für fixierte Elemente immer das Browserfenster (der so genannte *viewport*).

Da das Browserfenster selbst nicht mitscrollt, bleiben auf der Seite fixierte Elemente stehen. `position:fixed` ist ideal geeignet für Navigationsbereiche und würde die Benutzung der zu Recht in Verruf geratenen Frames fast vollständig überflüssig machen. Leider ignoriert der Internet Explorer bis inkl. V6 `position:fixed`, was für das gewünschte Layout zum Teil drastische Folgen haben kann. Der IE7 interpretiert `position: fixed` korrekt.

Hier ein kleines Beispiel. Gegeben sei folgendes HTML, in dem das fett gedruckte `div`-Element per CSS fixiert wird (den Blindtext können Sie sich übrigens bei *http://lipsum.org* erzeugen lassen):

Listing 11.3: Ein bisschen HTML mit zu fixierendem div-Element

```
<body>
<div id="fixiert">Fixierte Box</div>
<p>Absatz 1. Lorem ipsum dolor sit amet, consectetuer adipiscing elit.
Morbi rhoncus volutpat nisl. Praesent elementum odio ac nibh. Duis at
quam nec dolor consequat blandit. Sed libero. Vivamus faucibus purus non
purus. Suspendisse id ante ut nulla facilisis porta.</p>
<p>Absatz 2. Nullam vulputate hendrerit nunc. Nullam dapibus blandit
orci. Nunc metus. Sed sed ante. Cras interdum, erat at pharetra sodales,
elit ligula nonummy nisi, sit amet auctor purus leo vel urna.
Pellentesque ac augue sit amet ipsum nonummy sodales. Sed libero augue,
ultricies et, tristique ut, posuere commodo, ligula. Integer aliquet.
Donec varius lectus. </p>
</body>
```

Und hier das CSS dazu:

Listing 11.4: Das CSS zur Fixierung des div-Elements

```
p { margin-left: 25%; }
#fixiert {
   position: fixed;
   top: 10px;
   left: 10px;
   background-color: #f3c600;
   width: 15%;
   padding: 10px;
   border: 1px solid black;
}
```

Diese beiden Quelltext-Schnipsel ergeben folgendes Bild, links im Firefox, rechts im Internet Explorer 6:

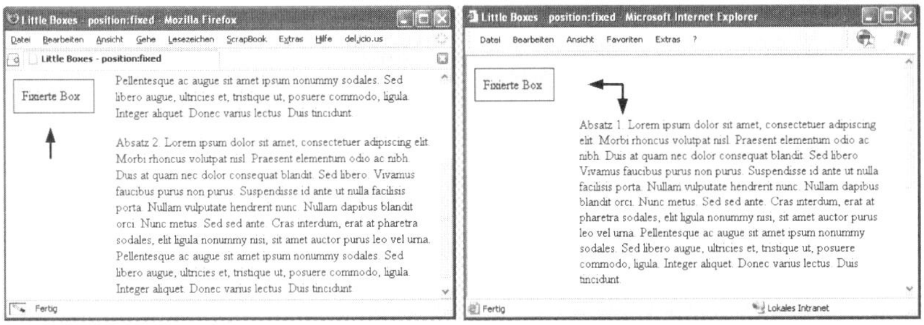

Abbildung 11.8: position-fixed im Firefox und im Internet Explorer 6

Wie Sie sehen, ignoriert der Internet Explorer 6 `position:fixed` komplett, und die HTML-Elemente fließen ganz normal weiter. Diese Tatsache macht den Einsatz von `position:fixed` zwar nicht prinzipiell unmöglich, erhöht den Aufwand aber doch beträchtlich.

Tipp

WorkArounds für IE6 und position: fixed

Wenn Sie trotzdem nicht auf den Einsatz von fixierten Bereichen verzichten möchten, gibt es im Web zahlreiche Tutorials zu Workarounds, zum Beispiel bei The StyleWorks.de:

- *http://thestyleworks.de/tut-art/iewinfixed.shtml*

11.4 Auf einen Blick

Hier noch einmal die wichtigsten Punkte dieses Kapitels im Überblick:

- Die HTML-Elemente einer Webseite folgen dem *document flow*, dem natürlichen Fluss des Dokumentes:
  - Ein einzelnes Element beginnt soweit wie möglich links und oben.
  - Weitere Elemente werden rechts davon angeordnet, bis kein Platz mehr ist.
  - Falls kein Platz ist, rutschen sie eine Zeile tiefer und beginnen wieder links.

- Block-Elemente beanspruchen unabhängig von ihrer Breite eine ganze Zeile.
- Es gibt drei Werte zur CSS-Eigenschaft `position`, und zwar `relative`, `absolute` und `fixed`. Die genauen Koordinaten zur Positionierung werden mit `top`, `right`, `bottom` und `left` angegeben.
- Relative Positionierung verschiebt das Element relativ zu seiner ursprünglichen Position im *flow*. Die ursprüngliche Position bleibt geschützt.
- Absolute Positionierung nimmt das Element aus dem Fluss. Die Werte für `top`, `right`, `bottom` und `left` beziehen sich entweder auf das Stammelement oder auf das nächste umschließende Element, das ebenfalls positioniert ist.
- Fixierte Elemente bleiben an ihrer Position stehen und scrollen nicht mit. Internet Explorer 6 versteht `position: fixed` nicht und lässt fixierte Elemente normal weiter fließen.

Kapitel 12

Float: Schwebende Boxen

Worin Sie schwebende Grafiken von Text umfließen lassen, den Schwebezustand per clear beenden und anschließend ein paar Übungen zum Floaten mit mehreren Boxen machen. Danach lösen Sie das Problem beim Umschließen von Floats und bauen eine kleine Galerie.

Neben den gesehenen vier Positionierungsarten gibt es noch die Eigenschaft `float`. Float ist im Gegensatz zu `static`, `relative`, `absolute` und `fixed` aber kein Wert der Eigenschaft `position`, sondern eine eigenständige CSS-Eigenschaft.

»To float« heißt »schweben«, und eine schwebende Box macht drei Bewegungen: Sie erhebt sich aus dem normalen Fluss, schwebt wie ein losgelassener Heliumluftballon in der umgebenden Kiste auf der einen Seite nach oben und driftet dann je nach Windrichtung so weit es geht auf die andere Seite.

12.1 Text um Bilder fließen lassen

Ein klassisches Einsatzgebiet für `float` ist die Positionierung von Grafiken in einem Fließtext. Um zu zeigen, wie `float` funktioniert, binden Sie auf der Startseite eine Grafik ein und lassen den Text drum herum fließen.

Die Grafik einbinden

Als Beispielfoto bietet sich ein schwebender Luftballon an. Sie können für das folgende Beispiel eine beliebige eigene Grafik benutzen oder die Beispieldatei `ballon.jpg` auf *http://little-boxes.de/* downloaden.

ToDo: Eine Grafik auf der Startseite einbinden

1. Downloaden Sie die Grafik `ballon.jpg` oder eine andere Grafik und speichern Sie sie im selben Ordner wie die Startseite `index.html`.
2. Öffnen Sie die Startseite `index.html` und fügen Sie die Grafik am Anfang des ersten Fließtextabsatzes ein:

```
<div id="textbereich">
<h2>Startseite</h2>
<p>
<img src="ballon.jpg" alt="Roter Luftballon" width="78"
height="100" /> Webseiten bestehen aus <strong>rechteckigen
Kästen</strong>, <!-- Rest des Absatzes -->
</p>
```

3. Speichern Sie die Webseite und betrachten Sie sie im Browser.

Das Bild ist drin, aber so besonders hübsch sieht es nicht aus:

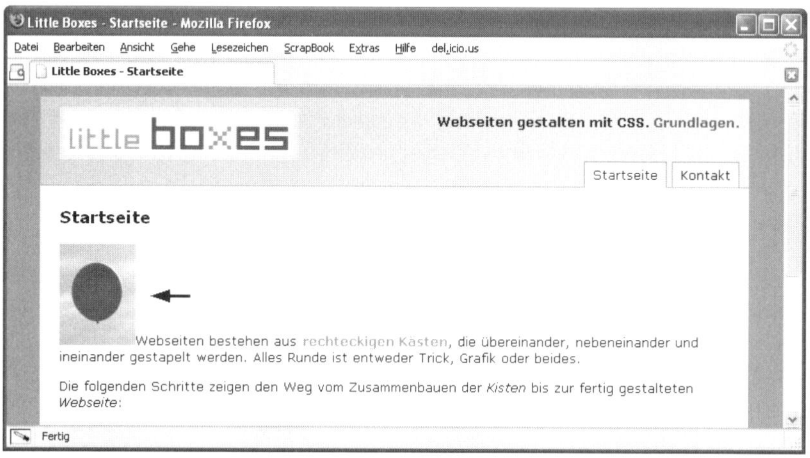

Abbildung 12.1: Der Ballon ist drin, schwebt aber noch nicht

Die Grafik floaten

Um das Foto zu floaten, könnten Sie die Deklaration `float:right` direkt in das `img`-Element schreiben:

ToDo: Die eingebundene Grafik auf der Startseite nach rechts floaten

1. Öffnen Sie die Startseite `index.html` und ändern Sie den Quelltext wie folgt:

```
<h2>Startseite</h2>
<p><img src="ballon.jpg" alt="Roter Luftballon" width="78"
height="100" style="float:right;" />Webseiten bestehen aus ...
```

2. Speichern Sie die Webseite und betrachten Sie sie im Browser.

Noch nicht besonders hübsch, aber der Text fließt um die Grafik herum. Die Grafik macht zunächst die drei typischen Float-Bewegungen:

- aus dem Fluss heraus,
- in der umgebenden `p`-Kiste (am linken Rand) ganz nach oben
- und dann soweit wie möglich nach rechts.

Da die Grafik in der `p`-Kiste sitzt, schwebt sie nicht höher als die obere Grenze des Absatzes:

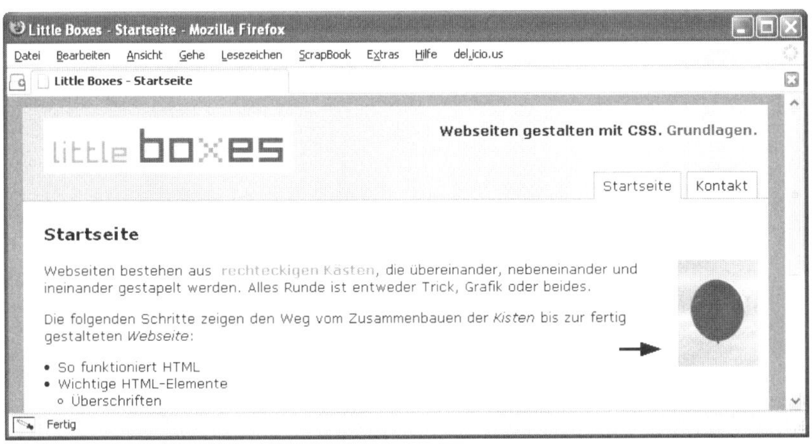

Abbildung 12.2: Der Ballon schwebt nach rechts

Wichtig beim Floaten ist unter anderem die folgende Tatsache:

- Der Text im Inhaltsbereich des Absatzes umfließt die Grafik.
- `background`, `padding`, `border` und `margin` des Absatzes hingegen fließen *nicht* um die Grafik, sondern rutschen darunter.

In anderen Worten: Nur der Inhaltsbereich des Absatzes fließt um die Grafik, die Eigenschaften `background`, `padding`, `border` und `margin` reichen bis unter die gefloatete Grafik und befinden sich tatsächlich *dahinter.*

Abstand zwischen Grafik und Text definieren

Um also einen Abstand zwischen Text und Grafik zu definieren, weisen Sie ihn am einfachsten nicht dem drumherum fließenden Absatz zu, sondern der schwebenden Grafik.

ToDo: Abstand zwischen der Grafik und umfließendem Text erstellen

1. Öffnen Sie die Startseite `index.html` und ändern Sie den Quelltext wie folgt:

```
<h2>Startseite</h2>
<p><img src="ballon.jpg" alt="Roter Luftballon" width="78"
height="100" style="float:right; margin-left: 15px;" />
Webseiten bestehen aus ...
```

2. Speichern Sie die Webseite und betrachten Sie sie im Browser.

Jetzt ist ein bisschen mehr Abstand zwischen Grafik und Text.

Praktisch: CSS-Klassen zum links und rechts floaten

Zum Testen ist es völlig in Ordnung, Inline-Styles direkt in den HTML-Quelltext zu schreiben, aber unter dem Gesichtspunkt der Wiederverwendbarkeit sollten Sie im Stylesheet jeweils eine Klasse für nach links und nach rechts schwebende Bilder einrichten. Passende Namen wären zum Beispiel `.bildlinks` und `.bildrechts`.

Diese Klassen können Sie den Grafiken auf den Webseiten nach Belieben zuweisen: Soll eine Grafik nach links schweben, bekommt sie im HTML `class="bildlinks"` und nach rechts entsprechend `class="bildrechts"`.

Im folgenden ToDo wird mit Hilfe von *padding* und *border* gleich noch ein hübscher Bilderrahmen definiert.

ToDo: CSS Klassen erstellen und der Grafik zuweisen

1. Öffnen Sie ggf. das Stylesheet `bildschirm.css`.
2. Definieren Sie im ersten Abschnitt des Stylesheets bei den allgemeinen Klassen die folgenden zwei Styles:

```
.bildlinks {
   float:left;
   padding: 3px;
   border: 5px solid #ccc;
   margin-right: 10px;
   margin-bottom: 10px;
}
.bildrechts {
   float:right;
   padding: 3px;
   border: 5px solid #ccc;
   margin-bottom: 10px;
   margin-left: 10px;
}
```

3. Speichern Sie das Stylesheet.
4. Ändern Sie auf der Startseite `index.html` den Quelltext für die Grafik wie folgt:

```
<p><img src="ballon.jpg" alt="Roter Luftballon" width="78"
height="100" class="bildrechts" /> ...
```

5. Speichern Sie die Webseite und betrachten Sie sie im Browser.

So sieht die Seite mit einer per `.bildrechts` formatierten Grafik jetzt im Browser aus:

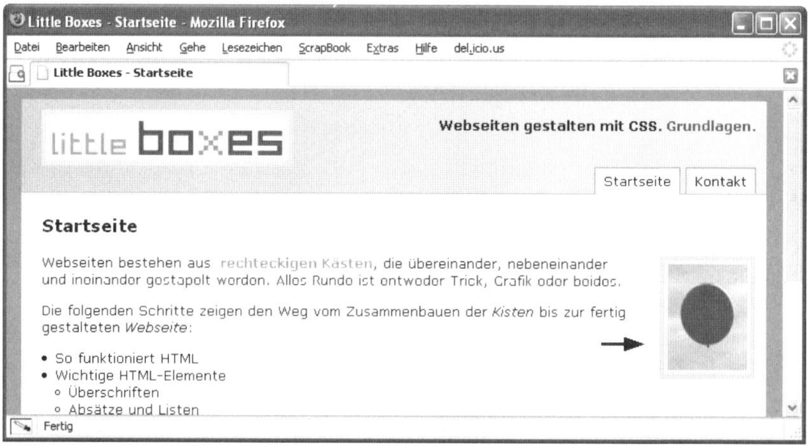

Abbildung 12.3: Der Ballon schwebt und sieht gut aus

Tipp

Doppelter Außenabstand im Internet Explorer 6?

Wenn ein gefloatetes Element einen horizontalen `margin` hat, verdoppelt der Internet Explorer diesen manchmal einfach. Dieser »double-margin float bug« lässt sich leicht beheben, indem Sie dem gefloateten Element die Deklaration `display: inline;` zuweisen.

Diese Anweisung hat keine bekannten Nebenwirkungen in anderen Browsern und veranlasst den IE6 mysteriöserweise zur korrekten Berechnung des `margin`.

clear: Text unterhalb der Grafik beginnen lassen

In der Abbildung sehen Sie, dass nicht nur der erste Absatz die Grafik umfließt, sondern auch alle folgenden. Wenn dies nicht gewünscht ist, muss der Schwebezustand für die folgenden Elemente mit der Eigenschaft `clear` beendet werden.

`clear` zwingt eine Box, unterhalb eines schwebenden Elements zu beginnen. `clear` kann die Werte `left`, `right` oder `both` bekommen:

- `clear:left` beendet ein `float:left`
- `clear:right` ein `float: right`
- `clear:both` beendet sowohl `float: right` als auch `float:left`

Es spricht nicht viel dagegen, fast immer `clear: both` zu verwenden, und auch hierzu kann man gleich eine Klasse im CSS einrichten, die Sie später noch einsetzen werden:

ToDo: CSS Klassen zum Clearen von Elementen erstellen

1. Öffnen Sie ggf. das Stylesheet `bildschirm.css`
2. Definieren Sie im ersten Abschnitt des Stylesheets bei den allgemeinen Klassen den folgenden Style:

   ```
   .clearing { clear: both; }
   ```

3. Speichern Sie das Stylesheet.

Wenn der zweite Textabsatz auf der Beispielseite nicht mehr neben sondern unter der Grafik beginnen soll, weisen Sie ihm im HTML die eben definierte Klasse zu:

```
<p class="clearing">Die folgenden Schritte zeigen ...</p>
```

Listing 12.1: Einem Absatz die Klasse .clearing zuweisen

Im Browser würde das so aussehen:

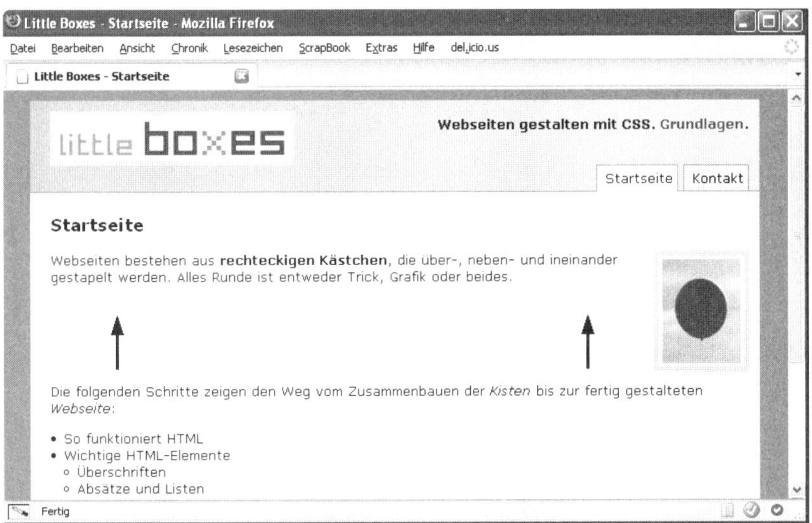

Abbildung 12.4: Der geclearte Absatz beginnt unterhalb des Luftballons

Das `float` wird beendet, indem der obere `margin` des »geclearten« Absatzes soweit aufgefüllt wird, dass der Text erst unterhalb des Luftballons beginnt. Besonders beim Layouten hängt die Kunst des *Floatens* oft vom richtigen Einsatz des `clear` an strategisch wichtigen Punkten ab.

Tipp

Clear: Lokale oder globale Wirkung

Eine wichtige Besonderheit der Eigenschaft `clear` ist es, dass sie je nach Umgebung unterschiedliche Auswirkungen hat:

- Wenn `clear` für ein HTML-Element definiert wird, das in sich einem statisch positionierten (also im Flow befindlichen) Eltern-Element befindet, gilt `clear` für alle auf der Seite vorhandenen `float`-Umgebungen, weshalb man auch von einer globalen Wirkung spricht.
- Steht das geclearte Element hingegen in einem gefloateten Elternelement, gilt das `clear` nur innerhalb dieser `float`-Umgebung, weswegen man von einer lokalen Wirkung spricht.

Besonders beim Erstellen von mehrspaltigen Layouts mit `float` hat diese Besonderheit von `clear` manchmal drastische Auswirkungen, wie Sie in dem Beispiel ab Seite 269 sehen können.

12.2 Floats mit mehreren Boxen

Im folgenden Abschnitt machen Sie ein paar Trockenübungen, um das manchmal etwas seltsame Verhalten von Floats besser verstehen zu können.

Das Beispiel: Drei Boxen ohne float

Die Grundlage für die folgenden Beispiele bilden drei einfache, nicht gefloatete `div`-Boxen:

HTML	CSS

<div id="eins">Box 1</div>
<div id="zwei">Box 2</div>
<div id="drei">Box 3</div>
	body {
	color: black;
	background-color: gray;
	padding: 0;
	margin:0;
	}
	div {
	font-weight: bold;
	width: 200px;
	height: 50px;
	padding: 10px;
	border: 1px solid black;
	margin: 5px;
	}
	#eins {
	background-color: #fff;
	}
	#zwei {
	background-color: #ddd;
	}
	#drei {
	background-color: #aaa;
	}

Tabelle 12.1: HTML und CSS für die drei Beispielboxen

Die drei Beispielboxen haben verschiedene Hintergrundfarben, eine Breite von 200px, eine Höhe von 50px und sehen im Browser so aus:

Abbildung 12.5: Die drei ungefloateten Boxen im normalen Flow.

Tipp

Breite definieren: float immer mit width

Die Boxen im Beispiel haben alle eine mit `width` definierte Breite. Das ist kein Zufall. Die Breite von gefloateten Boxen wird ohne diese Angabe unberechenbar.

Bei Grafiken ist `width` nicht nötig, weil sie eine feste Breite haben, bei allen anderen gefloateten Elementen gilt: `float` immer mit `width`.

Drei Kästchen nach links floaten

In der ersten Übung werden alle drei Boxen nach links gefloatet. Das CSS dazu ist simpel:

Listing 12.2: Alle drei Boxen nach links floaten

```
div {
   float: left;
   font-weight: bold;
   width: 200px;
   height: 50px;
   padding: 10px;
   border: 1px solid black;
   margin: 5px;
}
```

Im Browser stehen die drei Boxen jetzt *nebeneinander*:

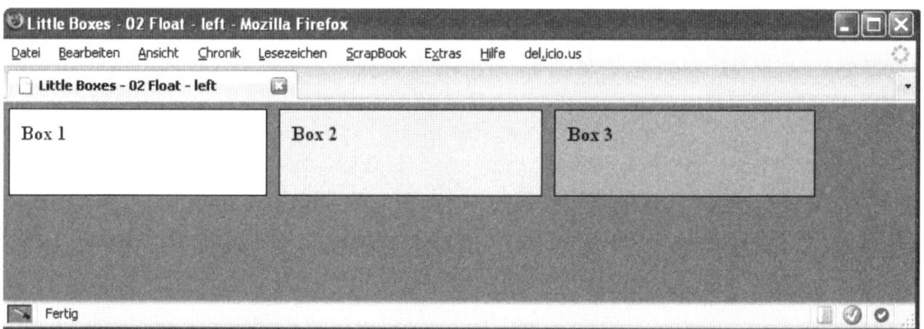

Abbildung 12.6: Mit float: left schweben die Boxen nebeneinander.

Das erste `div` schwebt an der *rechten* Seite der umgebenden Box (in diesem Falle also `body`) so weit wie es geht nach oben und schwebt dann so weit es geht nach *links* rüber. Jede folgende Box macht genau dasselbe, sodass die drei Boxen auf der Seite nebeneinander stehen.

Drei Kästchen nach rechts floaten

Im nächsten Schritt lassen Sie die drei Boxen nach rechts schweben. Dazu muss im CSS nur ein einziges Wort geändert werden:

```
div {
   float: right;
   font-weight: bold;
   width: 200px;
   height: 50px;
   padding: 10px;
   border: 1px solid black;
   margin: 5px;
}
```

Listing 12.3: Alle drei Boxen floaten nach rechts.

Auch hier stehen die drei Boxen nebeneinander, aber achten Sie auf die Reihenfolge:

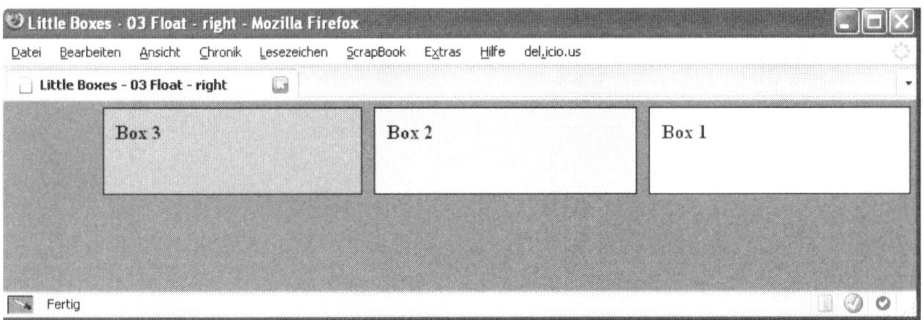

Abbildung 12.7: Mit float: right wird die Reihenfolge umgedreht

3 – 2 – 1. Die umgekehrte Reihenfolge der drei Boxen kommt daher, dass Box 1 an der *linken* Seite des umgebenden Elements ganz nach oben schwebt und dann soweit wie möglich nach *rechts* rüber schwebt, und die anderen beiden Boxen machen genau dasselbe.

Dieses Verhalten der Boxen ist eigentlich logisch, aber in der Praxis nicht immer das, was man gerne hätte.

Float und zu wenig Platz im Browserfenster

Wenn eine gefloatete Box im Browserfenster nicht genug Platz findet, springt sie automatisch eine Zeile tiefer. Die folgende Abbildung zeigt die drei nach links gefloateten Boxen in einem verkleinerten Browserfenster:

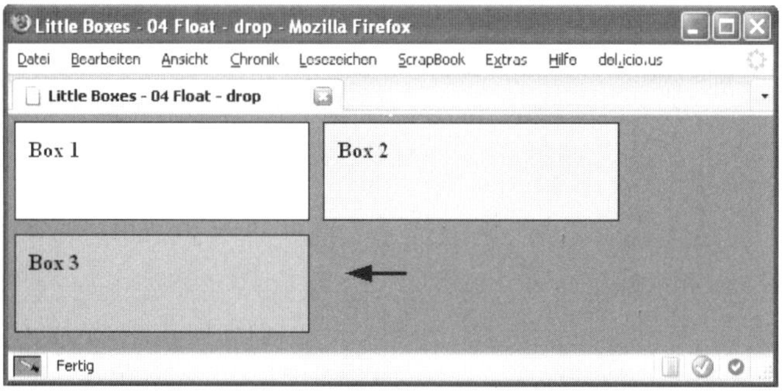

Abbildung 12.8: Bei Platzmangel rutscht die Box in die nächste Zeile.

Box 3 sitzt unterhalb der anderen beiden Boxen in der nächsten Zeile. Eigentlich völlig normal, aber beim Layouten per `float` ist dieses Verhalten manchmal ein großes Problem. Stellen Sie sich zum Beispiel ein zweispaltiges Layout mit zwei Boxen vor. In der linken Box befindet sich eine Navigation, in der rechten der Inhalt der Seite. Wenn der Browser der Meinung ist, dass die berechneten Breiten aus welchem Grund auch immer nicht mehr nebeneinander passen, steht der Inhalt plötzlich *unterhalb* der Navigation. Grande Catastrophe.

Float und verschieden hohe Boxen

Wenn gefloatete Boxen verschiedene Höhen haben, kann es passieren, dass einige Boxen an anderen hängen bleiben. Für das Beispiel dazu steigern Sie die Höhe von Box 1 auf 75 Pixel:

Listing 12.4: Die erste Box wird ein bisschen höher.

```
#eins {
   background-color: #fff;
   height: 75px;
}
```

Wenn das Browserfenster zu klein wird, schwebt Box 3 nicht an den linken Rand des Browserfensters, sondern bleibt an Box 1 hängen:

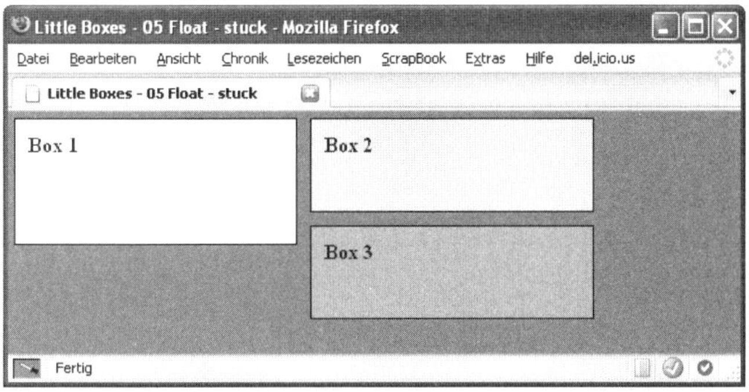

Abbildung 12.9: Box 3 bleibt an der ersten Box hängen

Der Grund liegt darin, dass gefloatete Boxen zuerst auf der der `float`-Richtung gegenüberliegenden Seite ganz nach oben schweben. Bei `float: left` steigen sie also auf der *rechten* Seite des Eltern-Elementes nach oben, bei `float: right` auf der *linken* Seite. Erst wenn sie oben sind, schweben sie soweit es geht in die im `float` angegebene Richtung:

- Box 3 schwebt auf der *rechten* Seite so hoch es geht, im Beispiel bis unter Box 2, weil daneben nicht genug Platz ist.
- Anschließend floatet Box 3 unterhalb von Box 2 *nach links*, bis sie an Box 1 stößt und dort hängen bleibt.

Auch dieses Verhalten ist eigentlich logisch, aber weder erwartet noch besonders praktisch beim Layouten. Wenn Sie zum Beispiel auf ihren Webseiten eine Reihe von verschieden hohen Bildern floaten, bleiben diese unter Umständen aneinander hängen.

12.3 Kleine Galerie: Gefloatete Elemente umschließen

Float bereitet beim Layouten manchmal Probleme, weil ein gefloatetes Element wie z. B. eine Grafik von seinem Eltern-Element nicht automatisch umschlossen wird. Als Beispiel dienen zwei Landschaftsbilder, neben denen jeweils eine Überschrift und ein beschreibender Absatz stehen sollen.

Die fertige kleine Galerie soll etwa so aussehen:

Abbildung 12.10: Eine einfache kleine Galerie

Das grau hinterlegte `div`-Element umschließt die Grafik und den Text. Sie können für das Beispiel beliebige eigene Grafiken benutzen oder die Beispieldateien auf *http://little-boxes.de/* downloaden.

Der HTML Quelltext

Es gibt wie immer viele HTML-Wege zum Ziel, aber das folgende Beispiel ist einfach und stabil:

Listing 12.5: Das HTML für dic kleine Galerie

```
<h2>Die Galerie</h2>

<div class="galerie">
<img src="landschaft01.jpg" width="203" height="180"
alt="Von Bäumen umstandener See, in dem sich Wolken spiegeln" />
<h3>Landschaftsbild 01</h3>
<p>Lorem ipsum dolor sit amet, ...</p>
</div> <!-- Ende .galerie 01 -->
```

```
<div class="galerie">
<img src="landschaft02.jpg" width="203" height="180"
alt="Weite Grasfläche mit Wolken und Halmen im Vordergrund" />
<h3>Landschaftsbild 02</h3>
<p>Lorem ipsum dolor sit amet, ...</p>
</div> <!-- Ende .galerie 02 -->
<p>Alle Fotos von <a href="http://pixelquelle.de/">pixelquelle.de</a></p>
```

Dieses HTML wird dann mit einer kleinen Prise CSS gewürzt:

```
body {
   font-family: Verdana, Arial, Helvetica, sans-serif;
   font-size: small;
}
h2 { font-size: 130%;  }
h3 {
   font-size: 110%;
   margin: 0  0 1em 0;
}
```

Listing 12.6: Die grundlegende Formatierung für die kleine Galerie

Und so sieht die Ausgangsposition im Browser aus:

Abbildung 12.11: Das HTML für die kleine Galerie

Der erste Versuch: Die Bilder floaten

Im ersten Versuch gestalten Sie die `div`-Elemente und floaten die Bilder. Dazu benutzen Sie die folgenden Styles:

Listing 12.7: div-Elemente gestalten und Bilder floaten

```
div.galerie {
   background-color: #eee;
   width: 500px;
   padding: 10px;
   padding-top: 25px;
   border: 1px solid black;
   margin: 0 3px 3px 0;
}
div.galerie img {
   float: left;
   margin-right: 15px;
}
```

Das Ergebnis entspricht – gelinde gesagt – nicht ganz den Erwartungen:

Abbildung 12.12: Der erste Versuch – eine ziemlich windschiefe Galerie

Das Problem ist, dass die gefloateten Bilder nicht von den umgebenden `div`-Elementen umschlossen werden, sondern nach unten herausragen. Das liegt daran, dass `floats` nicht im Flow liegen und das umgebende `div` daher nichts von dem gefloateten Bild weiß, weshalb das erste Bild aus dem `div` herausragt. Das zweite Bild bleibt dann am ersten hängen, und so kommt eines zum anderen.

Spätestens in Momenten wie diesen tendieren altgediente Webdesigner zu dem Satz »Mit Tabellen geht das alles einfacher!«, zumal das Problem weder ein Browser-Bug noch eine CSS-Macke, sondern beabsichtigt ist:

- Das ursprüngliche Einsatzgebiet von `float` ist es, Text um Bilder fließen zu lassen, und dabei ist es sehr sinnvoll, dass die Floats *nicht* von den umgebenden Elementen umschlossen werden.

Die Schwierigkeit, gefloatete Objekte zuverlässig in ein umgebendes Element einbetten zu können, hat Webdesigner lange Zeit davon abgehalten, `float`-Umgebungen für komplexere Layoutzwecke zu benutzen.

Im Folgenden möchte ich Ihnen drei mögliche Wege zu diesem Ziel vorstellen, die sich allesamt bewährt haben:

1. Ein zusätzliches HTML-Element am Ende des `div` wird gecleart.
2. Das umgebende `div`-Element wird ebenfalls gefloatet.
3. Das `div` bekommt die Eigenschaft `overflow: hidden`.

Alle drei Lösungen haben verschiedene Vor- und Nachteile, erreichen aber dasselbe Ziel, nämlich dass die gefloateten Bilder vom umgebenden `div` umschlossen werden.

Lösung 1: HTML-Element mit clear

Die erste Lösung besteht darin, kurz vor dem Ende des `div`-Elements ein `clear` einzufügen. Einziger Haken ist, dass – sofern dort kein geeignetes HTML-Element vorhanden ist – Sie im HTML-Quelltext ein zusätzliches und ansonsten überflüssiges HTML-Element einfügen müssen.

Im folgenden Beispiel ergänzen Sie im HTML ein leeres `div`, dem eine CSS-Klasse mit dem treffenden Namen `clearing` zugewiesen wird:

Listing 12.8: Ein zusätzliches HTML-Element einfügen

```
<div class="galerie">
<img src="landschaft01.jpg" width="203" height="180"
 alt="Von Bäumen umstandener See, in dem sich Wolken spiegeln" />
<h2>Landschaftsbild 01</h2>
<p>Lorem ipsum dolor sit amet, ...</p>
<p>Phasellus suscipit blandit risus ... </p>
<div class="clearing"></div>
</div> <!-- Ende .galerie 01 -->
```

Am Ende des CSS fügen Sie wieder eine Klasse zum Clearen hinzu:

Listing 12.9: Eine CSS-Klasse zum Clearen von Elementen

```
.clearing { clear: both; }
```

Da das geclearte `div` innerhalb des umgebenden `div` sitzt, wird dieses bis unter das gefloatete Bild erweitert. Offensichtlicher Nachteil dieser Lösung ist das zusätzliche und mehr oder weniger überflüssige HTML, das Sie für jedes Bild Ihrer Galerie hinzufügen müssen.

Tipp

Globale Wirkung des Clearing beachten

Ein weiteres potentielles Problem beim Verwenden dieser Methode hängt mit der etwas weiter oben erwähnten globalen Wirkung des `clear` zusammen (siehe Seite 269 für ein Beispiel).

Lösung 2: Set a float to fix a float

In CSS 2.1 ist definiert, dass ein gefloatetes Element ein anderes gefloatetes Element immer umschließt. In der Literatur ist diese im Jahre 2003 von CSS-Guru Eric Meyer vorgestellte Methode als »Set a float to fix a float« bekannt geworden, was frei übersetzt soviel heißt wie »Reparieren eines Float durch Hinzufügen eines Float.«

Dieses »doppelte Floatchen« kommt zunächst mit nur einer einzigen Zeile CSS aus:

```
div.galerie {
   float: left;  /* Set a float to fix a float */
   width: 500px; /* Dran denken: Floats immer mit width! */
   padding: 10px;
   padding-top: 25px;
   border: 1px solid black;
   margin: 0 3px 3px 0;
 }
```

Es wird kein zusätzliches HTML-Element benötigt. Und da kein `clear` verwendet wird, entfällt zunächst auch das potentielle Problem mit der globalen Wirkung.

Aber natürlich ist auch diese Lösung nicht perfekt. Bei höheren Bildschirmauflösungen stehen die gefloateten Elemente plötzlich alle *nebeneinander*:

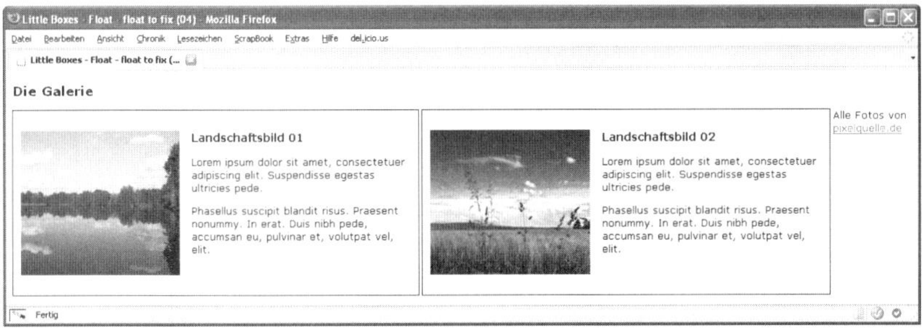

Abbildung 12.13: Oops – alle gefloateten Elemente nebeneinander

Sofern dieses Verhalten vom Layout her nicht beabsichtigt ist, müssen die jeweiligen Elemente wieder *gecleart* werden:

```
<div class="galerie clearing">
<img src="landschaft02.jpg" width="203" height="180" alt="Weite
Grasfläche mit Wolken und Halmen im Vordergrund" />
<h3>Landschaftsbild 02</h3>
...
</div>
<p class="clearing">Alle Fotos von ...</p>
```

Und schon haben Sie auch das potentielle globale Clearing-Problem wieder im Boot. Der Hauptnachteil des »float to fix« ist, dass das Verhalten der nachfolgenden Elemente von dem gefloateten `div` beeinflusst wird.

Um das Problem zu lösen, floatet man je nach Layout manchmal früher oder später fast alle Elemente auf der Seite, weshalb manche Designer diese Lösung auch als *FnE* bezeichnen: »Floating nearly Everything«. Außerdem bekommen einige Browser (na welcher wohl?) bei komplexen Float-Verschachtelungen Probleme mit der korrekten Darstellung, und so kämpfen Sie manchmal mehr mit Browserbugs als mit dem Layout.

Kurzum: Mit dem Floaten ist es wie mit dem Jonglieren: Ein Ball ist einfach, zwei geht noch, aber ab drei muss man richtig üben...

Lösung 3: Ohne float und clear: overflow: hidden

Anfang 2005 verbreitete sich die Kunde, dass der britische Webdesigner Paul O'Brien (*http://pmob.co.uk/*) eine verblüffend simple Lösung für das Problem umschließender Floats gefunden hat:

- Das umgebende Element bekommt die Eigenschaft `overflow: hidden`.

Im CSS sieht das so aus:

```
div.galerie {
   overflow: hidden; /* Einfach und wirksam */
   background-color: #eee;
   width: 500px;
   padding: 10px;
   padding-top: 25px;
   border: 1px solid black;
   margin-bottom: 3px;
 }
```

Sie benötigen weder ein zusätzliches HTML-Element noch muss etwas gefloatet oder gecleart werden.

Die Lösung ist so einfach, dass viele Webdesigner es bis heute kaum glauben können, allerdings sind bisher keine grundlegenden Nebenwirkungen von `overflow: hidden` bekannt geworden. Außer, dass der Internet Explorer 6 eine kleine Extrawurst benötigt, aber dazu gleich mehr.

Tipp

Noch eine Lösung: Clearfix

Es gibt noch eine weitere Methode namens *Clearfix* zum Clearen von `floats` ohne zusätzliches Markup, die von Tony Aslett (*http://csscreator.com/*) erfunden, von Holly 'n John (*http://positioneverything.net*) bekannt gemacht worden und relativ komplex ist. Wenn Sie Lust haben, nehmen Sie sich ein bisschen Zeit und lesen die deutsche Übersetzung des Artikels von Holly und John von Onno K. Gent:

- *http://jassesnee.de/easyclear/*

Floats umschließen: Die Übersicht

Welches ist nun die ideale Lösung? Ideal wäre eine Änderung der CSS-Spezifikation, und wahrscheinlich wird das Umschließen von Floats als Option in CSS 3 enthalten sein. Aber das kann noch ein paar Jährchen dauern ...

Für die eben beschriebenen Lösungen lautet die Antwort wie so oft »Das kommt drauf an ...«. Keine ist in allen Situationen die ideale Besetzung. Die Nachteile lassen sich kurz zusammenfassen:

- Sobald ein `clear` verwendet wird, müssen Sie auf die lokale bzw. globale Wirkung dieses `clear` achten.
- Je verschachtelter die Floats, desto unübersichtlicher und anfälliger für Browserbugs wird das Layout.

Hier eine kleine Übersicht:

Tabelle 12.2: Übersicht – die vier Lösungen zum Umschließen von Floats

Methode	Mit *clear*	Verschachtelte Floats
1. HTML-Element mit clear	ja	nein
2. Float to fix	meistens ja	ja
3. overflow: hidden	nein	nein
4. Clearfix	ja	nein

Um Missverständnissen vorzubeugen: Ein globales Clearing ist nicht grundsätzlich schlecht und kann zum Beispiel bei einer Fußzeile unterhalb eines mehrspaltigen Inhaltsbereiches durchaus sehr sinnvoll sein.

Für die Galerie auf der Beispielseite wähle ich Lösung Nr. 3 und weise dem umgebenden `div`-Element im CSS die Eigenschaft `overflow: hidden` zu.

12.4 Die Galerie in die Beispielsite einbauen

Vielleicht haben Sie es schon geahnt, aber das Beispiel mit der Galerie ist so gewählt, dass es relativ problemlos in die Beispielsite aus den vorherigen Kapiteln eingebaut werden kann:

Abbildung 12.14: Die Beispielsite mit eingebauter Galerieseite

Theoretisch müssten Sie das hinkriegen. Probieren Sie es einfach einmal. In den folgenden Abschnitten finden Sie zum Vergleich die relevanten Ausschnitte aus dem HTML und dem CSS der Webseite.

Die Beispielseite galerie.html

Die `galerie.html` wurde genau wie die Kontaktseite als Kopie der Startseite erzeugt. Die fett gedruckten Stellen wurden geändert:

Listing 12.10: Ausschnitt aus dem HTML-Quelltext von galerie.html

```
...
   <title>Little Boxes - Die Galerie</title>
...
<body id="galerieseite">
...
<div id="navibereich">
   <ul>
      <li id="navi01"><a href="index.html">Startseite</a></li>
      <li id="navi02"><a href="galerie.html">Galerie</a></li>
      <li id="navi03"><a href="kontakt.html">Kontakt</a></li>
   </ul>
</div> <!-- Ende navibereich -->
...
<div id="textbereich">
<h2>Die Galerie</h2>

<div class="galerie">
<img src="landschaft01.jpg" width="203" height="180"
alt="Von Bäumen umstandener See, in dem sich Wolken spiegeln" />
<h3>Landschaftsbild 01</h3>
<p>Lorem ipsum dolor sit amet, ...</p>
<p>Phasellus suscipit blandit risus. ...</p>
</div><!-- Ende .galerie 01 -->

<div class="galerie">
<img src="landschaft02.jpg" width="203" height="180"
alt="Weite Grasfläche mit Wolken und Halmen im Vordergrund" />
<h3>Landschaftsbild 02</h3>
<p>Lorem ipsum dolor sit amet, ...</p>
<p>Phasellus suscipit blandit risus. ...</p>
</div><!-- Ende .galerie 02 -->

<p>Alle Fotos von <a href="http://pixelquelle.de/">
pixelquelle.de</a></p>
</div> <!-- Ende textbereich -->
...
```

Auf den anderen beiden Webseiten müssen Sie lediglich die Navigation um das dritte Listenelement ergänzen und dabei etwas anpassen.

Das CSS im Überblick

Im CSS wurden ebenfalls einige Änderungen vorgenommen.

Im ersten Teil des Stylesheets wurden Styles für `h3` sowie die Klassen `.bildrechts`, `.bildlinks` und `.clearing` hinzugefügt:

Listing 12.11: Änderungen im ersten Teil von bildschirm.css

```
h2, h3, p, ul, ol { margin-bottom: 1em; }
...
h3 { font-size: 110%; }
...
.bildlinks {
   float:left;
   padding: 3px;
   border: 5px solid #ccc;
   margin-right: 10px;
   margin-bottom: 10px;
}
.bildrechts {
   float:right;
   padding: 3px;
   border: 5px solid #ccc;
   margin-bottom: 10px;
   margin-left: 10px;
}
.clearing { clear: both; }
```

Im zweiten Teil für die Layoutbereiche wurden die Styles für die Navigation entsprechend angepasst:

Listing 12.12: Änderungen im zweiten Teil von bildschirm.css

```
   #navibereich a:hover,
   #navibereich a:focus,
   #startseite #navi01 a,
   #galerieseite #navi02 a,
   #kontaktseite #navi03 a {
      color: black;
      background-color: white;
      border-bottom: 1px solid white;
   }
```

Last but not least wurde im dritten Teil am Ende des Stylesheet das CSS für die kleine Galerie hinzugefügt, wobei der hellgraue Hintergrund entfernt und den Grafiken ein dezenter Rahmen hinzugefügt wurde:

Listing 12.13: Änderungen im dritten Teil von bildschirm.css

```
/* Die kleine Galerie */
div.galerie {
   overflow: hidden; /* zum Umschließen der Floats */
   padding: 25px 10px 10px 0;
   margin: 0 3px 3px 0;
}
```

```
div.galerie img {
   float: left;
   padding: 4px;
   border: 1px solid #ddd;
   border-right-color: #aaa;
   border-bottom-color: #aaa;
   margin-right: 15px;
   margin-bottom: 15px;
}
```

Die Seite im Internet Explorer 6

Haben Sie die Galerieseite schon einmal im Internet Explorer 6 betrachtet? Erschrecken Sie sich nicht:

Abbildung 12.15: Die Galerie im Internet Explorer 6

Das `overflow: hidden` hat der IE6 nicht wirklich begriffen. Aber keine Panik. Man muss ihm nur ein bisschen auf die Sprünge helfen.

ToDo: Patch für den Internet Explorer 6 einbauen

1. Öffnen Sie ggf. das Stylesheet `bildschirm.css` und fügen Sie nach dem Style für `div.galerie` folgende Regel hinzu:

```
* html div.galerie { height: 1%; }
```

2. Speichern Sie das Stylesheet und betrachten Sie die Seite im Internet Explorer 6.

Die Zeile kombiniert zwei bekannte Patches:

- Durch die Zuweisung von `height: 1%` merkt der Internet Explorer 6, dass die Galerie-`div`s wichtig für das Layout sind und stellt alles korrekt dar. Bekannt geworden ist dieser Trick als *Holly-Hack*.
- Gleichzeitig stellt der Selektor `* html` sicher, dass nur der Internet Explorer bis inkl. V6 diese Anweisung überhaupt liest. Alle anderen Browser ignorieren sie. Das ist der *Sternchen-Hack*.

Mehr über diese Hacks erfahren Sie im Kapitel 16 über »Patches«.

12.5 Auf einen Blick

Hier noch einmal die wichtigsten Punkte dieses Kapitels im Überblick:

- *float* heißt »schweben« und ist eine eigenständige Eigenschaft mit den möglichen Werten `left` und `right`. Gefloatete Elemente schweben über der Seite und machen drei Bewegungen:
  - Sie erheben sich aus dem Fluss des Dokumentes.
  - Sie schweben innerhalb des Eltern-Elements so weit wie möglich nach oben.
  - Sie driften innerhalb des Eltern-Elements so weit wie möglich nach links oder rechts.
- Die Inhaltsbereiche aller nachfolgenden Elemente umfließen das gefloatete Element, die Eigenschaften `background`, `padding`, `border` und `margin` des Box-Modells rutschen aber darunter.

- CSS-Klassen zum links und rechts Schweben von Elementen sind praktisch.
- Um den Schwebezustand zu beenden, wird einem nachfolgenden Element die Eigenschaft *clear* zugewiesen, die die Werte `left`, `right` oder `both` annehmen kann.
- Wenn man mehrere Boxen floatet, verhalten diese sich manchmal nicht ganz so, wie man es erwartet.
- Das Umschließen von `floats` (»Containing floats«) ist eine wichtige Technik, um `float`-Layouts zu erstellen.
- Zum Umschließen von gefloateten Elementen gibt es vier verschiedene Methoden:
  - Ein (zusätzliches) HTML-Element innerhalb des umgebenden Elementes zum Clearen
  - Floaten des umgebenden Elementes
  - Zuweisen von `overflow: hidden` an das umgebende Element
  - Die Clearfix-Methode von Tony Aslett
- Umschließende Floats eignen sich hervorragend zur Erstellung einer kleinen Galerie (ohne Tabellen ...).

Kapitel 13

Mehrspaltige Layouts mit position: absolute

Worin Sie erfahren, wie man mit position: absolute ganz ohne Tabellen stabile mehrspaltige Layouts erstellt. Außerdem lernen Sie die Grenzen dieser Methode kennen.

In der aktuellen CSS Version 2.1 ist eigentlich kein Spaltensatz vorgesehen und so haben sich Webdesigner im Laufe der Jahre einiges einfallen lassen, um dieses Manko zu beheben. Auf Ihren Streifzügen durch das Web werden Sie viele Beispiele finden, die den Spaltensatz auf zum Teil völlig verschiedenen Wegen realisieren, und diese Vielfalt ist anfangs eher verwirrend als hilfreich.

Leider gibt es immer noch nicht *die perfekte Methode*, denn alle Ansätze haben Vor- und Nachteile. Während die Webwelt auf den heiligen Gral des CSS-Layouts wartet, können Sie sich die Wartezeit mit den nicht perfekten, aber durchaus funktionierenden Möglichkeiten verkürzen, die im wesentlichen auf zwei Prinzipien beruhen:

- `position:absolute` und `margin`
- `float` in diversen Varianten

Mehrspaltige Layouts mit `float` lernen Sie im nächsten Kapitel kennen, jetzt geht es los mit einigen Übungen zu `position: absolute`.

13.1 Ein einfaches zweispaltiges Layout

Der Spaltensatz mit `position: absolute` basiert auf der Grundidee, einem `div`-Bereich einen großen `margin` zu geben und einen anderen `div`-Bereich mit Hilfe absoluter Positionierung in diesen großen `margin` zu platzieren.

Das erste Beispiel ist ein einfaches, zweispaltiges Layout:

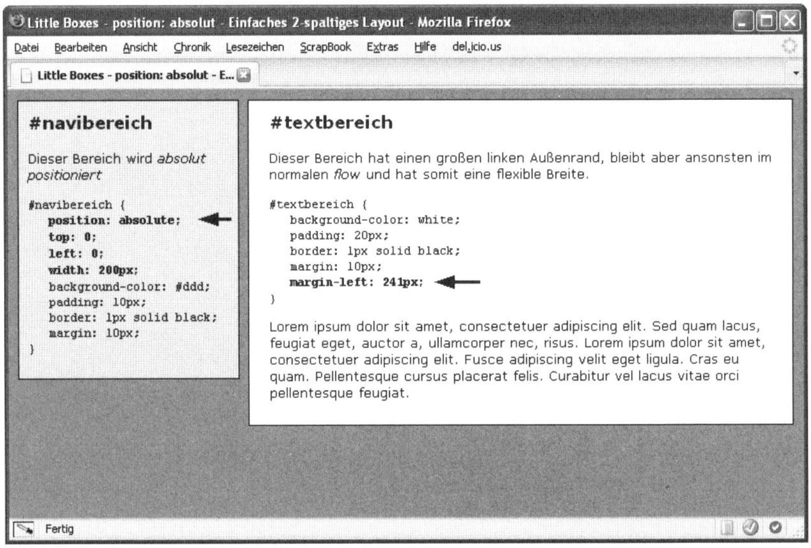

Abbildung 13.1: Einfaches, zweispaltiges Layout mit position: absolute

Im Beispiel gibt es die zwei `div`-Bereiche `#textbereich` und `#navibereich`:

- Der weiße Bereich bekommt einen großen linken Rand von `241px`.
- Der hellgraue Bereich ist `200px` breit und wird absolut in diesen großen linken Rand positioniert.

Die krumme Zahl von 241 entsteht durch das horizontale `padding` und `margin` von `#navibereich`. Der rechte Bereich bleibt im normalen Flow und passt sich flexibel der Größe des Browserfensters an.

Absolute Positionierung ist stabil, recht einfach zu bauen und auch flexibel:

- Die Reihenfolge der `div`-Bereiche im HTML-Quelltext ist beliebig. Es macht nichts aus, ob der Navigationsbereich oder der Textbereich zuerst kommen.

Um die Spalte rechts zu platzieren, geben Sie `#textbereich` einen rechten `margin` und ersetzen für `#navibereich` `left: 0` durch `right: 0`.

Tipp

Breite auch in Prozent oder em

Die Breite für den Rand können Sie problemlos auch in Prozent oder *em* angeben, solange Sie von einander abhängige Abstände in der gleichen Einheit angeben.

13.2 Ein einfaches dreispaltiges Layout

Eine dritte Spalte ist ebenfalls sehr einfach zu realisieren:

Die statische Spalte `#textbereich` bekommt auch auf der rechten Seite einen breiten Außenrand.

In diesen Rand wird ein dritter Bereich ebenfalls mit absoluter Positionierung platziert.

Im Browser sieht das dann ungefähr so aus:

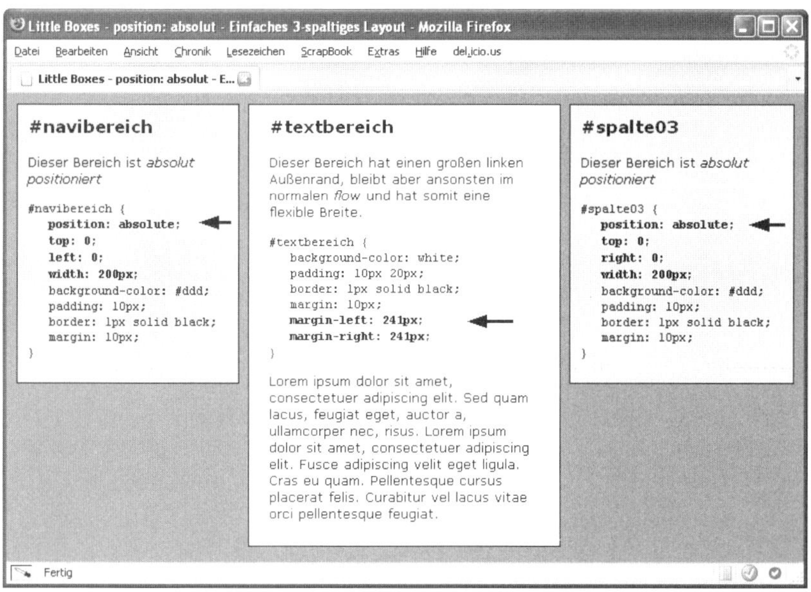

Abbildung 13.2: Ein einfaches, dreispaltiges Layout mit position: absolute

Die hellgrauen Bereiche rechts und links außen sind absolut positioniert. Der weiße Textbereich in der Mitte ist nach wie vor im Flow und passt sich dem Browserfenster flexibel an:

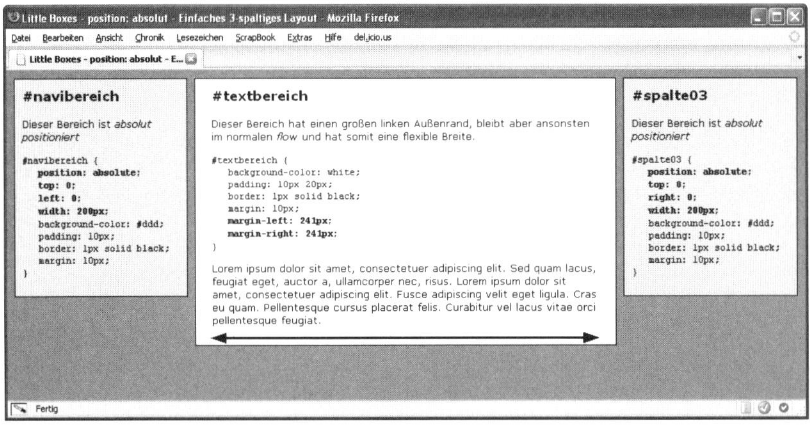

Abbildung 13.3: Der mittlere Bereich passt sich dem Browserfenster an

13.3 Ein dreispaltiges Layout mit Kopfbereich

Wenn Ihr Layout einen Kopfbereich über alle Spalten haben soll, ist es schwierig, den oberen Anfangspunkt (`top`) für den oder die absolut positionierten Bereiche festzulegen.

- Eine Lösung bestünde darin, für den Kopfbereich eine feste Höhe wie z. B. `height: 80px` anzugeben und für absolut positionierte Bereiche als Anfangspunkt oben `top: 81px` zu definieren.
- Eine andere Möglichkeit wäre, die drei Bereiche unterhalb des Kopfbereiches mit einem zusätzlichen Bereich zu umgeben und diesen dann relativ zu positionieren, damit er zum Bezugspunkt für die absolute Positionierung wird.

Den Trick mit der Kombination von relativer und absoluter Positionierung kennen Sie bereits von Seite 217. Der Vorteil dieser Lösung ist, dass die vertikale Flexibilität des Kopfbereiches erhalten bleibt.

Wenn Sie diesen zusätzlichen Bereich `#wrapper` nennen, sieht die HTML-Struktur der Seite etwa so aus:

```
<div id="kopfbereich"> ... </div>
<div id="wrapper">
   <div id="navibereich"> ... </div>
   <div id="spalte03"> ... </div>
   <div id="textbereich"> ... </div>
</div> <!-- Ende wrapper -->
```

Listing 13.1: Die HTML-Struktur für das 3-spaltige Layout mit Header

Im CSS wird der Wrapper relativ positioniert:

```
#wrapper { position: relative; }
```

Listing 13.2: #wrapper wird relativ positioniert

Im Browser sieht dieses Layout wie folgt aus, wobei der unsichtbare `#wrapper` durch eine gestrichelte weiße Linie markiert ist:

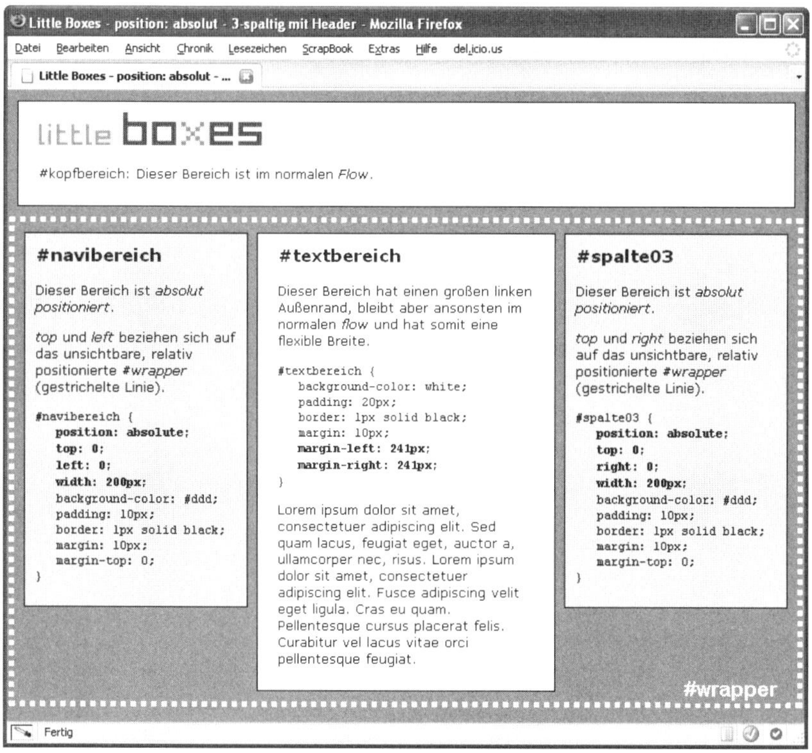

Abbildung 13.4: dreispaltig, absolut positioniert mit flexiblem Kopfbereich

13.4 Das Problem: Ein durchgehender Fußbereich

So weit, so gut. Kommen wir buchstäblich zum Pferdefuß: Es ist nicht möglich, eine Fußzeile unterhalb der Spalten über die gesamte Breite der Seite laufen zu lassen, wenn der mittlere Textbereich nicht die längste Spalte ist.

Aber der Reihe nach: Zunächst ergänzen Sie das HTML um einen Fußbereich, und im Browserfenster sieht alles ganz manierlich aus:

Abbildung 13.5: dreispaltiges Layout mit Fußbereich – scheinbar okay

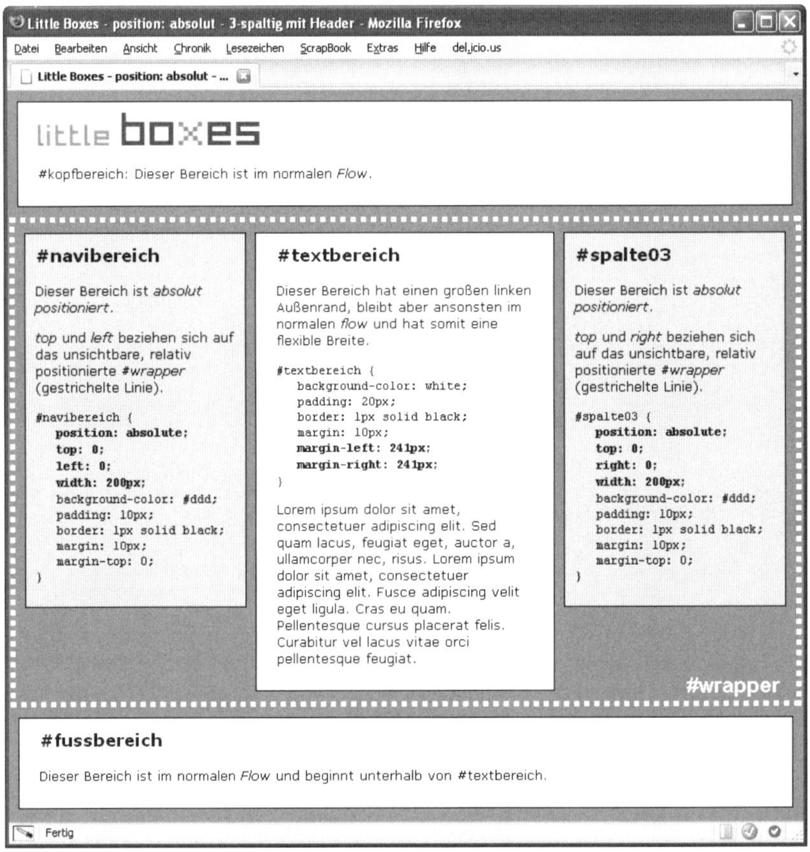

Sobald aber einer der absolut positionierten Bereiche länger als der mittlere Textbereich wird, ragen sie über den Fußbereich:

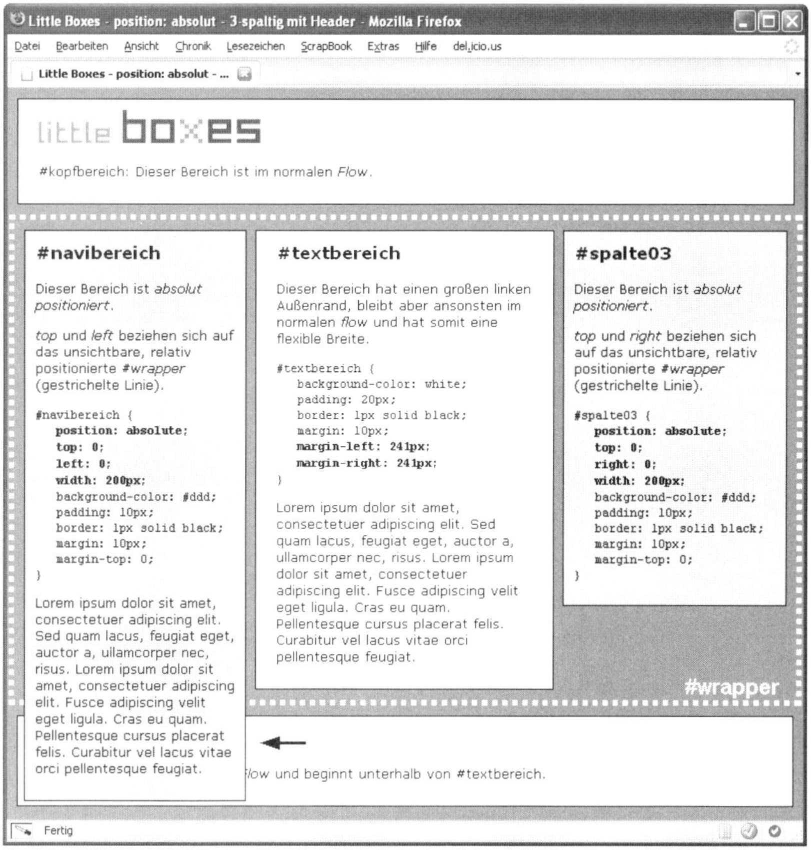

Abbildung 13.6: Die absolut positionierte Spalte sieht den Fußbereich nicht

Tja. Nicht so schön. Und es gibt keinen Weg, das zu verhindern. Absolut positionierte Spalten sind nicht mehr im *Flow* und ignorieren alle anderen Elemente völlig, und für `position: absolute` gibt es kein `clear`.

Der Fußbereich beginnt immer unterhalb der statischen mittleren Spalte, und sobald eine der absolut positionierten Spalten länger als der Textbereich ist, läuft sie einfach durch die Fußzeile hindurch.

Fazit: Absolute Positionierung ist stabil, recht einfach zu verstehen und hat nur einen wirklichen Nachteil, der aber nicht immer relevant ist:

- Solange im gewünschten Layout keine Fußzeile über die gesamte Breite der Seite gehen soll, spricht nichts gegen mehrspaltige Layouts mit absoluter Positionierung.

Tipp

Tutorial bei The Style Works

Ein sehr ausführliches deutschsprachiges Tutorial zum Spaltensatz mit `position:absolute` finden Sie bei The Style Works:

- ***http://thestyleworks.de/tut-art/layout_div.shtml***

13.5 Auf einen Blick

Hier noch einmal die wichtigsten Punkte dieses Kapitels im Überblick:

- Mehrspaltige CSS-Layouts basieren meist auf zwei verschiedenen Techniken:
  - `position:absolute` und `margin`
  - `float` in diversen Varianten
- Mehrspaltige Layouts mit `position:absolute` sind recht einfach zu erstellen und sehr stabil in der Handhabung.
- Der einzige wirkliche Nachteil ist, dass Sie mit `position: absolute` keine über alle Spalten reichende Fußzeile erstellen können.

Kapitel 14

Mehrspaltige Layouts mit float

Worin Sie erfahren, wie man mit der Eigenschaft float mehrspaltige Layouts erzeugt. Dabei lernen Sie zwei verschiedene Methoden kennen, mit denen Sie jeweils ein zwei- und ein dreispaltiges Layout erstellen.

Mittlerweile gibt es brauchbare Lösungen für das Problem mit dem Umschließen von Floats, das bei der Erstellung der kleinen Galerie ab Seite 235 aufgetaucht ist. Deshalb benutzen immer mehr Webdesigner float-basierte Layouts.

Im Folgenden möchte ich Ihnen zwei Methoden vorstellen:

- `float` und `margin`
- Entgegengesetzte Floats

Sie beginnen mit `float` und `margin`.

14.1 Zweispaltiges Layout mit float und margin

Mit `float` können Sie nicht nur Grafiken schweben lassen, sondern auch ganze `div`-Bereiche. In diesem Abschnitt erstellen Sie ein einfaches zweispaltiges Layout mit einer senkrechten Navigation auf der linken Seite in sieben Schritten:

1. Floaten des Navigationsbereiches
2. Textbereich mit einem großen linken Rand versehen
3. Vorbereitung der ungeordneten Liste
4. Gestaltung der Hyperlinks in der Liste
5. Aktuellen Navigationspunkt hervorheben
6. Hintergrundfarbe für die Navigation
7. Clearen des Fußbereichs

Denken Sie beim Layouten daran, dass per `float` positionierte Elemente immer eine mit `width` deklarierte Breite haben müssen. Ohne Breitenangabe ist das Verhalten der Browser unvorhersehbar.

Schritt 1: Den Navigationsbereich floaten

Die zwei Layoutspalten erreichen Sie durch einen kleinen Trick, ähnlich wie bei der absoluten Positionierung:

- Zuerst wird `#navibereich` mit `float: left` ganz nach links positioniert.
- Danach bekommt `#textbereich` einen breiten linken Rand.

Da der breite linke `margin` des Textbereiches *unter* den gefloateten Navigationsbereich rutscht, sieht es so aus, als ob die beiden Bereiche nebeneinander stehen.

ToDo: Den Navigationsbereich nach links floaten

1. Entfernen Sie *alle* vorhandenen Deklarationen (Eigenschaften und Werte), die mit `#navibereich` zu tun haben. Die Selektoren und die geschweiften Klammern können bleiben, denn sie werden gleich alle wieder benötigt.
2. Fügen Sie die fett gedruckten Eigenschaften und Werte neu hinzu:

```
#navibereich {
   float: left;
   width: 110px;
   padding-left: 20px;
   padding-top: 20px;
}
```

```
#navibereich ul {
}
#navibereich li {
   list-style-type: none;
}
#navibereich a {
}
#navibereich a:hover,
#startseite #navi01 a,
#galerieseite #navi02 a,
#kontaktseite #navi03 a {
}
```

3. Speichern Sie das Stylesheet und betrachten Sie die Webseiten im Browser.

So ungefähr sieht es momentan im Browser aus:

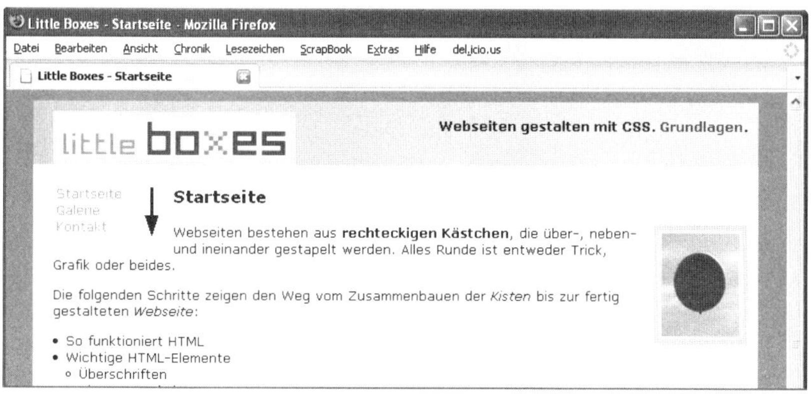

Abbildung 14.1: Der Inhalt umfließt die Navigation

Tja. Schon fast gut. Die Navigation befindet sich senkrecht am linken Rand, die Listenpunkte sind weg, aber der Textbereich umfließt sie, statt ordentlich daneben in einer Spalte zu sitzen.

Schritt 2: Den Textbereich mit einem großen Rand versehen

In diesem Schritt geben Sie dem Textbereich einen großen linken Außenrand und polstern danach den Kopfbereich ein wenig.

ToDo: Dem Textbereich einen linken Außenrand geben

1. Geben Sie dem Textbereich einen großen linken `margin`:

```
#textbereich {
   padding: 20px 10px 20px 20px;
   margin-left: 130px;
}
```

2. Erhöhen Sie das `padding-bottom` für den Kopfbereich von `0` auf `10px`:

```
#kopfbereich {
   position: relative;
   color: black;
   background: #ffe574 url(farbverlauf.jpg) repeat-y top left;
   padding: 10px 20px 10px 20px;
}
```

3. Speichern Sie das Stylesheet und betrachten Sie die Webseiten im Browser.

Und so sieht die Seite jetzt aus:

Abbildung 14.2: Der Inhalt steht neben der Navigation

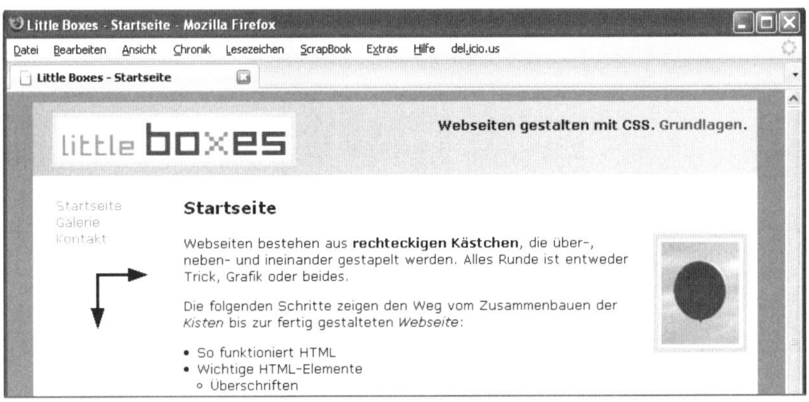

Schritt 3: Die Listenelemente in der Navigation gestalten

Sie beginnen mit der Vorbereitung der Box-Modell-Eigenschaften für die ungeordnete Liste und deren Bestandteile.

ToDo: Die Listenelemente in der Navigation gestalten

1. Ergänzen Sie die CSS-Regeln für `ul` und `li` im Navigationsbereich wie folgt:

```
#navibereich ul {
   width: 6em;
   border-top: 1px solid #d90000;
}
#navibereich li {
   list-style-type: none;
   border-left: 1px solid #d90000;
   border-bottom: 1px solid #d90000;
   margin: 0;
}
```

2. Speichern Sie das Stylesheet und betrachten Sie die Webseiten im Browser.

In den beiden Regeln definieren Sie wie gewohnt eine feste Breite und ein paar Abstände und Rahmenlinien.

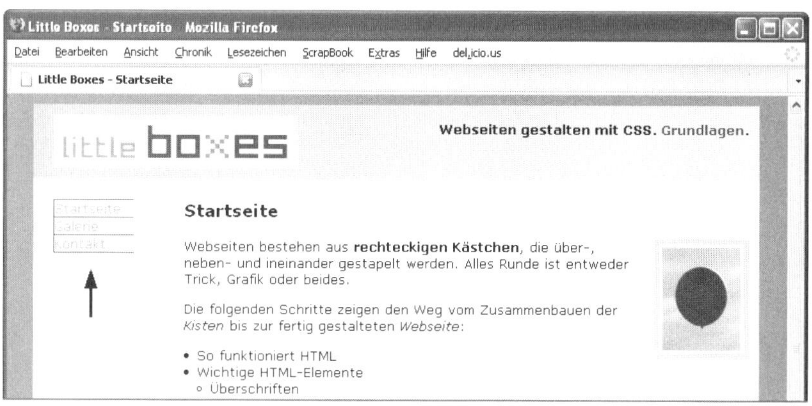

Abbildung 14.3: Navigation mit gestalteter Liste

Schritt 4: Die Hyperlinks in der Navigation gestalten

In diesem Schritt geht es um die Gestaltung der Hyperlinks im Navigationsbereich.

ToDo: Die Hyperlinks in der Navigation gestalten

1. Ergänzen Sie die Regel für Hyperlinks im Navigationsbereich wie folgt:

```
#navibereich a {
   display: block;   /* ganze Fläche anklickbar machen*/
   text-decoration: none;
   color: black;
   background-color: #ffe574;
   padding: 4px;
   border-left: 3px solid #ffe574; /* nicht sichtbar */
}
```

2. Speichern Sie das Stylesheet und betrachten Sie die Webseiten im Browser.

In der ersten Deklaration werden die Hyperlinks zum Block-Element befördert, wodurch der Hyperlink so breit wie das umgebende `li` und der gesamte Navigationspunkt anklickbar wird.

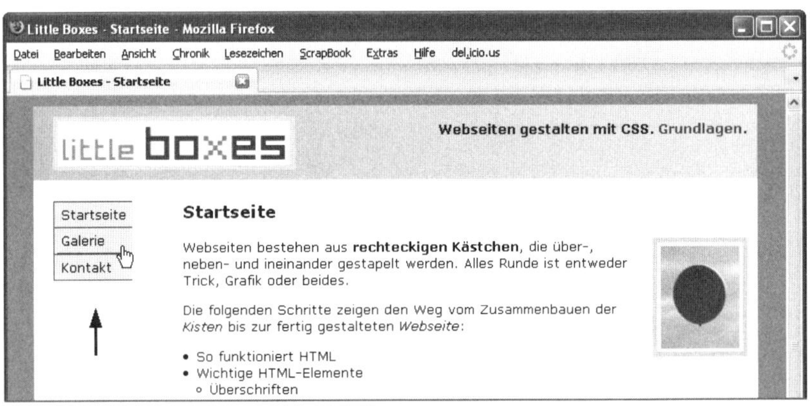

Abbildung 14.4: Das gesamte Listenelement ist anklickbar

Ein kleines `padding` und eine nicht sichtbare, 3 Pixel breite Rahmenlinie links (deren Sinn im nächsten Schritt klar wird) runden die Sache ab.

Schritt 5: Den aktuellen Navigationspunkt hervorheben

In diesem Schritt geht es um die Rollover-Effekte und die Hervorhebung des aktuellen Navigationspunktes.

ToDo: Den aktuellen Navigationspunkt hervorheben

1. Ergänzen Sie die vorhandenen Regeln wie folgt:

```
#navibereich a:hover,
#navibereich a:focus,
#startseite #navi01 a,
#galerieseite #navi02 a,
#kontaktseite #navi03 a {
   color: black;
   background-color: white;
   border-left-color: #d90000;  /* ersetzt #ffe574 */
   border-bottom: none; /* Unterstreichung aus */
}
#navibereich a:active {
   color: black;
   background-color: #d9d9d9;
}
```

2. Speichern Sie das Stylesheet und betrachten Sie die Webseiten im Browser.

Auch diese Deklarationen sind für sich genommen nicht schwierig. Der Trick liegt darin, dass die etwas weiter oben definierte 3 Pixel breite unsichtbare Rahmenlinie hier durch eine genauso breite farbige Linie ausgetauscht wird. Zum Schluss wird noch die untere Rahmenlinie auf `none` gesetzt. Voilà. Fertig ist die Navigation. Oder zumindest fast.

Abbildung 14.5: Navigation mit gestalteter Liste

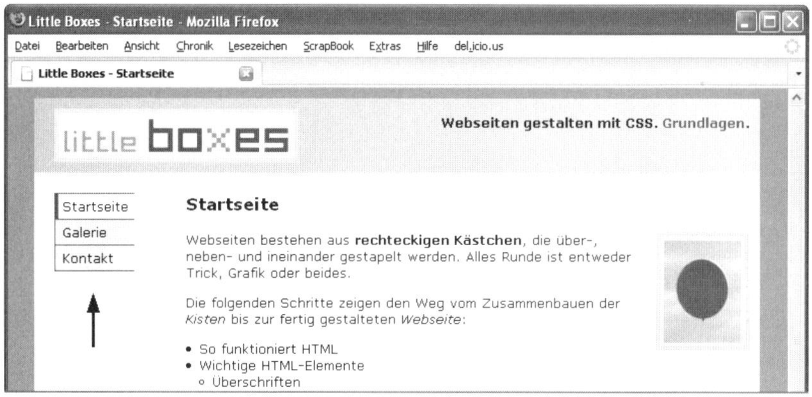

Schritt 6: »Falsche Spalte« – Hintergrundfarbe für die Navigation

Vielleicht haben Sie schon bemerkt, dass die Navigationsspalte eigentlich gar keine Spalte ist, denn der Navigationsbereich ist immer nur so hoch wie sein Inhalt. Wenn Sie `#navibereich` eine Hintergrundfarbe zuweisen, wird das mehr als deutlich:

Abbildung 14.6: Spalte? Na ja ...

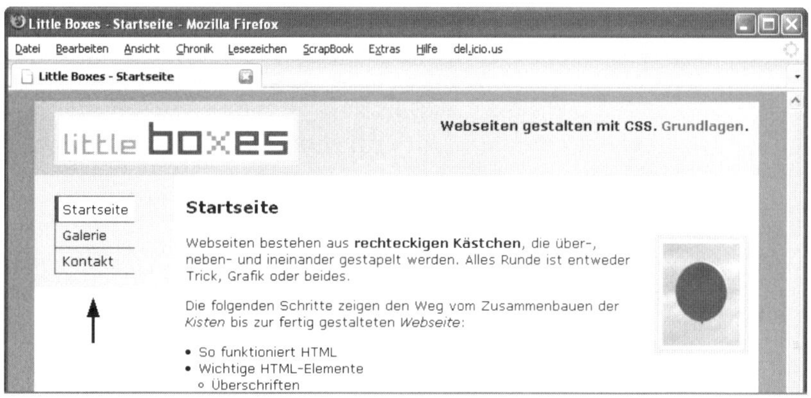

Der einzig wirklich zuverlässige Weg zur Einfärbung der gesamten Spalte bis hinunter zum Fußbereich ist die Verwendung einer farbigen Hintergrundgrafik. Diese Grafik wird einem Element zugewiesen, das immer bis zum Fußbereich reicht, zum Beispiel `#wrapper`. Dan

Cederholm hat diese Technik »faux column« (»falsche Spalte«) getauft.

Für das folgende ToDo benötigen Sie eine farbige Grafik, die so breit ist wie der Navigationsbereich erscheinen soll. 130 x 5 Pixel wäre im Beispiel eine gute Größe.

Am einfachsten erstellen Sie eine Kopie von `farbverlauf.jpg` und verkürzen diese mit einem Bildbearbeitungsprogramm auf 130 Pixel. Sie können sich die Beispielgrafik `farbverlauf_navi.jpg` auch von *http://little-boxes.de* herunterladen.

Damit der Fußbereich nicht auch farbig hinterlegt wird, weisen Sie ihm explizit die Hintergrundfarbe weiß zu.

ToDo: Eine Hintergrundfarbe für die Navigationsspalte

1. Ergänzen Sie die vorhandene Regel für `#wrapper` wie folgt:

```
#wrapper {
   color: black;
   background: white url(farbverlauf_navi.jpg) repeat-y top left;
   width: 720px;
   margin: 10px auto;
}
```

2. Geben Sie dem Fußbereich eine weiße Hintergrundfarbe:

```
#fussbereich {
   color: black;
   background-color: white;  /* Deckweiß */
   padding: 10px 20px 20px 20px;
   border-top: 1px solid #8c8c8c;
   /* margin-top: 20px; entfernen */
}
```

3. Speichern Sie das Stylesheet und betrachten Sie die Webseiten im Browser.

Und fertig ist das zweispaltige Layout auf der Basis von `float` und `margin`. Naja, fast fertig jedenfalls.

Abbildung 14.7: Das zweispaltige Layout mit float und margin

Schritt 7: Den Fußbereich clearen

Die Navigationsspalte geht scheinbar bis nach unten, und es sieht alles wunderbar aus. Aber fehlt da nicht noch etwas? Richtig. Der Fußbereich muss gecleart werden, damit er immer unterhalb der gefloateten Navigation bleibt.

ToDo: Den Fußbereich clearen

1. Ergänzen Sie die vorhandene Regel für `#fussbereich` wie folgt:

```
#fussbereich {
   clear: both;
   color: black;
   background-color: white;
   padding: 10px 20px 20px 20px;
   border-top: 1px solid #8c8c8c;
}
```

2. Speichern Sie das Stylesheet.

Im Browser ändert sich rein optisch gar nichts, aber so *bleibt* die Fußzeile immer unterhalb der Navigation.

Exkurs: Die globale Wirkung von clear

Die Beispielsite ist soweit fertig, und alle drei Seiten funktionieren. Zum Abschluss noch eine Überlegung, die Ihnen bei eigenen Experimenten eine Menge Kopfschmerzen ersparen kann.

Erinnern Sie sich noch an den kurzen Abschnitt über die lokale und globale Wirkung von `clear`? Dort hieß es auf Seite 230:

> *Wenn `clear` für ein HTML-Element definiert wird, das in sich einem statisch positionierten (also im Flow befindlichen) Eltern-Element befindet, gilt das `clear` für alle auf der Seite vorhandenen `float`-Umgebungen, weshalb man auch von einer globalen Wirkung spricht.*

Beim Clearen des Fußbereichs in Schritt 7 ist das erwünscht, damit der Fußbereich immer unterhalb der anderen Spalten bleibt, aber das ist nicht immer so:

- Am Ende von Kapitel 12 haben Sie mit der Eigenschaft `overflow: hidden` für das Element `<div class="galerie">` dafür gesorgt, dass die gefloateten Grafiken umschlossen werden.
- Stellen Sie sich vor, Sie hätten stattdessen Lösung Nummer 1 genommen, ein zusätzliches HTML-Element, das gecleart wird.

Um den Effekt sichtbar zu machen, habe ich den Navigationsbereich ein bisschen verlängert:

Abbildung 14.8: Die globale Wirkung von clear erzeugt eine Lücke

Das zweite Bild wird unter den gefloateten Navigationsbereich geschoben. Dieser Effekt tritt auf, weil `<div class="galerie">` sich in `#textbereich` befindet, einem statischen, im normalen Flow befindlichen Element, und das `clear` am Ende dieses Bereiches deshalb eine globale Wirkung entfaltet.

Das folgende Element (also das zweite `<div class="galerie">`) beginnt daher unterhalb des nach links gefloateten Navigationsbereiches. Aus diesem Grunde ist in einem `float`-basierten Layout für Boxen im Textbereich die Lösung mit `overflow: hidden` meist geeigneter.

14.2 Dreispaltiges Layout mit float und margin

Das eben erstellte zweispaltige Layout lässt sich relativ leicht in ein dreispaltiges verändern, das dann wie folgt aussehen könnte:

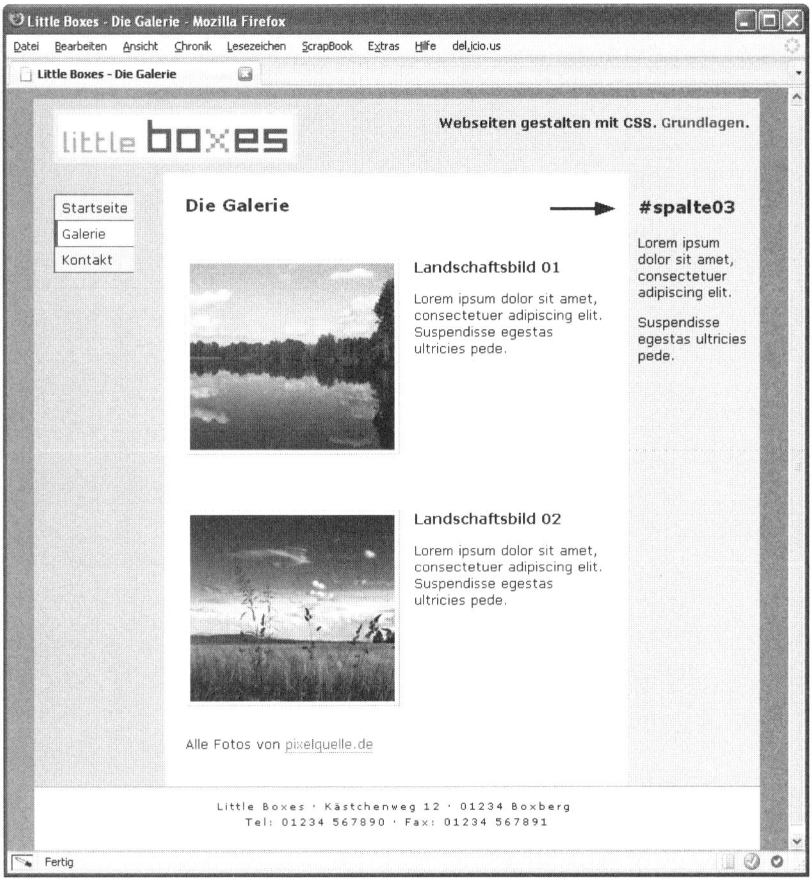

Abbildung 14.9: Ein dreispaltiges Layout mit float und margin

Das HTML für die dritte Spalte

Im HTML benötigen Sie dazu eine dritte Spalte, die im Quelltext *vor* dem Textbereich stehen muss:

ToDo: Einen zusätzlichen div-Bereich im HTML einfügen

1. Fügen Sie folgenden `div`-Bereich in allen drei HTML-Dateien ein:

```
...
</div> <!-- Ende navibereich -->

<div id="spalte03">
<h2>#spalte03</h2>
<p>Lorem ipsum dolor sit amet, consectetuer adipiscing elit.</p>
<p>Suspendisse egestas ultricies pede.</p>
</div>

<div id="textbereich">
...
```

2. Speichern Sie die drei Webseiten und betrachten Sie sie im Browser.

Die Anpassungen im CSS

Die im HTML neu erzeugte Spalte wird mit einem neuen Style und einem rechten Außenrand für `#textbereich` in das vorhandene Layout eingefügt.

Die Hintergrundfarbe bekommt `#spalte03` von `#wrapper` und wäre deshalb eigentlich weiß. Eine eigene Farbe kann die Spalte nicht so ohne weiteres bekommen, da kein HTML-Element vorhanden ist, an dem man die »falsche Spalte« aufhängen könnte.

Um der dritten Spalte trotzdem einen farbigen Hintergrund zu geben, benötigen Sie eine neue Hintergrundgrafik: `720px` breit, links `130px` farbig, in der Mitte `460px` weiß und rechts `130px` farbig.

Am einfachsten erstellen Sie eine Kopie von `farbverlauf.jpg` und färben den mittleren Bereich weiß. Sie können sich die Beispielgrafik `farbverlauf_dreispaltig.jpg` auch von *http://little-boxes.de* herunterladen oder eine eigene Grafik erstellen.

ToDo: Die dritte Spalte im CSS gestalten

1. Ändern sie das Stylesheet `bildschirm.css` wie folgt:

```
#wrapper {
   color: black;
   background: white url(farbverlauf_dreispaltig.jpg) repeat-y ;
   width: 720px;
   margin: 10px auto;
}
#spalte03 {
   float: right;
   width: 110px;
   padding: 10px;
   padding-top: 20px;
}
#textbereich {
   padding: 20px 10px 20px 20px;
   margin-left: 130px;
   margin-right: 130px;
}
```

2. Speichern Sie das Stylesheet und betrachten Sie die Webseiten im Browser.

Im ersten Style weisen Sie `#wrapper` die neue Hintergrundgrafik zu, im zweiten wird die dritte Spalte mit einer Breite von `110px` nach rechts gefloatet. Dazu kommen noch die 2 x `10px` `padding` rechts und links, sodass die Spalte genau in die `130px` `margin-right` passt.

Tutorial bei The Style Works

Tipp

Auch für `float`-basierte Layouts gibt es auf TheStyleWorks ein deutschsprachiges Tutorial:

- *http://thestyleworks.de/tut-art/layout_div_2.shtml*

14.3 Zweispaltiges Layout mit entgegengesetzten Floats

Die Mischung aus `float` und `margin` ist sehr übersichtlich und einfach zu realisieren. Ein möglicher Nachteil ist, dass die mittlere Spalte `#textbereich` im Quelltext zwingend *nach* den gefloateten Randbereichen stehen muss. Deshalb möchte ich Ihnen im Folgenden noch kurz eine andere Methode zur Erstellung von `float`-basierten Layouts vorstellen, bei der die Reihenfolge der Bereiche im HTML etwas flexibler sein kann.

Zunächst erstellen Sie damit ein Layout mit zwei Spalten: Die eine Spalte schwebt mit `float:left` nach links und die andere mit `float:right` nach rechts. weshalb diese Methode auch *entgegengesetzte Floats* (*opposing floats*) genannt wird.

Eine andere Reihenfolge im HTML

Ein Vorteil der entgegengesetzten Floats ist wie gesagt, dass Sie im HTML die Reihenfolge von `#textbereich` und `#navibereich` einfach umdrehen können, ohne dass das Layout sich ändert:

ToDo: Die Reihenfolge von Text- und Navibereich im HTML ändern

1. Löschen Sie auf allen drei Webseiten das auf Seite 272 eingefügte div-Element (`<div id="spalte03">...</div>` für die dritte Spalte.
2. Ändern Sie die HTML-Struktur auf allen drei Webseiten wie folgt:

```
<div id="wrapper">
   <div id="kopfbereich"> ...</div>
   <div id="textbereich">
   <!-- Zuerst der Textbereich ... -->
   </div>
   <div id="navibereich">
   <!-- ... dann die Navigation. -->
   </div>
   <div id="fussbereich"> ...</div>
</div>
```

3. Speichern Sie die Webseiten und betrachten Sie sie im Browser.

Einige Webdesigner bevorzugen diese Quelltext-Reihenfolge, da im Rahmen der Barrierefreiheit der Inhalt dann vor der Navigation steht und Benutzer ohne CSS sich nicht erst durch die Navigation kämpfen müssen, um den Inhalt zu finden.

Andere Designer belassen die Navigation vor dem Inhalt, bieten Besuchern ohne CSS aber einen Skip-Link. Beides sind diskutierbare Meinungen, keine unumstößlichen Tatsachen, und eigentlich nicht wichtig genug für Glaubenskriege.

Apropos Skip-Link. Der springt auf allen drei Seiten zum Textbereich, der jetzt aber sowieso direkt nach dem Kopfbereich kommt. Sinnvoller wäre da ein Link zur Navigation:

```
<div class="skiplink"><a href="#navibereich">Zur Navigation</a></div>
```

Listing 14.1: Der Skip-Link ist jetzt sinnvoller zur Navigation

Das CSS anpassen

Im CSS bekommt `#wrapper` für das zweispaltige Layout wieder die kurze Hintergrundgrafik `farbverlauf_navi.jpg` zugewiesen. Ansonsten muss für die entgegengesetzten Floats nur der Style für `#textbereich` ein bisschen geändert werden:

- Der linke Außenrand wird nicht mehr benötigt und kann gelöscht werden.
- Dafür wird der gesamte Textbereich nach rechts gefloatet und bekommt deshalb eine feste Breite.

Und los geht's.

ToDo: Den Textbereich nach rechts floaten

1. Ändern Sie die Styles in `bildschirm.css` wie folgt:

```
#wrapper {
   color: black;
   background: white url(farbverlauf_navi.jpg) repeat-y ;
   width: 720px;
   margin: 10px auto;
}

#textbereich {
   float: right;
   width: 560px;
   padding: 20px 10px 20px 20px;
}
```

2. Speichern Sie das Stylesheet und betrachten Sie die Webseiten im Browser.

Optisch hat sich im Browser nichts geändert, nur im Quelltext kann der Textbereich jetzt *vor* dem Navigationsbereich stehen:

Abbildung 14.10: Entgegengesetzte floats – optisch kein Unterschied

Tipp

Patch für den Internet Explorer

Der Internet Explorer 6 berechnet die Spaltenbreiten nicht ganz korrekt und kommt dadurch ein bisschen durcheinander. Deshalb bekommt er per Sternchen-Hack 6 Pixel weniger für den Navigationsbereich:

```
* html #navibereich { width: 104px; } /* Patch für IE6 */
```

14.4 Dreispaltig mit entgegengesetzten Floats

Für die Erweiterung von 2 auf 3 Spalten benötigen Sie bei dieser Variante innerhalb des Textbereichs zwei zusätzliche `div`-Bereiche, `#text01` und `#text02`, die dann auch wieder nach links bzw. rechts gefloatet werden.

Zwei zusätzliche Bereiche im HTML einfügen

Der bisherige Inhalt steht dann in `#text01`, während `#text02` zur dritten Spalte auf der rechten Seite wird und nur ein bisschen Fülltext erhält.

Die Reihenfolge von `#text01` und `#text02` im Quelltext spielt keine Rolle, da die beiden Bereiche wieder mit entgegengesetzten Floats positioniert werden.

ToDo: Das HTML für das dreispaltige Layout vorbereiten

1. Ändern Sie die HTML-Struktur auf allen drei Webseiten wie folgt:

```
<div id="wrapper">
   <div id="kopfbereich"> ...</div>
   <div id="textbereich">
      <div id="text01">
      <!-- Bisheriger Inhalt aus #textbereich -->
      </div>
      <div id="text02">
      <h2>#text 02</h2>
      <p>Lorem ipsum ...</p>
      <p> Suspendisse egestas ...</p>
      </div>
   </div>
   <div id="navibereich"> ...</div>
   <div id="fussbereich"> ...</div>
</div>
```

2. Speichern Sie die Webseiten und betrachten Sie sie im Browser.

Die beiden neuen Spalten im CSS gestalten

Jetzt werden die beiden neuen Spalten im CSS gestaltet. Der Textbereich hat eine Breite von 560px (plus 30px padding), die Sie im Stylesheet zwischen den beiden neuen Bereichen beliebig aufteilen können.

Die Hintergrundfarbe für die dritte Spalte wird wieder durch die #wrapper zugewiesene Hintergrundgrafik farbverlauf_dreispaltig.jpg erzeugt.

ToDo: Die beiden neuen Spalten per CSS gestalten

1. Ändern Sie ggf. die Hintergrundgrafik für #wrapper:

```
#wrapper {
   color: black;
   background: white url(farbverlauf_dreispaltig.jpg) repeat-y ;
   width: 720px;
   margin: 10px auto;
}
```

2. Entfernen Sie das padding von #textbereich.
3. Ergänzen Sie die folgenden Styles in bildschirm.css wie folgt, am besten nach den Styles für den #textbereich:

```
#text01 {
   float: left;
   width: 400px;
   padding: 20px 10px 20px 20px;
}
#text02 {
   float: right;
   width: 110px;
   padding: 10px;
}
```

4. Speichern Sie das Stylesheet und betrachten Sie die Webseiten im Browser.

Im Browser sieht das dann so aus:

Abbildung 14.11: 3-Spalten Layout mit doppeltem float:left und float:right

14.5 Auf einen Blick

Hier noch einmal die wichtigsten Punkte dieses Kapitels im Überblick:

- Zwei Methoden für `float`-basierte Layouts sind
  - `float` und `margin`
  - `float: left` und `float: right` (entgegengesetzte Floats)
- In beiden Varianten kann man problemlos zwei- oder dreispaltige Layouts erstellen.
- `float` und `margin` ist einfach zu handhaben, aber die Reihenfolge der `div`-Bereiche im HTML-Quelltext ist festgelegt.
- Bei entgegengesetzten Floats ist die Reihenfolge der Bereiche im HTML zum Teil beliebig.

Kapitel 15

Layouts für Fortgeschrittene

Worin Sie flexible Layouts kennen lernen und was der Unterschied zwischen flüssig und elastisch ist. Weiterhin werden einige Sites zum Downloaden von fertigen Vorlagen gezeigt und das CSS-Framework YAML kurz vorgestellt.

Bis jetzt haben Sie alle Breitenangaben in Pixel gemacht, weil das Layouten mit CSS mit festen Pixelangaben besonders für den Einstieg berechenbar und einfach zu verstehen ist.

Ein Nachteil von pixelbasierten Layouts ist die mangelnde Flexibilität, weswegen ich Ihnen hier kurz zwei Alternativen vorstellen möchte, für die sich etwas seltsame Bezeichnungen eingebürgert haben:

- Flüssige (»liquid«) Layouts haben Breitenangaben in Prozent
- Elastische (»elastic«) Layouts haben Breitenangaben in der Einheit `em`

Dieses Kapitel geht eigentlich schon über die im Untertitel des Buches angekündigten »Grundlagen« hinaus und dementsprechend werden die Themen nur kurz angerissen.

Dirk Jesse hat sich mit den Problemen rund um flexible Layouts ausgiebig beschäftigt und mit YAML, das am Ende dieses Kapitels kurz vorgestellt wird, eine robuste Grundlage geschaffen, auf der man seine eigenen Designideen verwirklichen kann. So kann man mit YAML z. B. auch ohne »Faux Columns« farbige Spalten erstellen.

Tipp

Liquide, elastisch, frustriert

Sie sollten flüssige und elastische Layouts erst probieren, wenn Sie feste, pixelbasierte Layouts gut im Griff oder eine ausgeprägte Frustrationstoleranz haben. Bei flüssigen und elastischen Layouts passiert nicht immer das, was man gerade erwartet.

15.1 Liquid Layouts (mit Prozentangaben)

Die `div`-Bereiche bekommen bei flüssigen Layouts eine Breitenangabe in Prozent und orientieren sich daher an der Größe des Browserfensters. Wenn Sie `#wrapper` statt `720px` eine Breite von `85%` geben, hat dieser `div`-Bereich immer eine Breite von `85%` des Browserfensters, egal wie groß oder klein es gerade ist.

Der Vorteil ist, dass gerade bei großen Bildschirmauflösungen die zur Verfügung stehende Bildschirmfläche besser ausgenutzt wird. Dieser Vorteil kann aber auch zum Nachteil geraten, denn bei sehr breiten (oder sehr schmalen) Browserfenstern erschwert die zu große (oder zu kleine) Zeilenlänge des Textes das Lesen.

Im folgenden Beispiel wird das dreispaltige Layout mit entgegengesetzten Floats aus dem vorherigen Abschnitt auf Prozent umgestellt. Die beiden Randspalten behalten die festen Pixelangaben.

Mit den genauen Prozentangaben können Sie ruhig ein bisschen experimentieren, wobei das folgende Listing als Anhaltspunkt dienen sollte:

Listing 15.1: Liquid Layout mit Prozentangaben

```
#wrapper {
   width: 85%;
   min-width: 720px;
   max-width: 80em;
}
#navibereich {
   float:left;
   width: 15%;
   padding-left: 2%;
}
```

```
/* IE mag die Prozentangabe bei padding-left nicht */
* html #navibereich { padding-left: 20px; }

#textbereich {
  float: right;
   width: 81%;
}
#text01 {
   float: left;
   width: 75%;
   padding: 20px 1% 20px 2%;
}
#text02 {
   float: right;
   width: 19%;
   padding: 20px 1% 20px 0;
}
```

Und so sieht dieses Layout im Browser aus. Um zu sehen, wie sich die Prozentangaben auswirken, verändern Sie die Größe des Browserfensters:

Abbildung 15.1: Flüssiges, dreispaltiges Layout (mit Prozentangaben)

Die 85% für `#wrapper` sind das Ergebnis von Trial, Error und Lesen im Quelltext von anderen Sites. Die Angabe von `min-width` bewirkt, dass in Browsern, die diese Angabe verstehen, das Layout nicht schmaler als `720px` wird. Die Angabe von `max-width: 80em` beschränkt bei sehr hohen Auflösungen die maximale Breite der Webseite, damit sie nicht zu sehr in die Breite gezogen wird.

Navigations- und Textbereich werden so aufgeteilt, dass sie bei verschiedenen Auflösungen einigermaßen gut aussehen. In Zahlen ausgedrückt bedeutet das:

- `15%` für den Navigationsbereich (plus `padding-left` von `2%`)
- `81%` für den Textbereich

Man sollte immer darauf achten, dass horizontale Werte für `width`, `padding` und `margin` in derselben Einheit angegeben werden, ansonsten wird es rechnerisch wirklich schwierig.

Die Prozentangaben bei der Berechnung der zwei Spalten `#text01` und `#text02` innerhalb des Textbereiches beziehen sich übrigens auf die Breite von `#textbereich` und nicht auf die von `#wrapper`. Im Beispiel werden die beiden Spalten folgendermaßen aufgeteilt:

- `75%` für `#text01` (plus 3% `padding`)
- `19%` für `#text02` (plus 1% `padding`)

Schwierig ist bei variablen Layouts die farbige Gestaltung der Randspalten, denn der Trick mit der Hintergrundgrafik funktioniert am Besten bei Layouts mit festen Pixelbreiten.

Das Layout dient nur zur Veranschaulichung des Prinzips, verhält sich aber in modernen Browsern okay, für den Internet Explorer 6 müsste man an einigen Stellen noch ein bisschen nachbessern.

Tipp

Faux Columns für flüssige Layouts

Dave Child hat eine Möglichkeit gefunden, *Faux Columns* auch für flüssige, auf Prozentangaben basierende Layouts einzusetzen:

- *http://ilovejackdaniels.com/css/faux-columns-for-liquid-layouts/*

15.2 Elastische Layouts (Angaben in em)

Elastische Layouts sind anfangs noch schwieriger zu begreifen als flüssige, denn sie basieren auf der gerade benutzten Schriftgröße, und das sprengt nicht nur bei Einsteigern oft das Vorstellungsvermögen.

Um bei den Berechnungen nicht völlig ins Schwimmen zu geraten, empfiehlt sich ein kleiner Trick, den Richard Rutter in einem lesenswerten Artikel entwickelt hat (*http://www.clagnut.com/blog/348/*).

Der Trick ist, die Schriftgröße für `body` auf 62,5% zu definieren:

```
body { font-size: 62.5%; }
```

Listing 15.2: Schriftgröße für body auf 62,5% festlegen

Sie müssen nach dieser Maßnahme den Schriftgrad für die anderen Elemente vergrößern, aber die Erstellung von `em`-basierten Layouts wird durch diese mathematische Spielerei stark vereinfacht.

Hier der Gedankengang dahinter im Detail:

- `1em` entspricht der Standardschriftgröße.
- Bei fast allen Browsern ist die Standardschriftgröße `16px`.
- Mit runden Zahlen wie 10 kann man leichter rechnen als mit krummen wie 16.
- 10 verhält sich zu 16 wie 62,5 zu 100.

Die Quintessenz ist enorm praktisch: Um ein pixelbasiertes Layout in ein `em`-basiertes zu konvertieren, müssen Sie nur alle Angaben durch 10 teilen und `px` durch `em` ersetzen.

Der folgende Vergleich zeigt das eindrucksvoll:

Tabelle 15.1: Links das pixelbasierte Layout, rechts die Entsprechung in em

pixelbasiertes Layout	*em*-basiertes Layout
`#wrapper {`	`#wrapper {`
`width:` **`720px;`**	`width:` **`72em;`**
`margin: auto;`	`margin: auto;`
`}`	`}`
`#textbereich {`	`#textbereich {`
`float: right;`	`float: right;`
`width:` **`560px;`**	`width:` **`56em;`**
`}`	`}`
`#text01 {`	`#text01 {`
`float: left;`	`float: left;`
`width:` **`370px;`**	`width:` **`37em;`**
`padding-right:` **`10px`**	`padding-right:` **`1em`**
`padding-left:` **`20px`**	`padding-left:` **`2em;`**
`}`	`}`
`#text02 {`	`#text02 {`
`float: right;`	`float: right;`
`width:` **`110px;`**	`width:` **`11em;`**
`padding-left:` **`10px;`**	`padding-left:` **`1em;`**
`}`	`}`
`#navibereich {`	`#navibereich {`
`float: left;`	`float: left;`
`width:` **`110px;`**	`width:` **`11em;`**
`padding-left:` **`20px`**	`padding-left:` **`2em;`**
`}`	`}`

Bei normaler Schriftgröße sehen Sie kaum einen Unterschied zwischen festem und elastischem Layout:

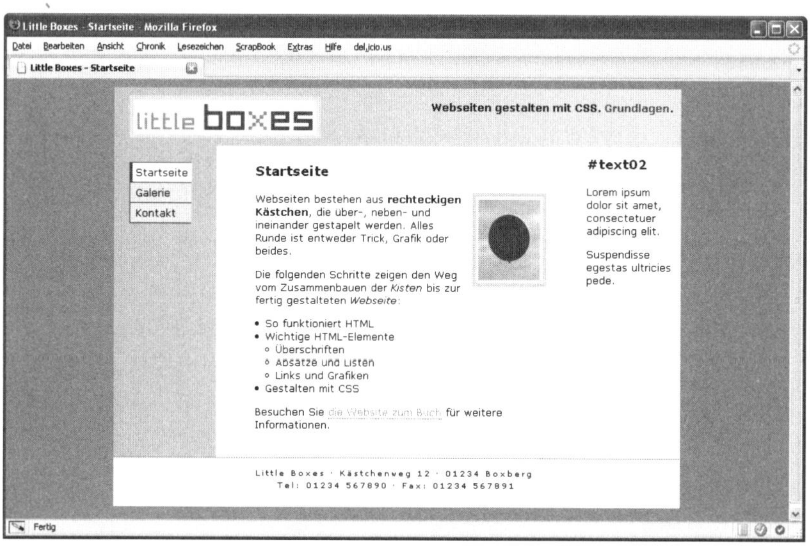

Abbildung 15.2: Ein em-basiertes Layout bei normaler Schriftgröße

In der nächsten Abbildung sehen Sie den Vorteil eines em-basierten Layouts: Bei einer Vergrößerung der Schriftart wachsen die Spaltenbreiten dynamisch mit.

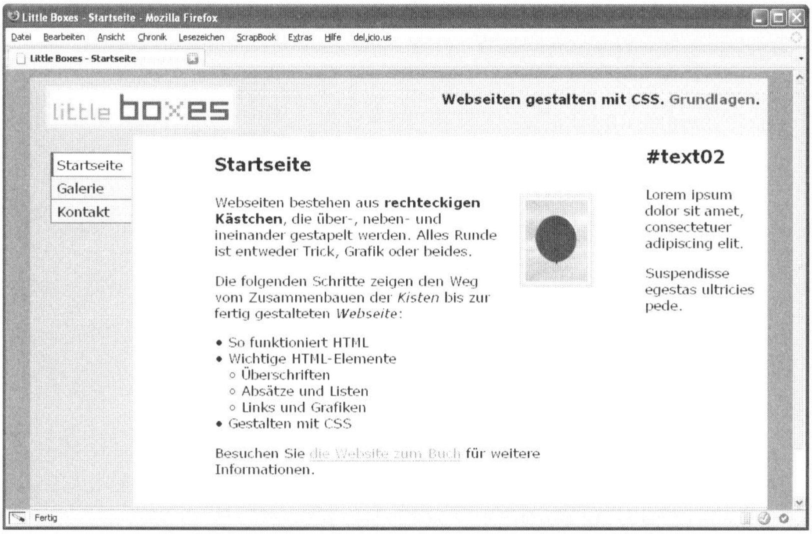

Abbildung 15.3: Elastisches Layout mit vergrößerter Schrift

Was zunächst beeindruckend aussieht, hat natürlich auch Nachteile:

- Bei verschachtelten Elementen wird em unter Umständen immer kleiner, was im Webdesigner-Alltag so manche Überraschung mit sich bringen kann.
- Ein elastisches Layout wächst bei großer Schriftart leicht über 100% hinaus und zwingt den Benutzer so zum horizontalen Scrollen.
- Auch bei elastischen Layouts gibt es Probleme mit farbigen Spaltenhintergründen, die auf der »Faux Column«-Technik beruhen. Der farbige Hintergrund wächst nicht mit.

Man kann Pixel, Prozent und em auch mischen ...

15.3 Fertige CSS-Layouts

Es gibt dort draußen im Web wahrscheinlich hunderte und tausende von Sites, die fertige CSS-Vorlagen zum Download anbieten. Vier davon möchte ich Ihnen kurz vorstellen.

OSWD – Open Source Web Design

OSWD wird von Francis J. Skettino aus den USA betrieben und stellt derzeit über 1600 fertige, kostenlose Designs zum Download bereit:

> »Open Source Web Design is a site to download free web design templates and share yours with others. We help make the internet a prettier place.«

Die Site ist recht übersichtlich, und es macht einfach Spaß, ein bisschen rumzustöbern:

- *http://www.oswd.org/*

Abbildung 15.4: Open Source Web Design

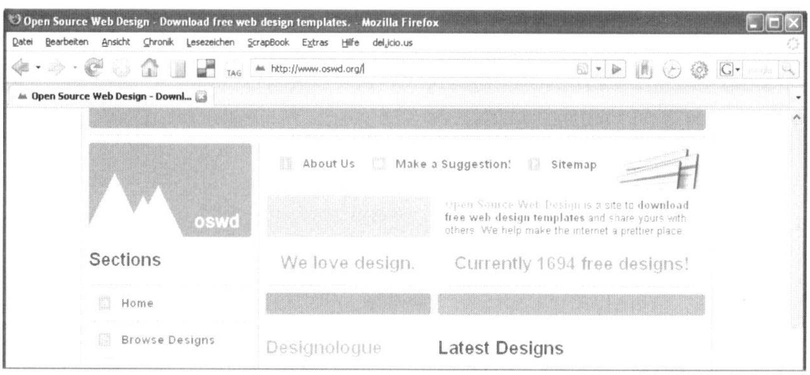

FreeCSSTemplates.org

Wenn Sie sich bei OSWD von der Menge der Layouts erschlagen fühlen, schauen Sie sich diese Site an, auf der es momentan nur 44 Templates zum Download gibt:

- *http://freecsstemplates.org/css-templates/*

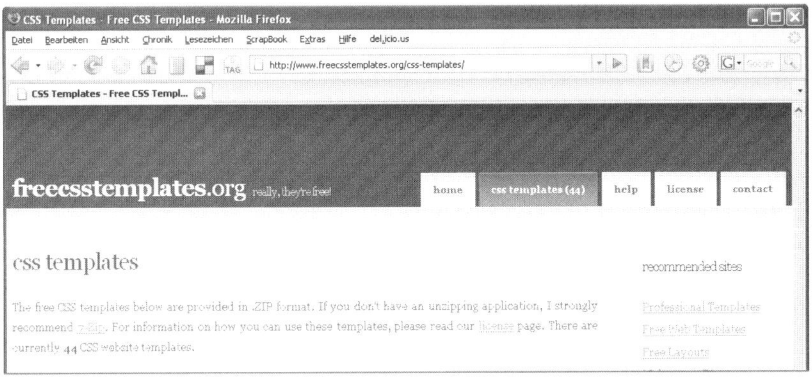

Abbildung 15.5: Free CSS Templates

Die Intensivstation aus der Schweiz

Die CSS-INTENSIVSTATION gibt in ihren eigenen Worten »Einblicke, Hilfen, Tipps und Templates fuer den Umgang mit CSS2 und tableless Design.«

Die bekannteste Abteilung der Intensivstation ist wahrscheinlich die Rubrik *CSS-Templates*:

- *http://intensivstation.ch/templates/*

Abbildung 15.6: Die CSS Templates der Intensivstation

Die Layout Gala aus Italien

Alessandro Fulcinitis *Layout Gala* ist auf Englisch (oder Italienisch) und bietet über 40 float-basierte Layouts in diversen Variationen:

- *http://blog.html.it/layoutgala/*

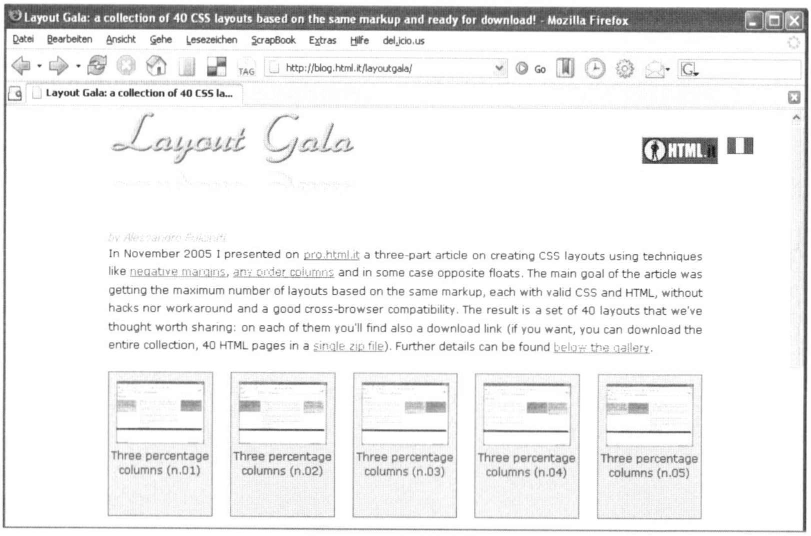

Abbildung 15.7: Die Layout Gala von Alessandro Fulciniti

15.4 YAML – Yet Another Multicolumn Layout

Je komplexer die CSS-Layouts werden, desto größer sind die Chancen, sich dabei irgendwo einen Knoten im Denken, eine Brise Browserbugs oder auch beides einzufangen.

Angeregt von Webkrauts-Gründer Jens Grochtdreis, hat Dirk Jesse aus Dresden im Herbst 2005 begonnen, ein flexibles Layout-System zu konzipieren, mit dem man recht einfach alle möglichen verschiedenen Layouts realisieren kann, ohne bei jedem Projekt wieder bei Null anfangen zu müssen.

YAML ist *kein* Fertiglayout, sondern eher ein Baukasten-System, ein so genanntes *Framework*, das als Grundlage für die Entwicklung eigener, float-basierter CSS-Layouts dient:

- *http://yaml.de/*

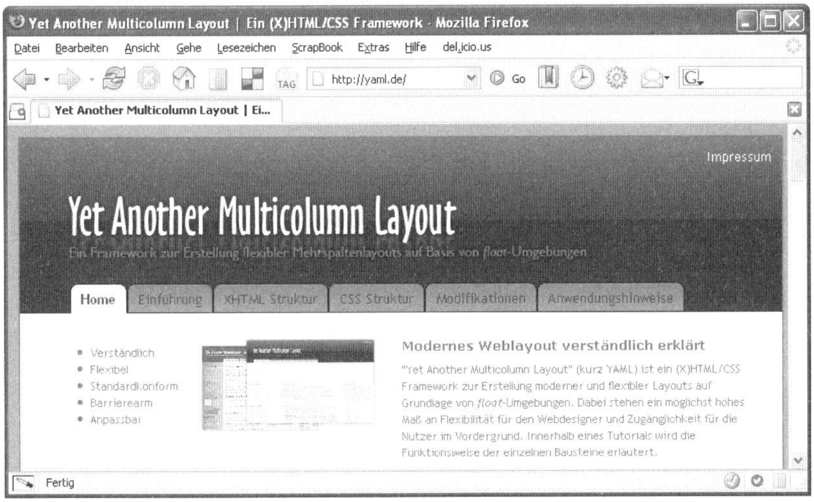

Abbildung 15.8: Yet Another Multicolumn Layout von Dirk Jesse

YAML erfordert eine gewisse Einarbeitungszeit, aber auf der Site gibt es ein hervorragendes Tutorial, das die Funktionsweise von und die praktische Arbeit mit dem Framework erläutert. YAML ist inzwischen auch als Buch erhältlich (siehe Seite 319).

Je mehr Webseiten Sie erstellen, desto eher lohnt sich die Einarbeitung in YAML.

15.5 Auf einen Blick

Hier noch einmal die wichtigsten Punkte dieses Kapitels im Überblick:

- Man unterscheidet unter anderem folgende Arten flexiblen Layouts:
  - Flüssige (»liquid«) Layouts mit Breitenangaben überwiegend in Prozent
  - Elastische (»elastic«) Layouts mit Breitenangaben in `em`
- Das Web ist voll von kostenlosen, fertigen CSS-Layouts zum Downloaden.
- YAML von Dirk Jesse ist ein CSS-Framework, ein Baukastensystem, das zwar eine gewisse Einarbeitungszeit erfordert, mittelfristig aber viel Zeit erspart, weil man nicht für jede Site wieder bei Null anfangen muss.

Kapitel 16

Patchwork: Flicken im CSS

Worin Sie erfahren, dass die Welt von CSS heil ist, die der Browser aber nicht.

Die Browser mussten im Laufe der letzten Jahre CSS erst mühsam lernen, und daher gilt die Grundregel: Je älter ein Browser ist, desto weniger und fehlerhafter unterstützt er CSS. Was ja gleichzeitig auch eine gute Nachricht ist, denn vielleicht fällt dieses Kapitel über Patchwork irgendwann einmal einfach weg.

16.1 Patches und Hacks

Ohne Patches (dasselbe wie Hacks) wäre in den vergangenen Jahren das Layouten mit CSS in vielen Fällen unmöglich gewesen. In manchen CSS-Büchern ist dementsprechend der Abschnitt über Patches umfangreicher als die Erklärung wichtiger Konzepte wie z. B. der Kaskade.

Vor dem Einbau von Patches gründlich checken

Ganz verzichten kann man darauf immer noch nicht, aber es bleibt zu hoffen, dass mit dem langsamen Aussterben alter Browser die Notwendigkeit stets weiter abnimmt. Testen Sie die Seite in standardkonformen Browsern wie Firefox oder Opera und versuchen Sie auszuschließen, dass auf Ihrer Seite ein Denkfehler vorliegt.

Ob ein bestimmter Browser Probleme mit einer bestimmten Eigenschaft hat, können Sie zum Beispiel bei CSS4You in der Übersicht »Browser-Kompatibilität« überprüfen:

- *http://css4you.de/browsercomp.html*

Inline-Patches und zusätzliche Stylesheets

Wann immer einige Browser eine Spezialbehandlung zur korrekten Darstellung von CSS benötigen, gibt es im Wesentlichen zwei Möglichkeiten:

1. *Inline-Patches*: Notierung der Patches im Stylesheet selbst, direkt bei den betroffenen Styles.
2. *Zusätzliche Stylesheets*: Notierung der Patches in einem zusätzlichen Stylesheet, das nur bestimmte Browser zu sehen bekommen.

Inline-Patches sind sehr praktisch zum Testen während der Entwicklungsarbeit, werden auf Dauer aber unübersichtlich und schwer zu managen.

Zusätzliche Stylesheets haben den Vorteil, dass das ursprüngliche und korrekte CSS besser zu lesen und die Verwaltung der Patches einfacher ist. Beispiele dafür werden Sie weiter unten mit der `@import`-Weiche und den *Conditional Comments* kennen lernen.

Inline-Patches: Sternchen & Co.

Als Vertreter der Inline-Patches möchte ich Ihnen den *Sternchen-Hack* kurz vorstellen, den Sie im Verlauf des Buches bereits kennen gelernt haben:

```
* html#div.galerie{ height: 1%; }
```

Mit dem Sternchen-Hack kann man Styles explizit an den Internet Explorer bis V6 geben.

- Der Selektor `* html` wählt alle Elemente aus, in denen das Element `html` enthalten ist.

- Da `html` jedoch das Stammelement ist, gibt die Anweisung keinen Sinn, und fast alle Browser ignorieren deswegen den kompletten Style.
- Fast alle, denn der Internet Explorer bis inklusive V6 ignoriert das Sternchen am Anfang und arbeitet den Rest der Zeile ab.

Zum Testen während der Entwicklung ist der Sternchen-Hack sehr praktisch. Nachteil ist, dass die Patches über das ganze Stylesheet verteilt sind und man leicht die Übersicht verliert.

Alle Inline-Patches mit zum Teil so wunderschönen Namen wie *Tantek's Box Model Hack*, *Vereinfachter Box Model Hack* und *Erweiterter Vereinfachter Box Model Hack* stehen direkt im CSS und erschweren das Lesen der Styles zum Teil enorm.

Einige CSS-Autoren scheinen nach dem Motto zu arbeiten »Je mehr Patches, desto mehr Experte«. Das Gegenteil ist der Fall: Sie sollten Patches nur einsetzen, wenn es gar nicht anders geht.

Die folgenden Adressen verschaffen einen guten Überblick:

- *http://csshilfe.de/browserspezifisches/*
- *http://bs-markup.de/blog/archiv/2005/12/12/css-hack-diat/*
- *http://de.selfhtml.org/css/layouts/browserweichen.htm*

@import – Styles vor alten Browsern verstecken

`@import` ist bei der Verbindung von HTML und CSS eine Alternative zu `link` und hat den Vorteil, dass alte Browser wie Netscape 4 den Befehl nicht verstehen und deshalb die für sie so schwer verdaulichen CSS-Regeln gar nicht zu sehen bekommen. Hier ein Beispiel:

```
<head>
   <!-- Andere HTML-Elemente -->

   <style type="text/css">
      @import url(bildschirm.css);
   </style>

</head>
```

Listing 16.1: Die Verbindung zum Stylesheet mit @import

Um bei `@import` das CSS auf ein bestimmtes Ausgabemedium zu beschränken, schreiben Sie es einfach hinter den Befehl (geht nicht im IE6 und kleiner):

Listing 16.2: Die Definition eines Ausgabemediums bei Verwendung von @import

```
<head>
  <!-- Andere HTML-Elemente -->

  <style type="text/css">
    @import url(bildschirm.css) screen;
    @import url(druckversion.css) print;
  </style>

</head>
```

Tipp

Mehr zu @import

Weitere Details zu `@import` können Sie bei *The Style Works* nachlesen:

- *http://thestyleworks.de/ref/at_import.shtml*

16.2 Der Internet Explorer

Alle Browser haben Bugs, aber der Internet Explorer hat scheinbar ein paar mehr als andere. Deshalb bekommt er im Kapitel über Patches auch einen eigenen Abschnitt.

Kurze Geschichte des Internet Explorer

Nachdem Microsoft den ersten großen Browserkrieg von 1996 bis 1998 gegen Netscape für sich entscheiden konnte, ist der Internet Explorer das weltweit meistbenutzte Programm zum Betrachten von Webseiten:

- Die 5er Serie des Internet Explorer wurde zwischen 1999 bis 2001 gebaut und hat einige fundamentale Schwächen im Umgang mit CSS, auf die Sie heute noch Rücksicht nehmen müssen (sofern Sie Besucher mit IE 5.x erwarten).
- IE6 erschien im Oktober 2001 und hatte für damalige Verhältnisse eine recht gute CSS-Unterstützung. Allerdings wurde daran in den letzten Jahren nichts mehr verbessert.

IE 6 kennt – wie andere Browser auch – noch eine kleine Besonderheit, nämlich den so genannten *Quirks-Modus* (»Pfusch-Modus«). Im Quirks-Modus, der durch eine unvollständige oder fehlerhafte doctype-Angabe (siehe Seite 43) ausgelöst wird, verhält sich der IE6 wie seine Vorgänger.

Der Ende 2006 veröffentliche Internet Explorer 7 ist zwar nicht perfekt, aber viele Schwächen im Bereich CSS sind eliminiert worden. Vielleicht entsteht so nach dem langsamen Aussterben der alten Browser in absehbarer Zeit eine CSS-Welt mit weniger Patches und Flicken, aber jetzt erstmal zurück in die Realität.

Tipp

Wikipedia: Browserkrieg und Internet Explorer

Falls Sie zum Browserkrieg oder zur Geschichte des Internet Explorer mehr wissen möchten, ist die Wikipedia ein guter Ausgangspunkt:

- *http://de.wikipedia.org/wiki/Browserkrieg*
- *http://de.wikipedia.org/wiki/Internet_Explorer*

Der Internet Explorer und das »Layout«

Wenn der Internet Explorer den Quelltext in eine sichtbare Webseite verwandelt, benutzt er ein Konzept, dass seine Entwickler »Layout« getauft haben.

Idealerweise würde ein Browser für alle Elemente auf der Webseite die Größe und Position gemäß der Angaben im Stylesheet berechnen. Da das sehr lange dauern kann, haben die Entwickler des Internet Explorer die Darstellung der Seite etwas beschleunigt:

- Die wichtigsten Elemente einer Seite bekommen das Merkmal *hasLayout.*
- Nur Elemente mit *hasLayout* werden wirklich komplett abgearbeitet.
- Für alle anderen Elemente werden Größe und Position durch das nächste Vorfahrenelement mit *hasLayout* bestimmt.

Viele Bugs des Internet Explorer, insbesondere solche in `float`-Umgebungen, gehen auf dieses Konzept zurück und lassen sich beheben, indem man einem Element explizit *hasLayout* gibt. Das geschieht durch die Deklaration unter anderem folgender CSS-Eigenschaften:

- `position: absolute` und `float`
- `width` und `height` mit Angabe irgendeines Wertes

Auf dieser Erkenntnis beruht der *Holly-Hack*, den Sie bei der Erstellung der Galerie ab Seite 248 bereits eingesetzt haben:

- Das Element `div.galerie` wurde vom Internet Explorer nicht ganz korrekt dargestellt.
- Durch die Anweisung `height: 1%` bekam `div.galerie` das Merkmal *hasLayout*, und schon verstand auch der Internet Explorer alles richtig.

Der Internet Explorer gibt dem Element *hasLayout*, weil es die Eigenschaft `height` hat, ignoriert aufgrund eines anderen Bugs aber die Angabe von `1%` und stellt die Box in ihrer normalen Höhe dar. Einfach, aber effektiv.

Tipp

On Having Layout

Wenn Sie ganz genau wissen wollen, was es mit *hasLayout* auf sich hat – in dem folgenden Artikel wird das Thema wirklich vertieft:

- *http://satzansatz.de/cssd/onhavinglayout.html*

Das etwas andere Box-Modell des IE 5.x

Im Kapitel über das Box-Modell haben Sie auf Seite 132 gelesen, dass die Berechnung der Gesamtbreite einer Box wenig intuitiv ist:

- In der realen Welt sind Polsterung und Rahmenbreite in der Breitenangabe einer Kiste *enthalten*.
- Bei CSS-Boxen wird Polsterung (`padding`) und Rahmenbreite (`border-width`) zur Breitenangabe (`width`) *hinzugefügt*.

Der Internet Explorer 5.x orientiert sich bei der Berechnung der Gesamtbreite einer Box an den intuitiveren Kisten aus der realen Welt, und liegt damit falsch. Der Internet Explorer 6 berechnet die Boxen korrekt, solange er im Standardmodus ist.

Im Klartext: Wenn für irgendeine Box sowohl `width` als auch horizontale Werte für `padding` oder `border` definiert worden sind, stellen IE5.x und IE6 im Quirks-Modus die Box zu klein dar. Hier ein Beispiel:

```
p#beispiel {
   width:400px;
   padding:10px;
   border:solid 10px #333;
}
```

Listing 16.3: CSS-Beispiel zur Berechnung der Breite einer Box

Mit diesem CSS passiert Folgendes:

- Korrekt berechnet hat dieser Absatz eine Breite von **`440px`**: 400px `width` **plus** jeweils 10px `padding-left`, `padding-right`, `border-left` und `border-right`.
- Falsch berechnet ist der Absatz nur noch **`400px`** breit: Die 400px `width` sind inklusive `padding` und `border`. Für den Inhalt bleiben nur noch 360px.

Sie können sich vorstellen, dass diese falsche Berechnung beim Layouten per CSS drastische Konsequenzen haben kann. Solange Sie für Ihre Webseiten einen korrekten `doctype` angeben, arbeitet der IE6 im Standardmodus. Bleibt also nur das Sorgenkind IE5.

Für den IE5.x definieren Sie die Breite der Box noch einmal mit `440px`. Die Angaben für `padding` und `border` bleiben gemäß der Kaskade unverändert, und schon ist die Browserwelt wieder in Ordnung.

```
p#beispiel { width: 440px; }
```

Auf irgendeine Art und Weise müssen Sie nur dem IE5.x diese Box-Berechnung zukommen lassen. Was tun, sprach Zeus, und entdeckte die *Conditional Comments*.

Conditional Comments: Styles nur für den IE

Conditional Comments sind `<!-- Kommentare im HTML -->`, die Sie mit bestimmten Bedingungen verknüpfen können. Solche Kommentare sind eine Erfindung von Microsoft und wurden erstmals im IE5 eingeführt. Alle anderen Browser behandeln die Anweisungen wie einen normalen Kommentar, was sich bei der Verwendung von Patches als sehr vorteilhaft erweist.

Um ein Stylesheet nur an einen Internet Explorer egal welcher Versionsnummer zu schicken, benutzen Sie auf den HTML-Seiten folgenden Kommentar:

Listing 16.4: Conditional Comment – Styles nur für den Internet Explorer

```
<!--[if IE]>
   <style type="text/css">
      @import url(ie.css);
   </style>
<![endif]-->
```

Der folgende Kommentar schickt ein Stylesheet nur an Internet Explorer V5.0 und V5.5:

Listing 16.5: Conditional Comment – nur für IE5.x

```
<!--[if lt IE 6]>
   <style type="text/css">
      @import url(ie5x.css);
   </style>
<![endif]-->
```

Die Buchstaben `lt` in der `if`-Bedingung stehen für »less than« (kleiner als). Die gesamte Bedingung bedeutet »wenn die Versionsnummer des IE kleiner als 6 ist«.

Andere mögliche Operatoren in Conditional Comments sind `gt` (»größer als«), `lte` (»kleiner oder gleich«) und `gte` (»größer oder gleich«).

Testen, ob Conditional Comments funktionieren

Mit folgendem Quelltext können Sie ganz leicht überprüfen, ob die Conditional Comments funktionieren, oder ob noch irgendwo ein Tippfehler ist.

Öffnen Sie die Beispielseite `index.html` und schreiben Sie folgende Zeilen zwischen `<head>` und `</head>`, unterhalb von `<link>`:

Listing 16.6: Einen knallgelben Hintergrund, aber nur im IE 7

```
<!--[if IE 7]>
   <style type="text/css">
      body { background-color: yellow; }
   </style>
<![endif]-->
```

Beachten Sie, dass das spezielle IE-Stylesheet *nach* anderen Stylesheets eingebunden werden muss. Ansonsten wird es im Rahmen der Kaskade eventuell wieder überschrieben, und die ganze Mühe war umsonst.

Wenn alles klappt, müsste die Seite im Firefox ganz normal aussehen, im Internet Explorer 7 aber einen knallgelben Hintergrund haben.

Tipp

Conditional Comments und Multiple IEs

Wenn Sie mit *Multiple IEs* (siehe ab Seite 307 im Kapitel 17 über »Nützliche Programme«) mehrere Versionen des Internet Explorer installiert haben, wird intern als Browserversion immer die des eigentlich unter Windows installierten Internet Explorers angegeben. Auf gut Deutsch: Beim Testen mit *Multiple IEs* auf Ihrem Rechner funktionieren die Conditional Comments leider nicht, mit echten Internet Explorern aber wohl.

16.3 Conditional Comments in Aktion

Im folgenden Beispiel bekommen diverse Internet Explorer Versionen jeweils ein Stylesheet mit Patches, die nur für sie bestimmt sind.

Patches für den IE5.x

Der IE5.x benötigt Patches für die Einstellung der Schriftgröße und die Zentrierung von `#wrapper`.

Schriftgröße für den IE5.x

Der Internet Explorer 5.x missversteht die Angabe von Keywords zur Schriftgröße und interpretiert `small` als `medium`. Folgender Patch hilft:

```
/* Patch für Schriftgröße */
body { font-size: x-small; }
```

Listing 16.7: Patch zur Korrektur der Schriftgröße für IE5.x

Um die auf Seite 96 definierte Schriftgröße zu korrigieren, wird dem IE5.x einfach die Angabe `x-small` geliefert, die er ebenfalls eine Stufe größer darstellt. Was dann wieder `small` ist. Tja. Patches.

Zentrierung für den IE5.x

Und nun zum zweiten Problem, der Zentrierung der Beispielseiten. Hier zur Erinnerung die leicht vereinfachte CSS-Regel von Seite 137, die der IE5.x nicht versteht:

```
#wrapper {
   width: 720px;
   margin: auto;
}
```

Listing 16.8: Normale Zentrierung von #wrapper mit margin: auto

Die Lösung ist aber einfach, denn glücklicherweise missversteht er die Eigenschaft `text-align: center` und zentriert nicht nur den Inhalt, sondern die gesamte Box.

Die erste Zeile des folgenden Listings bewirkt im IE 5.x eine Zentrierung von `#wrapper`. Damit aber nicht auch der Text *innerhalb* von `#wrapper` zentriert wird, müssen Sie noch eine zweite Regel ergänzen. Minus mal minus ist plus:

Listing 16.9: Patch zur Zentrierung von #wrapper im IE5.x

```
/* Patch zur Zentrierung */
body { text-align: center; }
#wrapper { text-align: left; }
```

Conditional Comment: Stylesheet nur für IE5.x

Diese Anweisungen speichern Sie in einem Stylesheet mit dem Namen `ie5x.css`, das Sie mit einem Conditional Comment nur an die 5er IEs ausliefern:

Listing 16.10: Conditional Comment nur für IE5.x

```
<!--[if lt IE 6]>
  <style type="text/css">
    @import url(ie5x.css);
  </style>
<![endif]-->
```

Patches für IE5 und IE6

Im Laufe des Buches haben Sie dem Internet Explorer manchmal mit einem Sternchen-Hack mitten im CSS auf die Sprünge geholfen.

Übersichtlicher und pflegeleichter wäre es, alle Sternchen-Hacks in einem Stylesheet namens `ie5-6.css` zu sammeln und diese per Conditional Comment nur an diese Browser auszuliefern:

Listing 16.11: Conditional Comment für IE5 und IE6

```
<!--[if lte IE 6]>
  <style type="text/css">
    @import url(ie5-6.css);
  </style>
<![endif]-->
```

Patches für den IE7

Bei der Erstellung der horizontalen Navigation habe ich einen Bug im Pagezoom des Internet Explorer erwähnt.

Der folgende Patch behebt diesen Zoomfehler:

```
/* Patch für den PageZoom bei horizontaler Navigation */
#navibereich ul { word-spacing: 0; }
```

Listing 16.12: Patch für den Pagezoom des IE7

Diese Anweisungen speichern Sie in einem Stylesheet mit dem Namen `ie7.css`, das Sie mit einem Conditional Comment nur an den IE7 ausliefern.

```
<!--[if lt IE 7]>
  <style type="text/css">
    @import url(ie7.css);
  </style>
<![endif]-->
```

Listing 16.13: Conditional Comment nur für IE7

16.4 Auf einen Blick

Hier noch einmal die wichtigsten Punkte dieses Kapitels im Überblick:

- Es gibt zahlreiche weitere Browserweichen, Hacks, Filter und Patches, die aber grundsätzlich so sparsam wie möglich eingesetzt werden sollten.
- Mit `@import` verstecken Sie Stylesheets vor alten Browsern.
- Internet Explorer V5.x und V6 im so genannten Quirks-Modus interpretieren das Box-Modell falsch.
- Mit *Conditional Comments* können Sie Styles nur für den Internet Explorer definieren und ihn so in vielen Fällen trotz CSS-Fehlern zur korrekten Darstellung Ihrer Seiten überreden.

Wichtige Werkzeuge

Kapitel 17

Nützliche Programme

Worin Sie einige nützliche Programme, sowie die Adressen hilfreicher Websites und die Titel einiger interessanter Bücher finden, insbesondere Browser, einen Editor und Add-Ons für den Mozilla Firefox .

Im Folgenden eine kleine Übersicht von Browsern, Editoren und nützlichen Add-On-Programmen, hauptsächlich für den Mozilla Firefox. Außerdem werden die Adressen hilfreicher Websites und einige interessante Bücher vorgestellt.

17.1 Browser

Jede Webseite wird in einem Browser betrachtet, und unter Windows ist die Minimalaussstattung für Webentwickler die jeweils aktuelle Version des folgenden Triumvirats:

- Internet Explorer
- Mozilla Firefox
- Opera

Firefox und *Opera* arbeiten recht standardkonform, und IE7 verspricht viele Verbesserungen. Auf dem Mac kommt *Safari* mit auf die Liste und unter Linux *Konqueror*.

Da der Internet Explorer sehr eng mit dem Betriebssystem Windows verbandelt ist, kann man normalerweise nicht verschiedene Versionen des Internet Explorer auf einem Computer laufen lassen. Abhilfe schafft Multiple IEs. Einfach downloaden und installieren:

- *http://tredosoft.com/Multiple_IE*

Auch ein NurText-Browser wie *Lynx* leistet gute Dienste bei der Beurteilung der Zugänglichkeit Ihrer Webseiten: Jede Suchmaschine sieht Ihre Webseite wie ein NurText-Browser. Was *Lynx* nicht sieht, sieht der Google-Robot wahrscheinlich auch nicht. Es gibt auch eine Emulation von Lynx zum Testen Ihrer Seiten:

- *http://www.delorie.com/web/lynxview.html*

Tipp

Seiten in anderen Browsern testen lassen

Im Web gibt es Dienstleister, die eine URL in verschiedenen Browsern öffnen und dann Screenshots davon erzeugen. Kostenlos erledigt dies die folgende Site:

- *http://browsershots.org/*

17.2 TopStyle – der CSS-Editor

Nick Bradbury hat ein Händchen für gut zu bedienende Programme. Vor einigen Jahren hat er mit *HomeSite* einen der beliebtesten HTML-Quelltexteditoren geschaffen (gehört inzwischen zum Lieferumfang von *Dreamweaver 8*) und mit *TopStyle Pro* danach einen der besten CSS-Editoren. Hier einige Highlights:

- HTML und CSS in einem Editor
- CSS-Syntax- und Browsercheck
- CSS-Farben suchen und ersetzen
- Integration mit HTML-Validator des W3C

In TopStyle Pro können Sie z. B. eine Webseite im Internet Explorer (oben) und im Mozilla Firefox (unten) *gleichzeitig* betrachten:

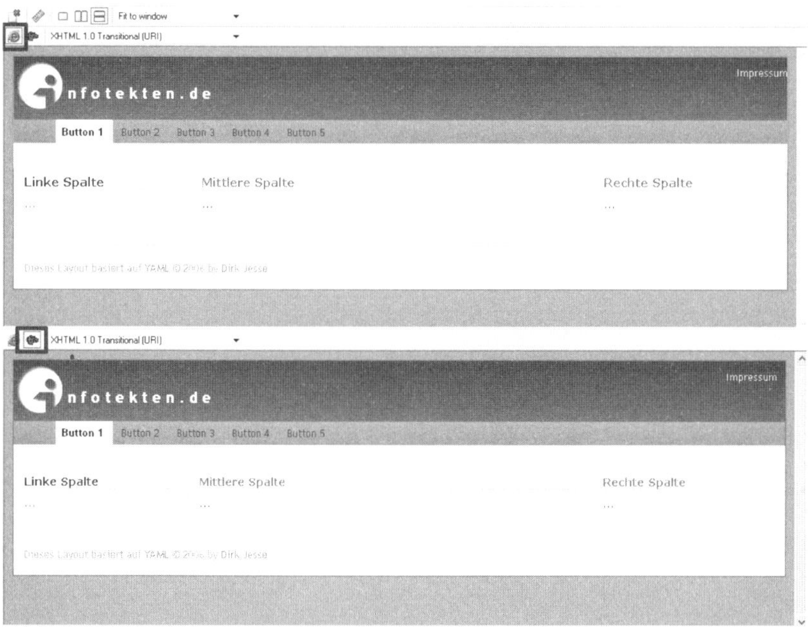

Abbildung 17.1: TopStyle Pro – Internet Explorer und Firefox gleichzeitig

Mich stört an TopStyle eigentlich nur, dass es weder eine Projektverwaltung gibt noch Upload-Funktion per FTP/SFTP integriert ist.

Tipp

Andere CSS-Editoren

Eine ausführliche Besprechung vieler CSS-Editoren – auch für andere Betriebssysteme – finden Sie im Web z. B. bei The Style Works:

- *http://thestyleworks.de/gen/software.shtml*

TopStyle Lite downloaden

Newsgator bietet eine kostenlose Schnupperversion namens *TopStyle Lite* an, die einen sehr stark eingegrenzten Funktionsumfang hat, zum Durcharbeiten dieses Buches aber allemal reicht:

http://newsgator.com/NGOLProduct.aspx?ProdId=TopStyle&ProdView=lite

Tipp

Die Installation von TopStyle Lite

Zur Installation von *TopStyle Lite* (und zum Betrieb) benötigen Sie Administrator-Rechte auf Ihrem PC. Zu Hause ist dies in der Regel der Fall, in einem Firmennetzwerk nicht immer. Diese Einschränkung gilt nicht für *TopStyle Pro*.

Kurzes Tutorial zu TopStyle Lite

Nach dem Programmstart sehen Sie das Programmfenster, das aus folgenden Bereichen besteht:

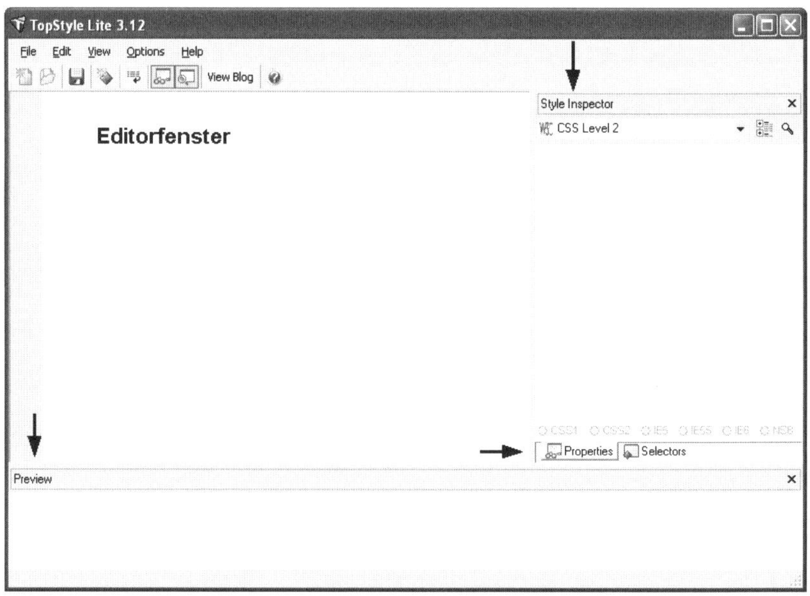

Abbildung 17.2: Das Programmfenster von TopStyle Lite

- Links ist das *Editorfenster*, in dem CSS-Regeln im Klartext bearbeitet werden. Es ist komplett leer, weil noch keine einzige CSS-Regel eingetragen ist, aber das wird sich gleich ändern.
- Rechts sehen Sie den *Style Inspector*, mit dem CSS-Regeln komfortabel per Maus bearbeitet werden können.

Unten gibt es noch ein *Vorschaufenster*, das die im Editorfenster definierten Styles zeigt.

TopStyle Lite bietet Ihnen zwei Arbeitshilfen, die Ihnen das Schreiben von StyleSheets erleichtern:

- *Style Insight* – im Editorfenster herausklappende Listen, die Ihnen Eigenschaften bzw. Werte anbieten
- *Style Inspector* – das Fenster rechts mit diversen Optionen

Zunächst sollten Sie aber oben im *Style Inspector* die *Active Style Definition* überprüfen und ggf. auf CSS Level 2 oder 2.1 setzen. Diese Einstellung bestimmt, welche Eigenschaften und Werte *TopStyle Lite* Ihnen bei der im folgenden beschriebenen Arbeit anzeigt.

Style Insight: Die Rausklapplisten im Editorfenster

Zum Kennenlernen von *Style Insight* definieren Sie die Schriftfarbe für `body`:

- Schreiben Sie im Editor das Wort `body`, gefolgt von einer Leerstelle und einer öffnenden geschweiften Klammer.
- *TopStyle Lite* erzeugt automatisch eine Leerzeile und eine schließende geschweifte Klammer.

Etwa eine Sekunde später klappt automatisch eine Liste heraus, die alle in der *Active Style Definition* existierenden Eigenschaften anzeigt.

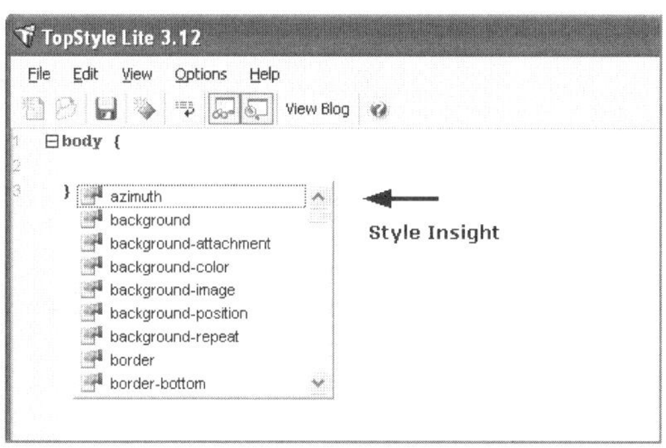

Abbildung 17.3: Style Insight – Die Rausklappliste im Editorfenster

Wählen Sie in der herausklappenden Liste die Eigenschaft COLOR. Zur Auswahl der Eigenschaft gibt es mehrere Möglichkeiten:

- Per Tastatur mit den Pfeiltasten oder durch Eingabe der Buchstaben [c][o]. Sobald die gewünschte Eigenschaft markiert ist, bestätigen Sie die Auswahl mit [↵].

- Falls Sie lieber mit der Maus arbeiten, suchen Sie die gewünschte Eigenschaft und klicken darauf.

TopStyle Lite schreibt die Eigenschaft in den Quelltext und ergänzt den Doppelpunkt sowie eine Leerstelle.

Eine weitere Sekunde später klappt eine neue Liste heraus, die dieses Mal die möglichen Werte für die soeben gewählte Eigenschaft anzeigt. Bei COLOR ist das eine Liste mit möglichen Farben.

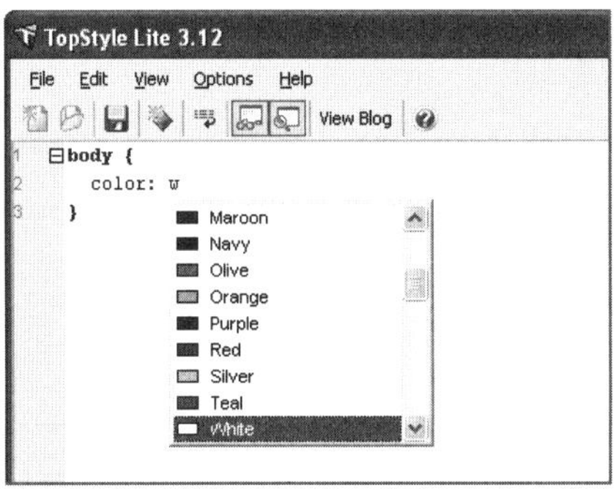

Abbildung 17.4: Style Insight zeigt mögliche Werte für color

Um als Schriftfarbe *weiß* auszuwählen, drücken Sie bei herausgeklappter Liste die Taste [w]. Nachdem die Markierung auf den Eintrag WHITE gesprungen ist, bestätigen Sie die Auswahl mit [↵]. *TopStyle Lite* beendet die Deklaration vorschriftsgemäß mit einem Semikolon.

Style Insight ist – richtig genutzt – eine hervorragende Arbeitserleichterung. Hier noch zwei kleine Tipps:

- Falls die Liste ungewünscht herausklappen sollte, drücken Sie einfach [Esc].
- [Strg] + [Leertaste] holt *Style Insight* auf Anforderung.

Der Style Inspector

Der *Style Inspector* ist eine weitere Hilfe von *TopStyle Lite* und befindet sich nach dem Start wie gesagt rechts im Programmfenster. Er besteht aus zwei Registern, zwischen denen Sie ganz unten durch Mausklick wechseln können:

- PROPERTIES (Eigenschaften)
- SELECTORS (Selektoren)

Um den *Style Inspector* kennen zu lernen, soll dem Selektor `body` mit seiner Hilfe die Deklaration `font-size: small` zugewiesen werden.

Klicken Sie zunächst unten im Fenster des *Style Inspectors* auf das Register SELECTORS, das Ihnen alle im geöffneten Stylesheet vorhandenen Selektoren und deren Spezifität übersichtlich anzeigt. Sie sehen dort drei Gruppierungen:

- ELEMENTS: ein blaues Karo für alle einfachen Typ-Selektoren
- CLASSES: ein grünes Karo für alle CSS-Klassen
- IDs: ein lila Karo für alle ID-Selektoren

Klicken Sie unter ELEMENTS auf `body`. Im Editorfenster wird der Style hellgelb hinterlegt. Wechseln Sie auf das Register PROPERTIES:

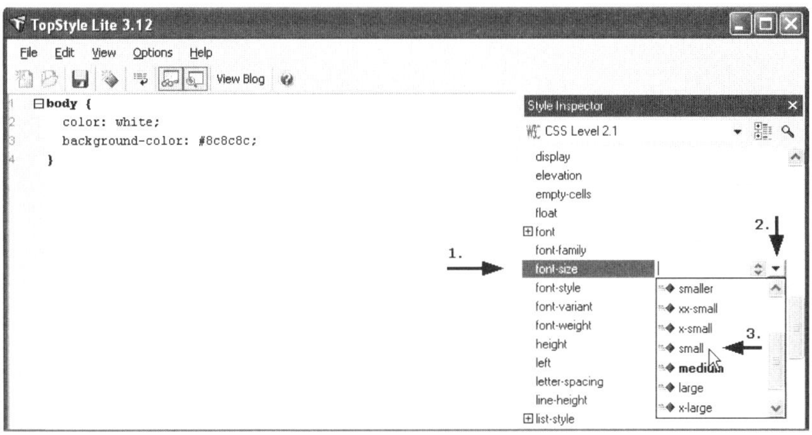

Abbildung 17.5: Schriftgröße auswählen per Maus mit dem Style Inspector

Klicken Sie in der Liste der Eigenschaften auf FONT-SIZE. Klicken Sie auf die graue Schaltfläche mit dem Pfeil nach unten ganz rechts und wählen Sie aus der Liste den Wert SMALL. Nach dem Klick steht im Quelltext eine neue Deklaration.

Der *Style Inspector* macht es möglich, CSS fast ausschließlich per Maus zu schreiben. Übrigens stehen die im aktuellen Style benutzten Eigenschaften im *Style Inspector* in blauer Schrift ganz oben.

17.3 Praktische Add-Ons für den Firefox

Im Folgenden finden Sie ein paar sehr nützliche Erweiterungen für den Firefox.

Visual Source Chart – die Kästchen im Quelltext sichtbar machen

Webseiten bestehen aus rechteckigen Kästchen, die im Browserfenster übereinander, nebeneinander und ineinander gestapelt werden, und es gibt eine kleine aber feine Firefox-Erweiterung namens *View Source Chart*, die den Quelltext als grafische Übersicht darstellt.

Um die nur 21 Kb große Erweiterung zu installieren, surfen Sie mit dem Mozilla Firefox zur folgenden Adresse:

- *https://addons.mozilla.org/firefox/655/*

Im Kontextmenü (rechte Maustaste) finden Sie nach einem Neustart des Firefox den Befehl SEITENQUELLTEXT FORMATIERT ANZEIGEN. Wenn Sie auf diesen Befehl klicken, wird Ihnen der Quelltext ungefähr so angezeigt:

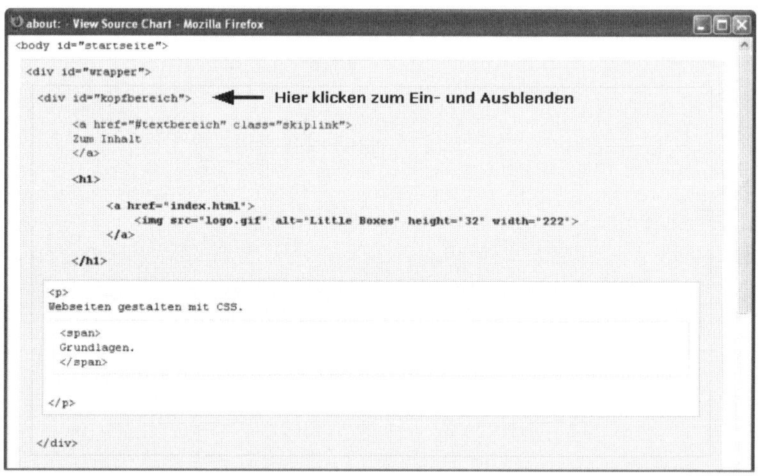

Abbildung 17.6: Eine Webseite besteht aus Kästchen

Web Developer – Das Schweizer Offiziersmesser

Web Developer ist eine Sammlung von wichtigen Werkzeugen und für viele Webentwickler eine der wichtigsten Firefox-Erweiterungen.

Bei *http://erweiterungen.de* gibt es eine deutschsprachige Version:

- *http://erweiterungen.de/detail/Web_Developer*

Mit der Web Developer Toolbar können Sie unzählige Dinge tun: Webseiten analysieren, Barrierefreiheit prüfen, CSS von beliebigen Webseiten anzeigen und editieren, Grafiken ausblenden, Objekte pixelgenau abmessen und vieles mehr.

Zum Beispiel lässt sich von jeder Webseite, die Sie im Firefox betrachten, das aktuell verwendete CSS links in der Sidebar anzeigen und *bearbeiten*:

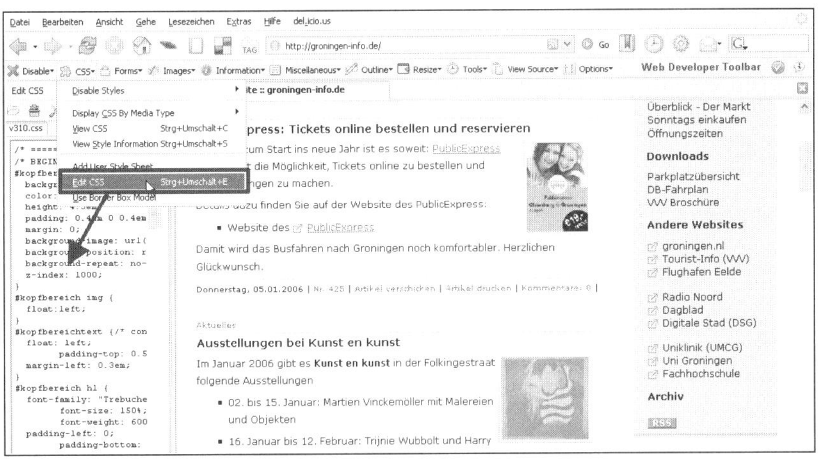

Abbildung 17.7: CSS live bearbeiten mit der Web Developer Toolbar

Der Browser zeigt Ihre Änderungen *live* im Browserfenster an, sodass man auf diese Weise spielend die Auswirkungen von CSS-Befehlen lernen kann.

Zur Prüfung und Analyse ist *Web Developer* ein wirklich unverzichtbares Werkzeug. Nehmen Sie sich ein bisschen Zeit zum Kennenlernen, und schon nach kurzer Zeit werden Sie sich fragen, wie Sie jemals ohne dieses Werkzeug arbeiten konnten.

Die lesenswerte Dokumentation ist beim Programmierer Chris Pederick verfügbar (English only) :

- *http://chrispederick.com/work/webdeveloper/documentation/*

Tipp

Toolbar für den Internet Explorer

Bei Microsoft gibt es eine *Internet Explorer Developer Toolbar*, die aber nur auf Englisch verfügbar ist und der von Chris Pederick nicht das Wasser reichen kann.

Interessiert? Surfen Sie zu *http://microsoft.com/downloads/* und geben Sie dort als Suchbegriff »Internet Explorer Developer Toolbar« ein.

Firebug – Das Analysetool

Das Add-On *Firebug* bietet phantastische Möglichkeiten zur Analyse des Quelltextes, bis hin zum Live-Editieren der Seite.

Zur Installation und zum Kennenlernen surfen Sie zu folgender Site:

- *http://www.getfirebug.com/*

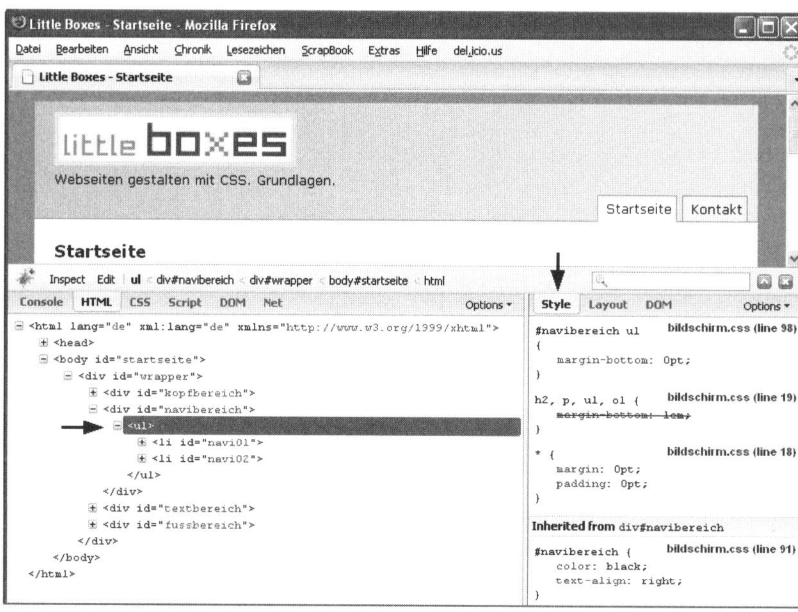

Abbildung 17.8: Firebug ist ein hervorragendes Analysetool

Nach dem üblichen Firefox-Neustart gibt es im Kontextmenü den unscheinbaren Befehl Inspect Element.

Abbildung 17.8 zeigt den Firebug mit ausgewählter `ul` im Navigationsbereich. Rechts werden alle relevanten Styles angezeigt, inklusive Vererbung und Quelle.

ColorZilla – Die Farbenwahl

Haben Sie auf einer Webseite schon mal eine Farbe gesehen, deren genauen Farbwert Sie gerne gewusst hätten? Dann ist *ColorZilla* das Tool der Wahl, denn es liefert Ihnen mit zwei Klicks den Farbwert einer beliebigen Farbe.

Eine deutsche Version finden Sie auf der *ColorZilla*-Homepage:

- *http://www.iosart.com/firefox/colorzilla/localized.html*

Nach der Installation sitzt das Tool links unten im Firefox-Fenster. Zur Aktivierung einfach mit der *linken* Maustaste einmal draufklicken und dann mit dem zum Fadenkreuz gewordenen Mauszeiger auf die gewünschte Farbe im Browserfenster zeigen und klicken.

Nach einem *Rechtsklick* bekommen Sie ein Menü mit weiteren Befehlen:

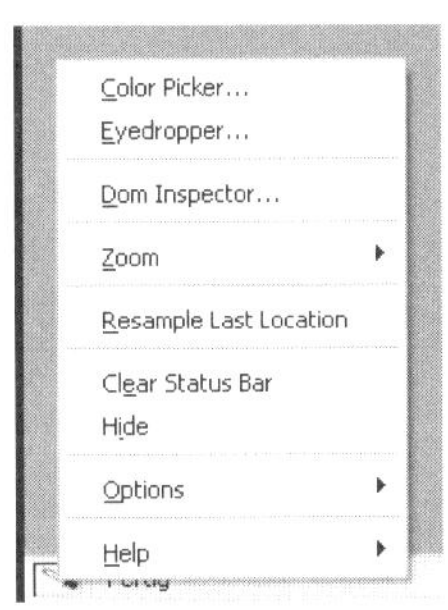

Abbildung 17.9: Das Kontextmenü von ColorZilla

Tipp

Die Qual der Wahl: Farbschema erstellen

Eine Schwalbe macht noch keinen Sommer und eine Farbe noch kein Design. *ColorSchemer Studio* ist ein tolles Programm zum Farbenmischen und zusammenstellen. Online gibt es auf der Website auch einige kostenlose Bonbons:

- *http://colorschemer.com/online.html*
- *http://www.colorschemer.com/schemes/*

17.4 Hilfreiche Sites zu CSS

Neben meiner eigenen Website (*http://infotekten.de*) und der Site zum Buch (*http://little-boxes.de/*) kann ich folgende CSS-Websites empfehlen:

- **The Style Works:** *http://thestyleworks.de/*

  Referenz, Tutorials, Übersetzungen und vieles mehr. Präzise und ausführlich, dank der unermüdlichen Arbeit von Klaus Langenberg.

- **CSS4You:** *http://www.css4you.de/*

  Gute Referenz und viele Beispiele.

- **Die CSSHilfe:** *http://csshilfe.de/*

  Ein Gemeinschaftsprojekt von Manuela Hoffmann, Björn Seibert und Jens Grochtdreis.

- **XHTMLForum** (auch für CSS): *http://xhtmlforum.de/*
- **SelfHTML:** *http://de.selfhtml.org*

  Eine *der* deutschsprachigen Zentralen im Web. Referenzen, aktuelle Artikel, eine lebendige Community und vieles mehr. Auf jeden Fall eine Empfehlung.

- Dave Childs Website mit dem schönen Namen *ilovejackdaniels.com* hält jede Menge Cheat Sheets bereit, so auch zu CSS:

  http://ilovejackdaniels.com/cheat-sheets/css-cheat-sheet/

17.5 Interessante Bücher

Ich verbringe einen großen Teil meiner Tage im Web, lese aber immer noch am liebsten Bücher aus Papier.

Hier einige CSS-Bücher, die für Sie nach der Lektüre von »Little Boxes« interessant sein könnten:

- *CSS Mastery* von Andy Budd (ISBN: 978-3827324573)

  Wer bereits fundierte CSS-Grundlagenkenntnisse hat, findet in *CSS Mastery* eine gelungene Mischung aus Arbeitsbuch und Nachschlagewerk. Schwarz-weiß, aber gut erklärt und illustriert. Die ISBN oben ist die der deutschen, bei Addison-Wesley erschienenen Ausgabe.

- *CSS-Layouts* von Dirk Jesse (ISBN: 978-3898428378)

  Der Erfinder von YAML erzählt alles über IE-Bugs, den Weg zu einem robusten Design und was man mit YAML so alles machen kann.

- *Bulletproof Webdesign* von Dan Cederholm (ISBN: 978-3827323439)

  In Farbe zeigt Dan Cederholm (*simplebits.com*), wie man mit CSS flexible *und* gut aussehende Lösungen erstellt. Das Buch ist die ideale Lektüre für alle, die noch mit Tabellen gelernt haben.

Eine Auflistung weiterer lesenswerter Bücher finden Sie bei *The Style Works*:

- *http://thestyleworks.de/gen/books.shtml*

Damit ist diese Einführung in das Gestalten von Webseiten mit CSS auch schon beendet. Ich wünsche Ihnen viel Spaß und Erfolg bei der Gestaltung der »Little Boxes« auf Ihren Webseiten.

Stichwortverzeichnis

D

E

F

G

H

I

J

K

L

T

U

V

W

Y

Z